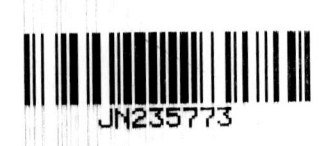

カクテル完全バイブル

Cocktails Perfect Bible

［監修］
渡邉一也
Watanabe Kazuya
H.B.A.一般社団法人日本ホテルバーメンズ協会 名誉顧問

ナツメ社

はじめに

カクテルは、さまざまな味わいだけでなく、美しい色合いや、おしゃれな雰囲気、それら多彩な選択肢の中から選ぶ楽しみなど、無限の広がりがある飲み物です。それに加え、飲む場所、時間、雰囲気、また気分によって飲み分けることができるなど、ほかの飲み物にはない魅力があります。

近年は、女性の飲酒機会の拡大、若者の嗜好《しこう》の変化、高年齢層の健康志向から、ライトでヘルシーな新しいカクテルが数多く生まれていますが、このように、カクテルは流行や時代の変化を感じることのできる飲み物といえます。

この本は、初心者向けのカクテルの基本知識や、多彩な味わいのカクテルがそろうレシピ集をはじめ、バーでの楽しみ方、自分でカクテルを作る楽しみまでお伝えする内容となっております。

カクテルを深く知ることで、星の数ほどあるカクテルの中から、自分にとって最良の一杯を選ぶことが可能になるはずです。そして、それぞれのカクテルがもつストーリーや飲み継がれた歴史などを思い描きながら飲む一杯の味わいは、格別なものとなるでしょう。

カクテルは五感で楽しむもの、そんな思いをもってバーのカウンターやご家庭で、カクテルを飲んでみてはいかがですか？

H.B.A. 一般社団法人日本ホテルバーメンズ協会 名誉顧問

渡邉一也

本書の使い方

酒類の紹介

タンカレー・ロンドン・ドライ・ジン

1830年の創業以来、こだわりの4回蒸留で製造される。洗練されたキレのある味わいが特徴。

度数 47.3度　価格 オープン価格　容量 750mℓ
原産地 イギリス
発売元 キリンビール

●商品名

●商品の由来、特徴などの紹介

●基本データ
アルコール度数、掲載している商品の価格、容量、原産地、発売元を表示。価格は税込希望小売価格もしくはオープン価格。発売元は日本における輸入・販売元、もしくはメーカー。データは2012年7月現在のもの（一部2015年1月更新）。価格、発売元などは変更となる場合がある。

カクテルの紹介

言わずと知れた、カクテルの"王様"

マティーニ

Martini

① 42.2度　② 辛口　③ ステア　④ 食前　⑤ カクテル・グラス

ジンとベルモットの香味が爽やかに味わえる「カクテルの王様」。時代とともにドライな味が好まれるようになり、今では辛口カクテルの代名詞となっている。レシピはホテルやバーによって異なる。

Recipe

ドライ・ジン	50mℓ
ドライ・ベルモット	10mℓ
スタッフド・オリーブ	1個

ミキシング・グラスに氷とジン、ベルモットを入れてステアし、カクテル・グラスに注ぎ入れ、カクテル・ピンに刺したオリーブを入れる。好みでレモン・ピールをふる場合もある。

●カクテル名

●カクテルの由来、特徴などの紹介

●カクテルの作り方

●レシピ
容量は基本的にmℓで表記している。材料の計り方はP.72を参照。

1tsp.
＝ バー・スプーン1杯分
＝ 約5mℓ

1dash
＝ ビターズ・ボトル1振り分
＝ 約1mℓ

1drop
＝ ビターズ・ボトル1滴分
＝ 約1/5mℓ

1glass
＝ グラス1杯分（カクテル・グラスの場合約60mℓ）

●カクテル早わかりアイコン

① **アルコール度数**―カクテルのアルコール度数（氷からの水分は加味していない）。

② **テイスト**―カクテルの飲み口を辛口、中辛口、中口、中甘口、甘口の5段階で表示。

③ **技法**―カクテル作りの技法。各技法についてはP.74 ～ 76を参照。
- ビルド―グラスに材料を直接注いで軽く混ぜる。
- ステア―ミキシング・グラスで静かに混ぜる。
- シェーク―シェーカーで振って混ぜ合わせる。
- ブレンド―バー・ブレンダー（ミキサー）で攪拌《かくはん》する。

④ **TOPによる分類**―カクテルを飲む時間帯での分類
- 食前―食前酒に向くカクテル。辛口で酸味や苦味があるものなど。
- 食後―食後酒に向くカクテル。甘口でアルコール度数が高めのものなど。
- オール―オール・デイ・カクテル。時間を気にせず楽しむカクテル。

⑤ **グラスの種類**―そのカクテルにふさわしいグラスの種類を紹介。グラスについてはP.78 ～ 79を参照。

※外国語表記について
本書では、外国語表記を日本語で表現する場合、原則として発音に忠実に表現しているが、一般的に日本に浸透している言葉に関しては馴染み深いものとし、こちらを優先する方式を採用している。

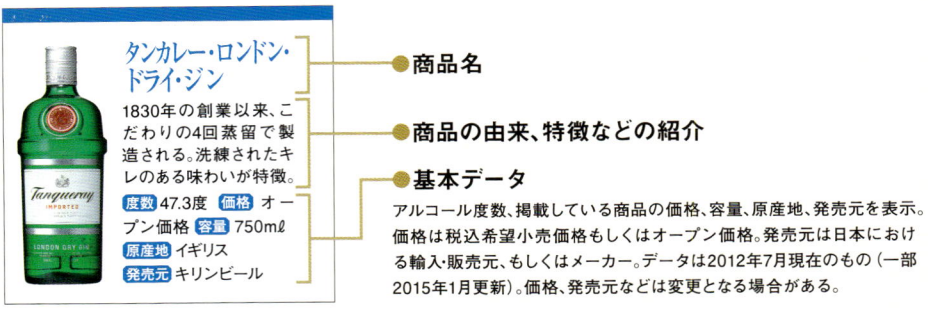

CONTENTS

ベース・見た目・
味わいから選べる

カクテルインデックス

cocktail index

本書で紹介している全400種のカクテルを、写真、テイストと合わせて紹介。
ベース、見た目、味わい、好みのキーワードでお気に入りのカクテルを探してみよう。

※ 定番 アイコンが付いたカクテルは第2章で紹介しているスタンダードカクテル。

Gin Base Cocktails
ジン・ベース

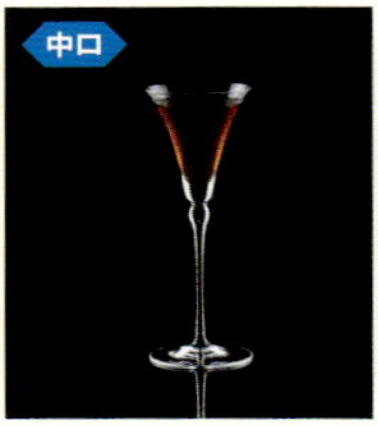

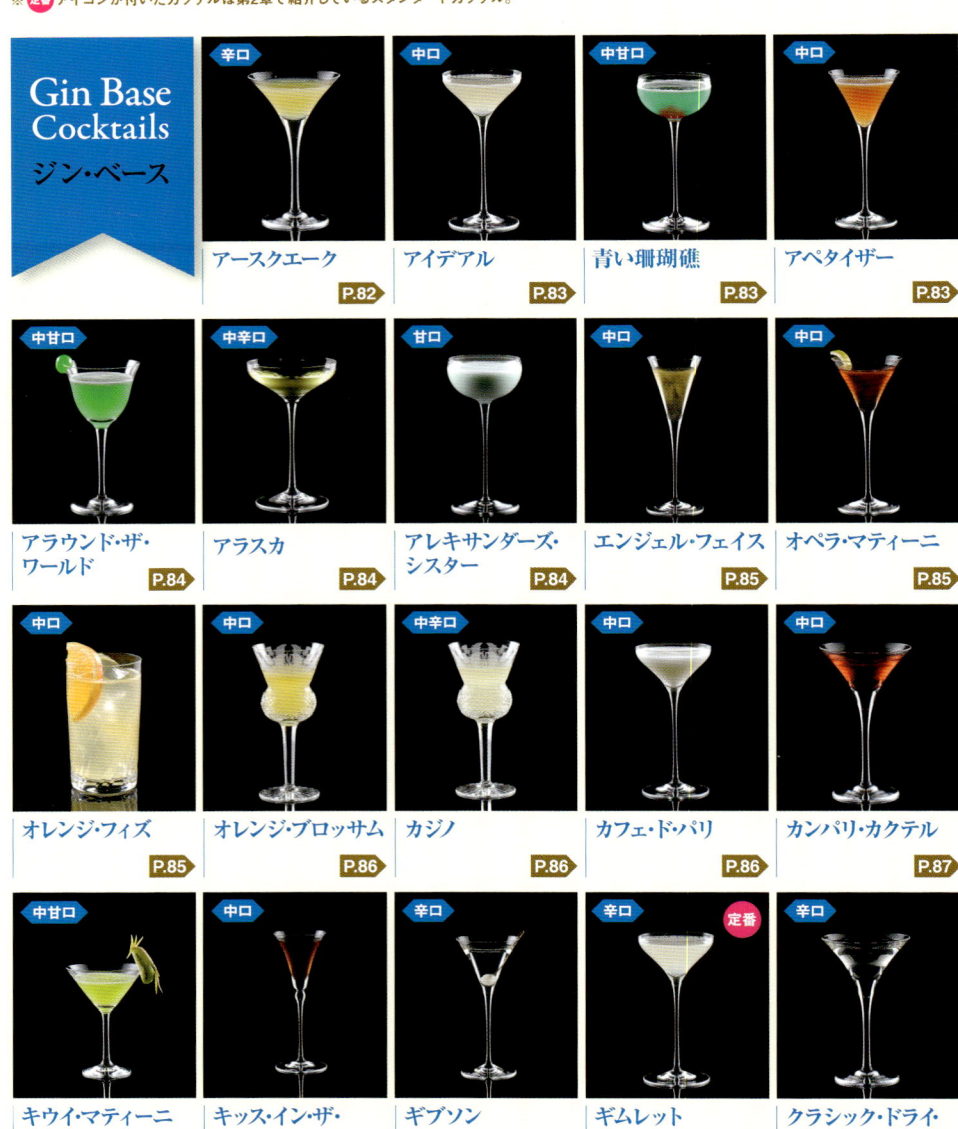

クラリッジ

P.89

グリーン・アラスカ

P.89

クローバー・クラブ

P.89

グロリアス・マティーニ（栄光のマティーニ）

P.90

ゴードン

P.90

コスモポリタン・マティーニ

P.90

ザザ

P.91

ジェイ・エフ・ケー

P.91

ジン・アンド・イット

P.91

ジン・アンド・ビターズ

P.92

シンガポール・スリング

P.92

ジン・デイジー

P.92

ジン・トニック

P.54 P.93

ジン・バック

P.93

ジン・フィズ

P.54 P.93

ジン・リッキー

P.55 P.94

スモーキー・マティーニ

P.94

セブンス・ヘブン

P.94

ダーティー・マティーニ

P.95

タンゴ

P.95

テキサス・フィズ

P.95

デザート・ヒーラー

P.96

デュークス・マティーニ

P.96

トッティー

P.96

トム・コリンズ

P.97

ネグローニ
P.97

ノックアウト
P.97

バーテンダー
P.98

パラダイス
P.98

ハワイアン
P.98

ビューティ・
スポット
P.99

ピンク・ジン
P.99

ピンク・レディ
P.99

フォールン・
エンジェル
P.100

プリンセス・
メアリー
P.100

ブルー・ムーン
P.100

フレンチ75
P.101

ブロンクス
P.101

ホノルル
P.101

ホワイト・レディ
P.102

ホワイト・ローズ
P.102

ボンド・マティーニ
P.102

マティーニ
P.58 P.103

ミリオン・ダラー
P.103

Vodka Base Cocktails
ウオッカ・ベース

アクア
P.104

アルカディア
P.105

アンジェロ
P.105

イエロー・フェロー
P.105

ウオッカ・アップル・ジュース

P.106

ウオッカ・ギブソン

P.106

ウオッカ・マティーニ

P.106

ウオッカ・リッキー

P.107

オールド・イングランド

P.107

神風

P.107

カリビアン・クルーズ

P.108

キス・オブ・ファイヤー

P.108

グリーン・シー

P.108

グリーン・スパイダー

P.109

ゴーリキー・パーク

P.109

コザック

P.109

コスモポリタン

P.110

ゴッドマザー

P.110

サザン・バンガー

P.110

シー・ブリーズ

P.111

ジプシー

P.111

シルバー・ウィング

P.111

スクリュードライバー

P.112

スレッジ・ハンマー

P.112

セックス・オン・ザ・ビーチ

P.112

ソルティ・ドッグ

P.55 P.113

ソルト・リック

P.113

タワリッシ

P.113

チチ

P.114

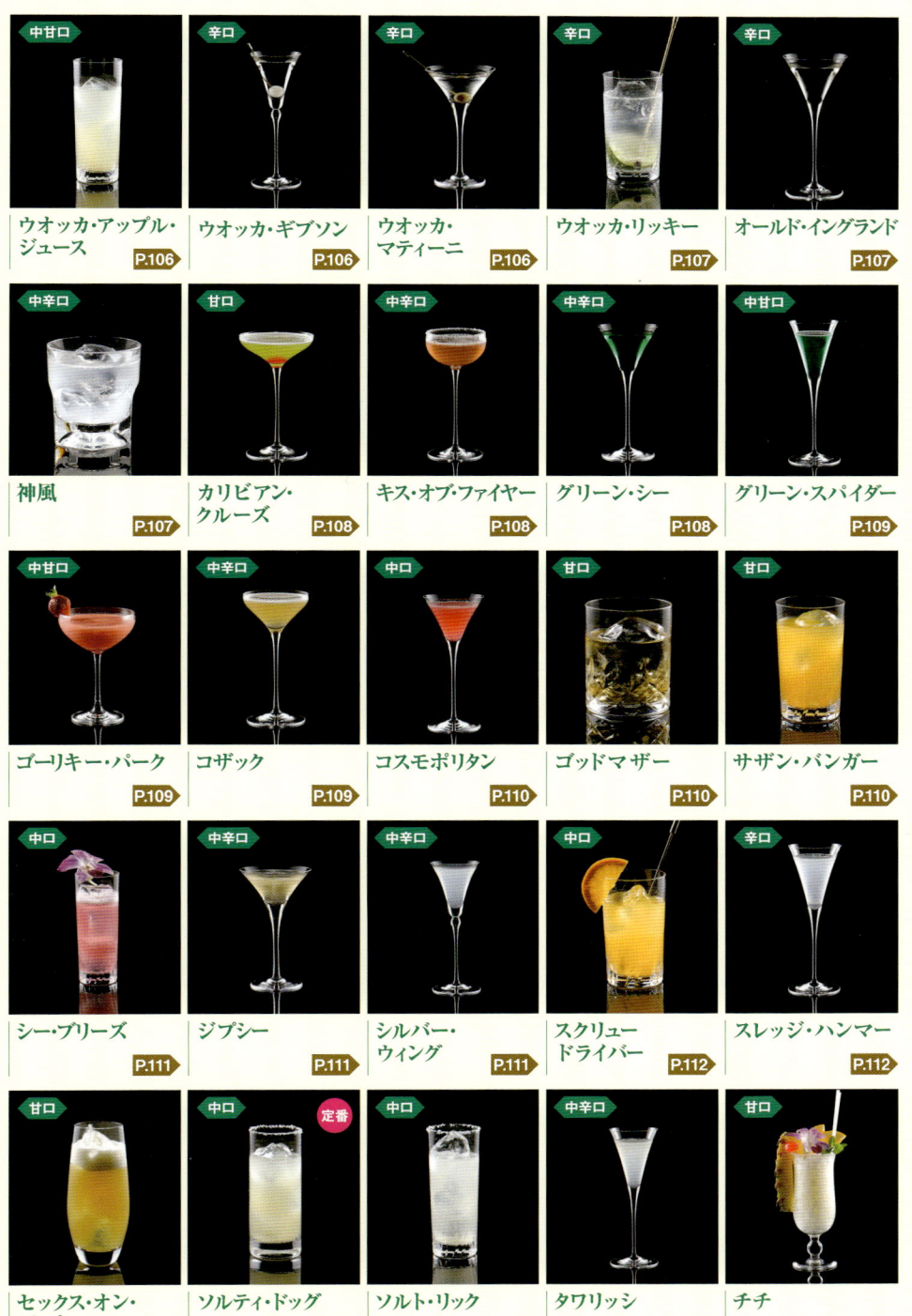

ツアリーヌ

P.114

バーバラ

P.114

パープル・パッション

P.115

ハーベイ・ウォールバンガー

P.115

パナシェ

P.115

バラライカ

P.58 P.116

ブラック・ルシアン

P.116

ブラッディー・シーザー

P.116

ブラッディー・メアリー

P.55 P.117

フラミンゴ・レディ

P.117

ブルー・マンデー

P.117

ブルー・ラグーン

P.118

ブル・ショット

P.118

ブルドッグ

P.118

ベイ・ブリーズ

P.119

ボルガ

P.119

ボルガ・ボートマン

P.119

ポロネーズ

P.120

ホワイト・スパイダー

P.120

ホワイト・ルシアン

P.120

マドラス

P.121

マリリン・モンロー

P.121

ミッドナイト・サン

P.121

モスコー・ミュール

P.55 P.122

雪国

P.122

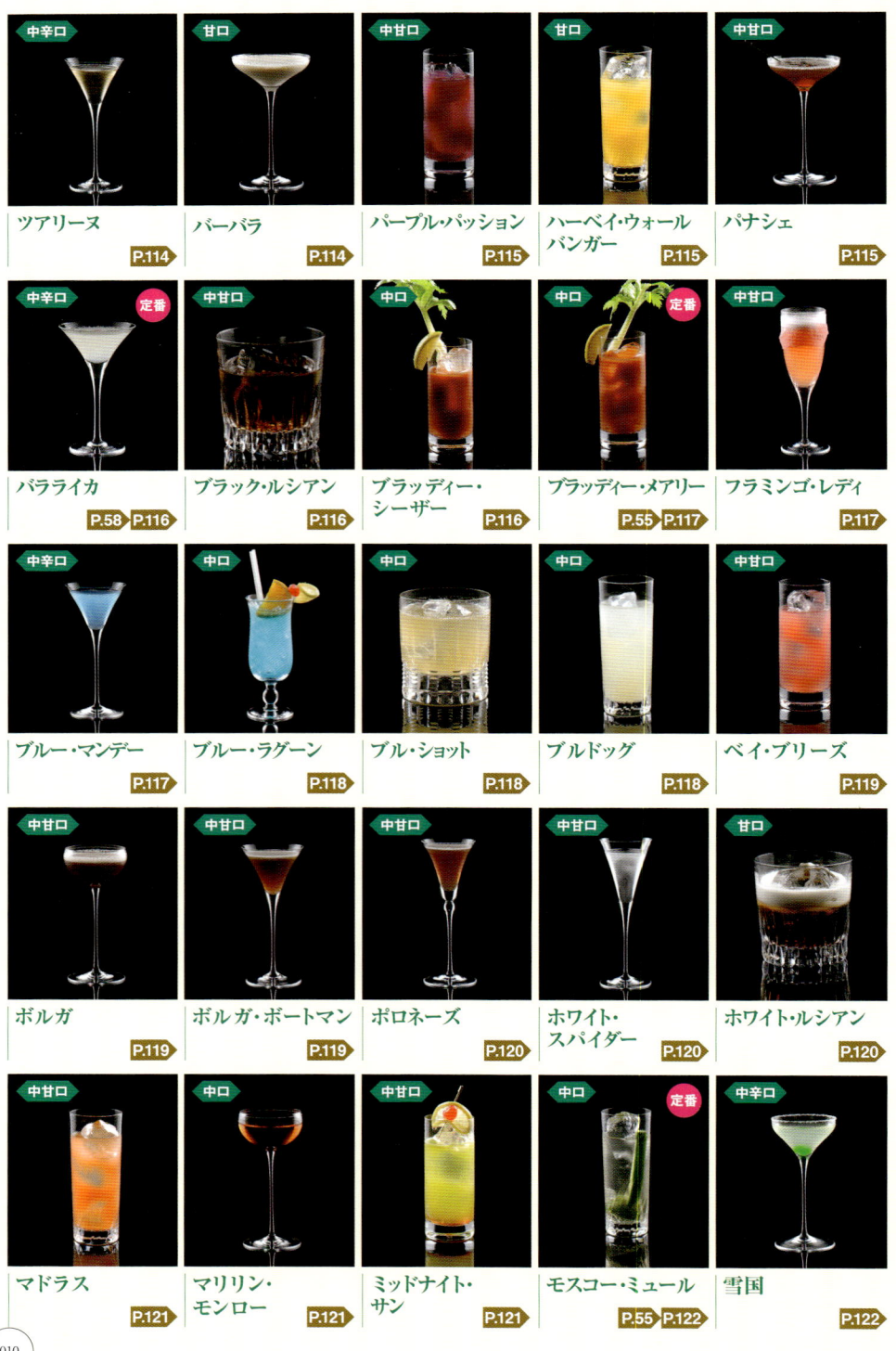

ルシアン
P.122

ロードランナー
P.123

ロベルタ
P.123

Rum Base Cocktails
ラム・ベース

アカプルコ
P.124

アロハ
P.125

エックス・ワイ・ジィ
P.125

エッグノッグ
P.125

エル・プレジデンテ(II)
P.126

キューバ・リバー
P.56 P.126

クォーター・デッキ
P.126

グリーン・アイズ
P.127

コロンブス
P.127

サンチャゴ
P.127

ジャック・ター
P.128

シャンハイ
P.128

スカイ・ダイビング
P.128

スコーピオン
P.129

ソノラ
P.129

ダイキリ
P.58 P.129

トム・アンド・ジェリー
P.130

ネバダ
P.130

バカディアーノ
P.130

バカルディ・カクテル
P.131

ハバナ・ビーチ
P.131

ビーズ・キッス

P.131

ピニャ・カラーダ

P.132

プラチナ・ブロンド

P.132

ブラック・デビル

P.132

プランターズ・カクテル

P.133

ブルー・ハワイ

P.133

フローズン・ダイキリ

P.133

ポーラー・ショート・カット

P.134

ボストン・クーラー

P.134

マイアミ

P.134

マイタイ

P.135

ミリオネーア

P.135

メアリー・ピックフォード

P.135

モヒート

P.56 P.136

ラスト・キッス

P.136

ラム・コリンズ

P.136

リトル・デビル

P.137

リトル・プリンセス

P.137

Tequila Base Cocktails テキーラ・ベース

アイス・ブレーカー

P.138

アカプルコ

P.139

アンバサダー

P.139

エバ・グリーン

P.139

エル・ディアブロ

P.140

グラン・マルニエ・マルガリータ

P.140

コンチータ
P.140

シクラメン
P.141

スロー・テキーラ
P.141

ソルティ・ブル
P.141

チャロ・ネロ
P.142

T.T.T.
P.142

テキーラ・
サンセット
P.142

テキーラ・
サンライズ
P.143

テキーラ・
マンハッタン
P.143

ピカドール
P.143

ブルー・
マルガリータ
P.144

フローズン・
マルガリータ
P.144

ブロードウェイ・
サースト
P.144

ヘルメス
P.145

マタドール
P.145

マルガリータ
P.59 P.145

マルガリータ・
コスモ
P.146

メキシカン
P.146

モッキンバード
P.146

ライジング・サン
P.147

ラ・ルメール
P.147

Whisky Base Cocktails
ウイスキー・ベース

アイリッシュ・コーヒー
P.56 P.148

アイリッシュ・ローズ
P.149

アップ・トゥ・デイト
P.149

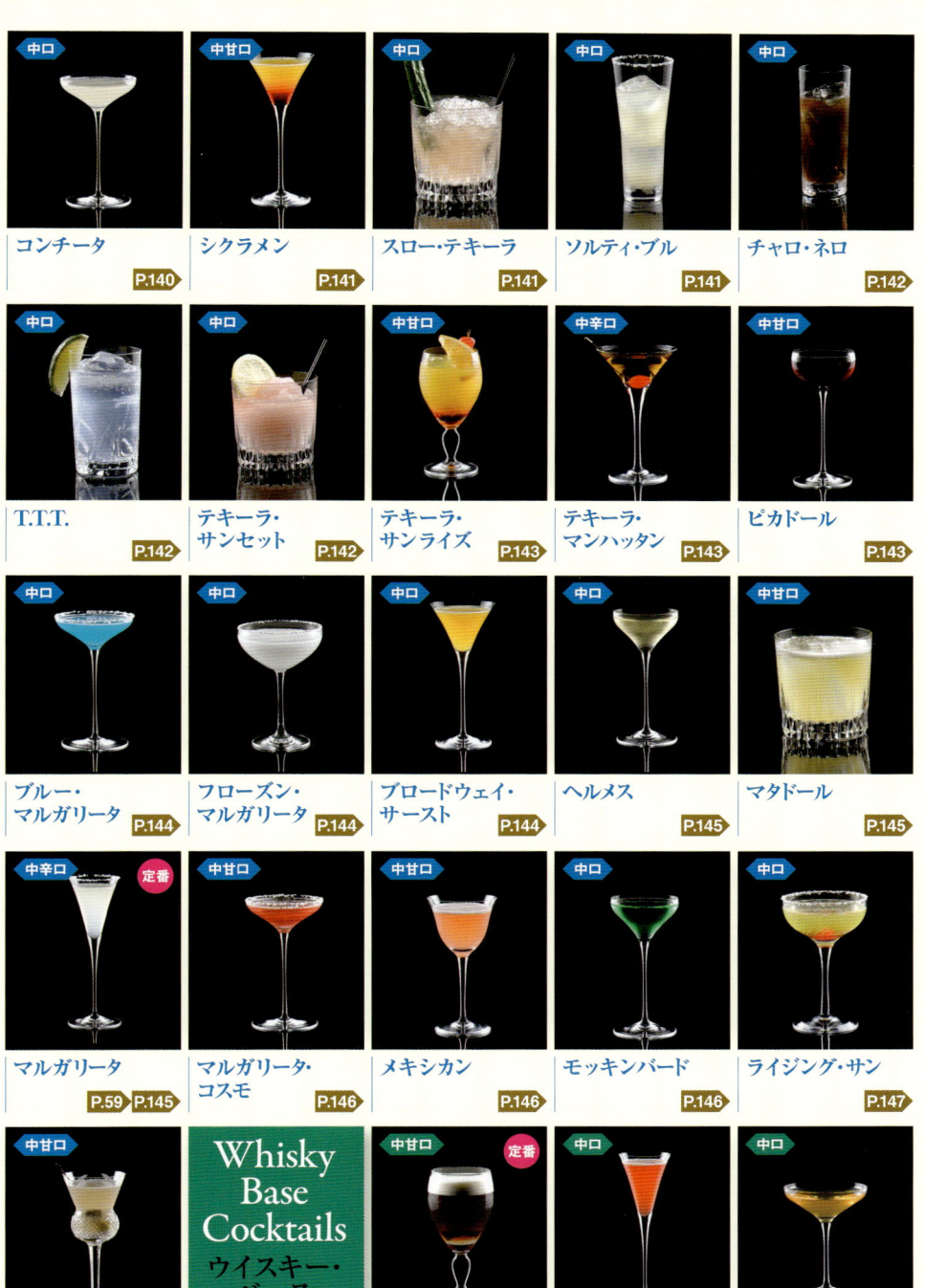

アフィニティー P.149

インペリアル・フィズ P.150

ウイスキー・サワー P.150

ウイスキー・ソーダ（ハイボール） P.150

ウイスキー・フロート P.151

ウイスキー・ミスト P.151

ウィスパー P.151

オールド・パル P.152

オールド・ファッションド P.56 P.152

オリエンタル P.152

カリフォルニア・レモネード P.153

グラン・パパ P.153

クロンダイク・クーラー P.153

ケーブルグラム P.154

ケンタッキー P.154

ゴッドファーザー P.154

ジョン・コリンズ P.155

スコッチ・キルト P.155

セント・アンドリュース P.155

チア・ガール P.156

チャーチル P.156

ドライ・マンハッタン P.156

ニューヨーク P.157

ハイ・ハット P.157

ハイランド・クーラー P.157

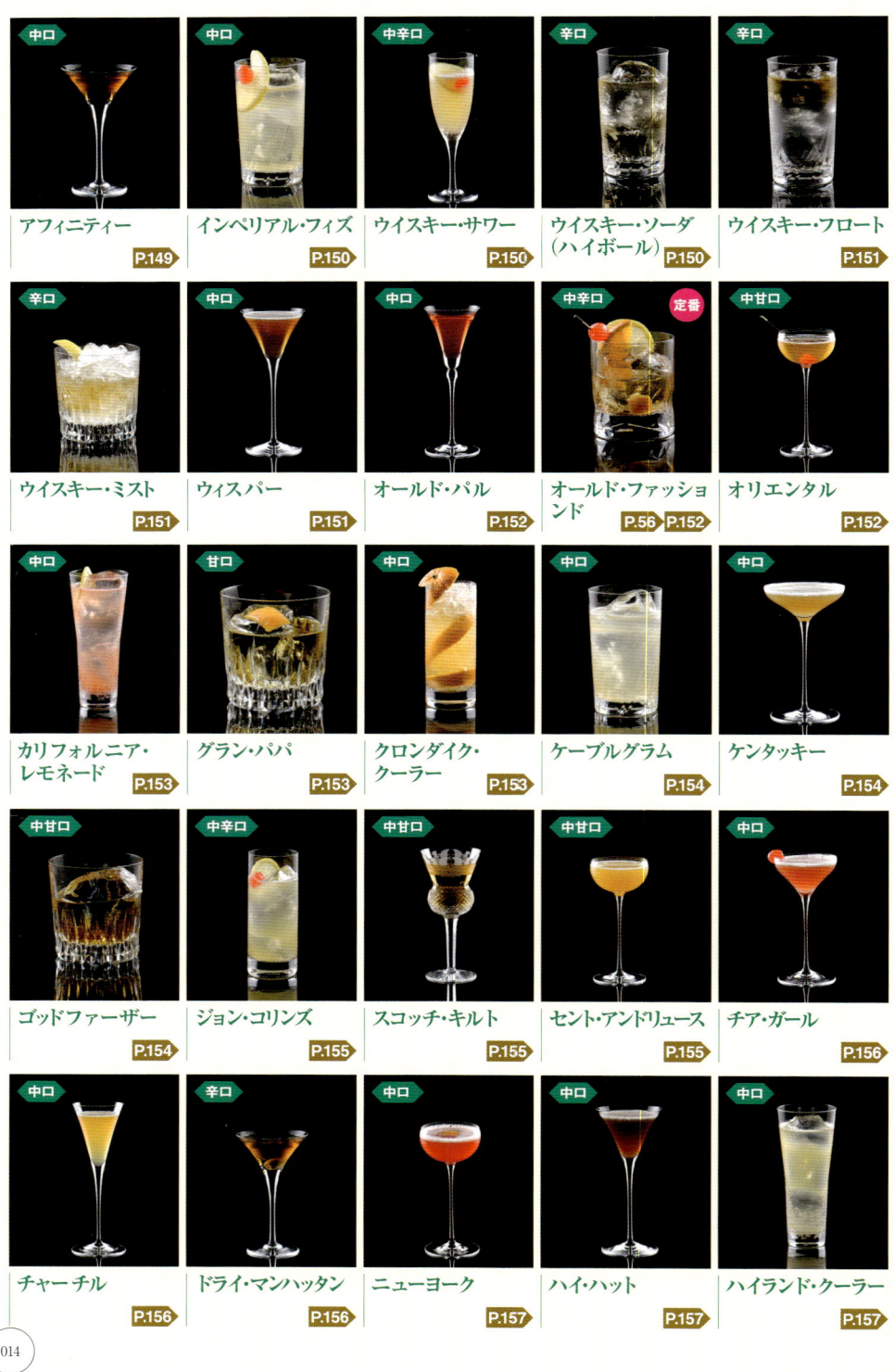

ハリケーン

P.158

ハンター

P.158

ブラッド・アンド・サンド

P.158

ブルックリン

P.159

ベネディクト

P.159

ホール・イン・ワン

P.159

ホット・ウイスキー・トゥディ

P.160

ボビー・バーンズ

P.160

マイアミ・ビーチ

P.160

マミー・テーラー

P.161

マンハッタン

P.59 P.161

ミスティー・ネイル

P.161

ミント・ジュレップ

P.162

モーニング・グローリー・フィズ

P.162

ラスティ・ネイル

P.162

ロブ・ロイ

P.163

ワード・エイト

P.163

Brandy Base Cocktails
ブランデー・ベース

アップル・ジャック

P.164

アメリカン・ビューティー

P.165

アレキサンダー

P.59 P.165

イースト・インディア

P.165

ウィリー・スミス

P.166

オリンピック

P.166

カルバドス・カクテル

P.166

キッス・フロム・ヘブン
P.167

キャロル
P.167

クイーン・エリザベス
P.167

クラシック
P.168

コープス・リバイバー
P.168

コールド・デック
P.168

サイドカー
P.59 P.169

サラトガ
P.169

シカゴ
P.169

ジャック・ローズ
P.170

シャンゼリゼ
P.170

ズーム・カクテル
P.170

スティンガー
P.171

スパイダー・キッス
P.171

スリー・ミラーズ
P.171

ダーティー・マザー
P.172

デビル
P.172

トランタン
P.172

ドリーム
P.173

ナイト・キャップ
P.173

ニコラシカ
P.173

ハーバード
P.174

ハーバード・クーラー
P.174

バナナ・ブリス
P.174

ハネムーン
P.175

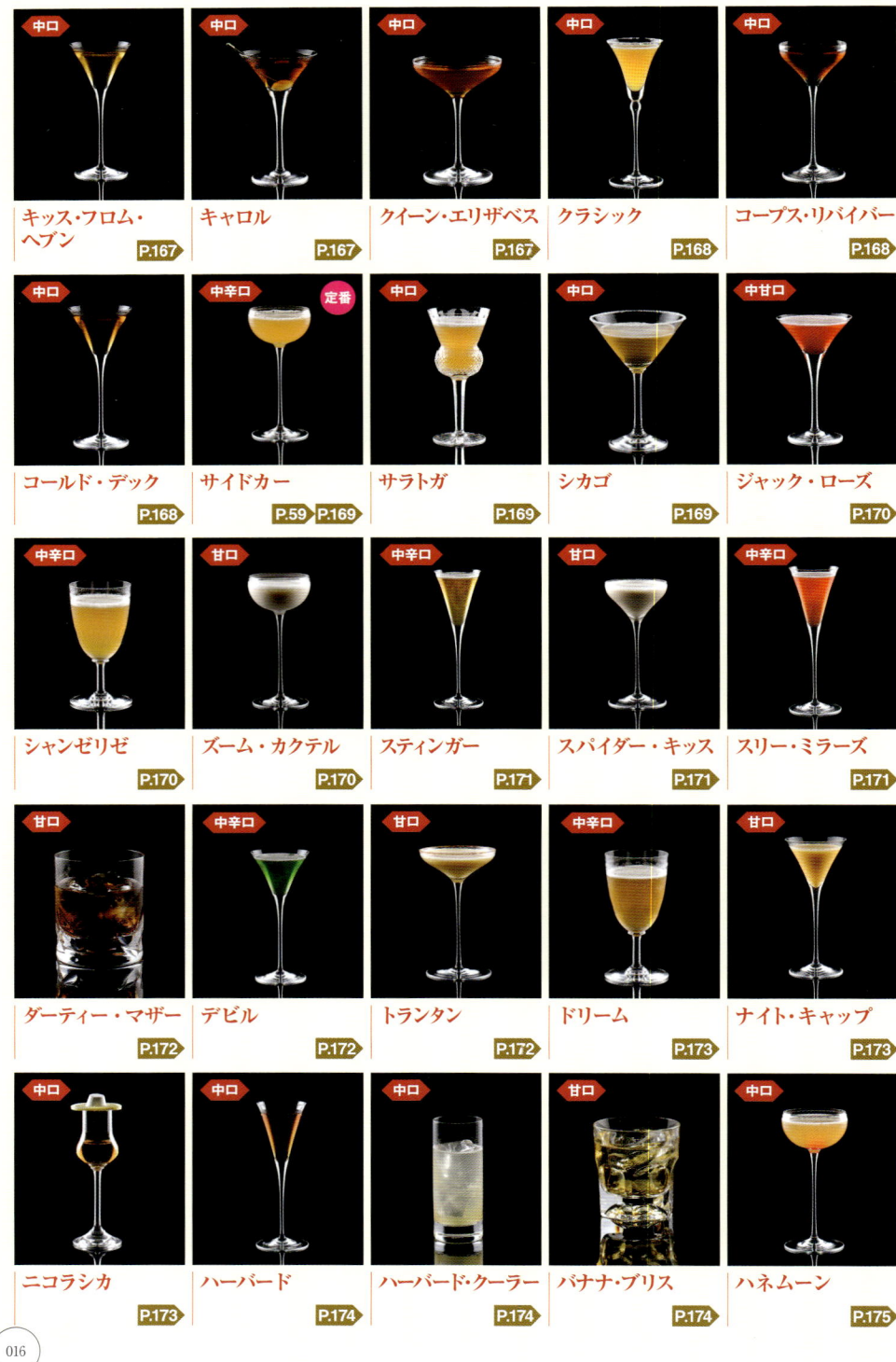

ビー・アンド・ビー
P.175

ビトウィン・ザ・シーツ
P.175

ブランデー・エッグノッグ
P.176

ブランデー・クラスタ
P.176

ブランデー・サワー
P.176

ブランデー・フィックス
P.177

フレンチ・エメラルド
P.177

フレンチ・コネクション
P.177

ベネディクティン・カクテル
P.178

ホーセズ・ネック
P.178

ムーラン・ルージュ
P.178

ワン・モア・フォー・ザ・ロード
P.179

Other Spirits Base Cocktails
その他 スピリッツ・ベース [ピンガ]

カイピリーニャ
P.179

Liqueur Base Cocktails
リキュール・ベース [MIX]

プース・カフェ
P.180

ユニオン・ジャック
P.181

Liqueur Base Cocktails
リキュール・ベース [フルーツ系]

アドバンテージ
P.181

アフター・ディナー
P.181

アフリカン・クイーン
P.182

アプリコット
P.182

アプリコット・クーラー
P.182

イエロー・パロット
P.183

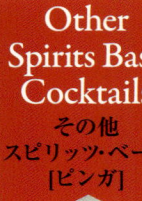

ウイニング・ラン

P.183

キルシュ・カシス

P.183

クール・バナナ

P.184

グラン・ブルー

P.184

グリーン・エモーション

P.184

ジョージア・コリンズ

P.185

スウィート・メモリー

P.185

スカーレット・オハラ

P.185

ストロベリー・
フィールド

P.186

スロー・ジン・カクテル

P.186

スロー・ジン・フィズ

P.186

チェリー・ブロッサム

P.187

チャーリー・
チャップリン

P.187

チャイナ・ブルー

P.187

ディタモーニ

P.188

パール・ハーバー

P.188

バレンシア

P.188

ピーチ・ブロッサム

P.189

ピンポン

P.189

ファジー・ネーブル

P.189

ブルー・レディ

P.190

ブレイン・ヘモレージ

P.190

プロポーズ

P.190

ベルベット・ハンマー

P.191

モンキー・ミックス

P.191

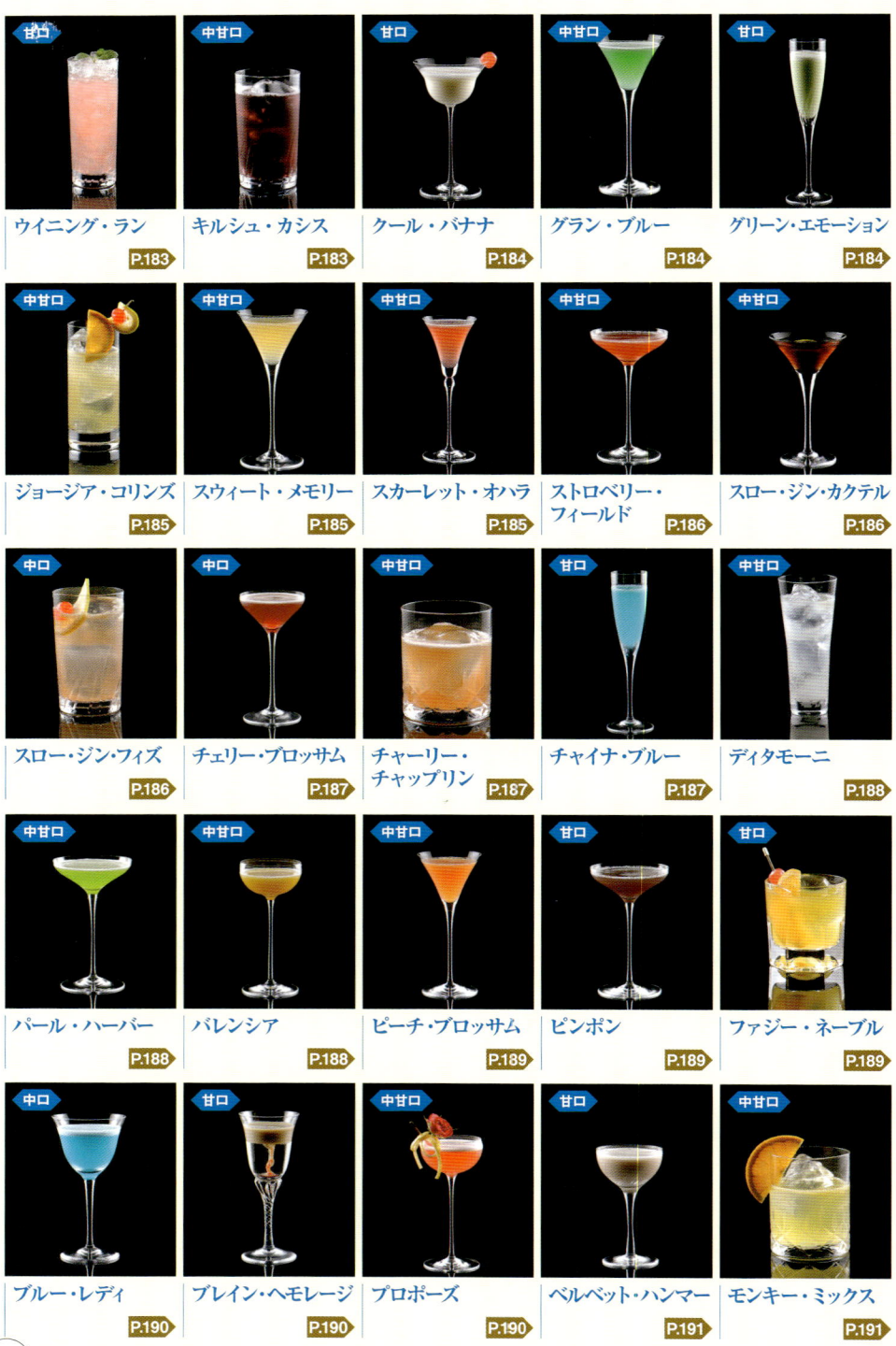

ラ・フェスタ
〜祝祭〜
P.191

ルビー・フィズ
P.192

レディー・ジョーカー
P.192

ロイヤル・カルテット
P.192

Liqueur Base Cocktails
リキュール・ベース
[ハーブ&スパイス系]

アメール・ピコン・
ハイボール
P.193

アメール・モーニ
P.193

アメリカーノ
P.193

ウイドゥズ・ドリーム
P.194

カンパリ・オレンジ
P.194

カンパリ・ソーダ
P.57 P.194

キス・ミー・クイック
P.195

グラスホッパー
P.195

グラッド・アイ
P.195

ゴールデン・
キャデラック
P.196

ゴールデン・
スリッパー
P.196

ゴールデン・
ドリーム
P.196

スーズ・トニック
P.197

スプモーニ
P.197

パスティス・
ウォーター
P.197

ピコン&グレナデン
P.198

プリメーラ
P.198

ミント・フラッペ
P.198

Liqueur Base Cocktails
リキュール・ベース
[ナッツ・ビーン
カーネル系]

アモーレ
〜愛しい人〜
P.199

ヴェルジーネ

P.199

エンジェル・ウィング

P.199

エンジェル・キッス

P.200

カカオ・フィズ

P.200

カルーア・ミルク

P.57 P.200

キング・アルフォンソ

P.201

クラッシュ・コーヒー

P.201

クランベリー・
クーラー

P.201

ピンキー・
スクァーレル

P.202

フィフス・
アヴェニュー

P.202

ボッチ・ボール

P.202

ホット・イタリアン

P.203

ホワイト・サテン

P.203

マザーズ・ラブ

P.203

ル・ロワイヤル

P.204

Liqueur Base Cocktails

リキュール・ベース [スペシャリティーズ系]

イースター・エッグ

P.204

イノセント・ラブ

P.204

スノー・ボール

P.205

チャーリーズ・キッス

P.205

ドルチェ・アンド・
バナーナ

P.205

パパゲーナ

P.206

ビー52

P.206

ペシェグルト

P.206

マザーズ・タッチ

P.207

マミー

P.207

Wine Base Cocktails
ワイン・ベース

アディントン

P.208

アドニス

P.209

アメリカン・
レモネード

P.209

カーディナル

P.209

キール

P.210

キール・ロワイヤル

P.210

シャンパン・カクテル

P.210

スプリッツァー

P.211

セレブレーション

P.211

バンブー

P.211

ベリーニ

P.57 P.212

ベルモット・アンド・
カシス

P.212

ミモザ

P.57 P.212

ローズ

P.213

ワイン・クーラー

P.213

Beer Base Cocktails
ビール・ベース

カンパリ・ビア

P.214

シャンディー・ガフ

P.57 P.215

ドッグズ・ノーズ

P.215

ビア・スプリッツァー

P.215

ビアモーニ

P.216

ブラック・ベルベット

P.216

ランチ・ボックス

P.216

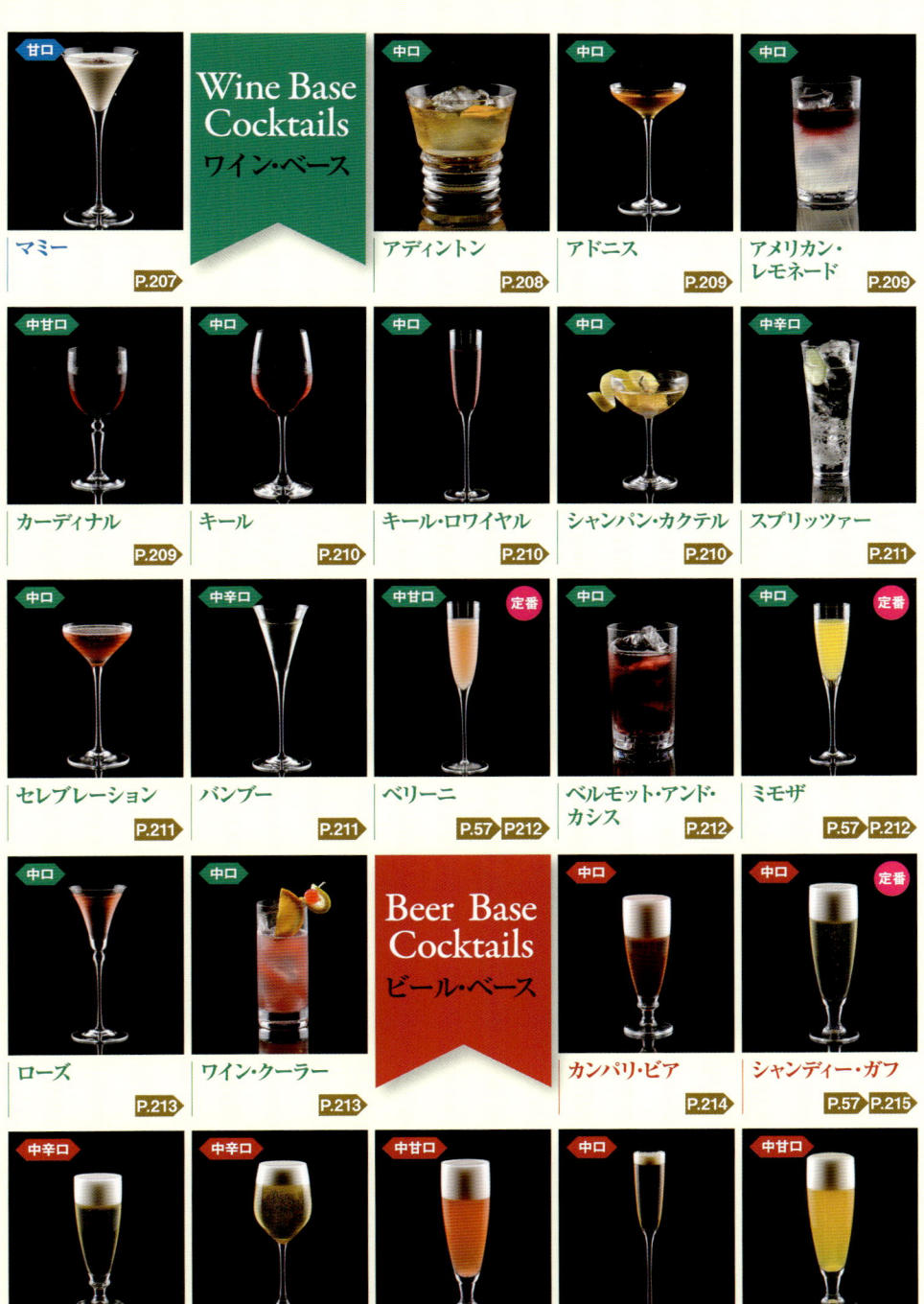

レッド・アイ

P.57 P.217

レッド・バード

P.217

Sake Base Cocktails
日本酒ベース

サケティーニ

P.218

サムライ

P.219

サムライ・ロック

P.219

撫子（なでしこ）

P.219

Shochu Base Cocktails
焼酎ベース

薩摩小町

P.220

酎ティーニ

P.220

舞・乙女
（まいおとめ）

P.220

村雨（むらさめ）

P.221

ラスト・サムライ

P.221

Non Alcohol Cocktails
ノン・アルコール

アンファジー・
ネーブル

P.222

サンセット・ピーチ

P.223

シャーリー・テンプル

P.223

シンデレラ

P.223

スプリング・
ブロッサム

P.224

フロリダ

P.224

ベリー2

P.224

ミルク・セーキ

P.225

ラバーズ・ドリーム

P.225

レモネード

P.225

第1章

カクテルを知ろう

カクテルの基本

01 | カクテルの定義とその歴史

カクテルとは？

Definition & History

カクテルの定義

カクテル（Cocktail）は、数種の酒、果汁、薬味などを混ぜ合わせた飲料——つまりミックス（ミクスト）・ドリンク（Mixed Drinks）のこととされている。ただし一般的には、ベース（基酒）となる酒に、他の酒やジュースなどを混ぜて作るアルコール飲料がカクテルと考えてよい。

一般的なカクテルの考え方

酒 ＋ Something（何か） ＝ カクテル

カクテルの歴史

紀元前のエジプトでビールに蜂蜜やナツメヤシのジュースを加えて飲んでいた、といわれるほどカクテルの歴史は古い。その後、ヨーロッパでワインに香草を混ぜて飲んだり、インドから伝わったミックス・ドリンクのパンチがイギリスで流行したりと、カクテルはさまざまな発展を遂げるが、19世紀後半の人工製氷機の開発が大きな転機となり、マティーニやマンハッタンなどの有名なカクテルが登場する。

古代ローマ帝国の時代、ワインは水割りで飲むのが常識的な飲み方とされていたという。酒を美味しくする工夫として、古くからミックス・ドリンクが飲まれていたのだ

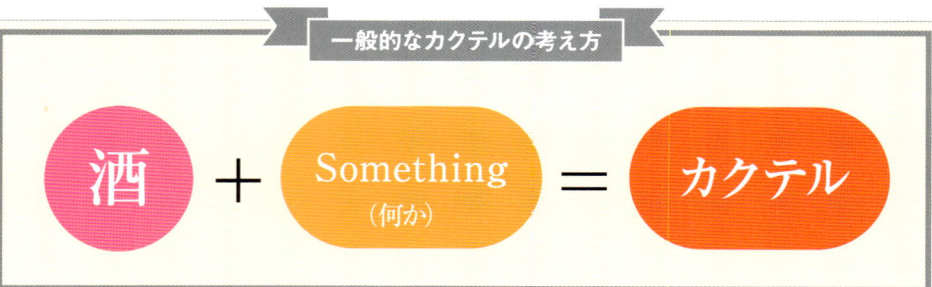

諸説あるカクテルの語源

飲み物であるカクテル(Cocktail)の名は、実は「雄鶏《おんどり》の尾」という意味。なぜ、いつ、ミックス・ドリンクがこのような名前で呼ばれるようになったのかさまざまな説があり定かではないが、有名な5つの説を紹介しよう。

1 勘違い説

その昔、メキシコのユカタン半島のカンペチェという町に、イギリスの船が入港した際、船員たちが酒場の少年に「その飲み物は何か?」と尋ねた。少年は飲み物を混ぜる小枝のことを聞かれたと勘違いし、「コーラ・デ・ガジョ(雄鶏のしっぽ)」と答えた。小枝の形からそう名付けられていたのだ。これが英語の「テール・オブ・コック(Tail of cock)」→カクテルとして伝えられた。

2 バー「四角軒」説

ニューヨーク市の北に「四角軒」という名のバーがあった。アメリカ独立戦争時、独立派を応援し兵士たちに酒を振る舞っていた経営者のベティは、反独立派の地主の家に忍び込んで持ち帰った雄鶏をロースト・チキンに、その尾をラム・パンチ入りのボウルに飾り、兵士たちの喝采《かっさい》を浴びた。以後、酒をミックスした飲み物を注文するときは、「Cocktail(雄鶏の尾)」というようになった。

3 親孝行娘説

アメリカの片田舎。闘鶏で負け知らずの自慢の雄鶏がいなくなり意気消沈していたジムのため、娘のマリーは、雄鶏を見つけた男性と結婚すると宣言。やがて雄鶏は発見され、大喜びしたジムは、身の周りの酒をバケツに注ぎこみ、祝杯をあげた。この混ぜ合わせた酒があまりにも美味しかったため、以後、ミックスした酒を雄鶏にちなんで「Cocktail」と呼ぶようになった。

4 王様命名説

昔、メキシコのトルテック族のある貴族が、酒を使った珍しい混成飲料を完成させ、自分の愛娘に持たせて王様に献上させた。王様はこの飲料を大いに気に入り、名前を付けようと思案。そのとき、飲料を持参した貴族の娘の姿が目に入り、その娘の名前であるホック・トル(Xoc-tl)の名を飲料に命名した。その後、この飲料がアメリカに渡り、カクテルといわれるようになった。

5 コクチェ説

18世紀末、カリブ海のある島で発生した反乱を逃れてアメリカに逃げた移民者のひとり、アントワーヌ・アメデ・ペイショーがニューオーリンズで薬局を開店した。彼はラムに卵を混ぜた薬酒を販売し、商品名を「コクチェ(Coquetier)」とした。この薬酒が評判となり、いつしか酒をミックスした飲料を「コクチェのような飲み物」と呼ぶようになった。これがカクテルへと変化した。

02｜時間や温度、TPOで分けられる

カクテルの分類

Classification

飲む所要時間での分類

ミックス・ドリンク（広義のカクテル）は、短時間で飲むか、ゆっくり時間をかけて飲むかという所要時間によって、ショート・ドリンクとロング・ドリンクの2種類に分けられる。

ショート・ドリンク

Short Drinks

氷などで冷やし、カクテル・グラスなど脚付きのグラスに注がれ、あまり時間をかけずに飲むミックス・ドリンク。

ロング・ドリンク

Long Drinks

大型のグラスに氷を入れて長時間冷たさを保つものと、熱湯やホット・ミルクを入れて熱い状態で飲むものがある。

温度での分類

文字どおり、コールド・ドリンクは冷たく、ホット・ドリンクは温かい飲み物のこと。個人差はあるが、人が美味しいと感じる温度は体温±25 ～ 30℃の範囲といわれている。

コールド・ドリンク

Cold Drinks

暑い夏に飲むのにふさわしい冷たい飲料なので、サマー・ドリンクともいわれる。温度の目安は6 ～ 12℃くらい。

ホット・ドリンク

Hot Drinks

寒い冬に飲むのにふさわしい温かい飲料なので、ウインター・ドリンクともいわれる。温度の目安は62 ～ 67℃くらい。

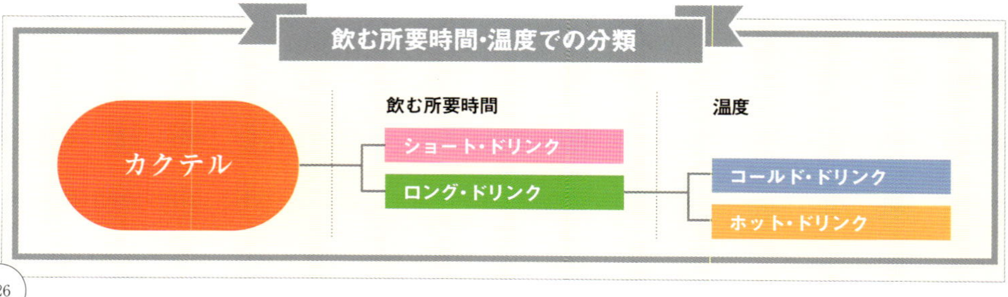

TPOでの分類

カクテルは、飲む時間や場所、目的などによって分類されるが、日本では食事の前後か、食事に関係なくいつでも飲めるカクテルかというゆるやかな分類が一般的だ。

食前酒
Aperitif Cocktail

甘みが少なく、さっぱりしたカクテルで、食前に喉《のど》を潤し、食欲を増進させる目的で飲まれる。フランス語ではアペリティフ(Apéritif)。

食後酒
After Dinner Cocktail

甘く、濃厚な風味のカクテルで、食後の口直しや消化促進のために飲まれることが多い。フランス語でディジェステイフ(Digestif)。

オール・デイ・カクテル
All Day Cocktail

食前、食後に関係なく、いつ飲んでもかまわないという意味のカクテル。欧米では、さらに時間や目的別に細かく分類される(以下参照)。

その他の分類

主に欧米では、食前・食後のほか、就寝前や夜遅い時間帯、シチュエーションによるもの、二日酔いの「迎え酒」など、カクテルはより細かく分類される。

ナイト・キャップ・カクテル
Night Cap Cocktail

就寝前に飲む酒をナイト・キャップ(寝酒)というが、そのカクテル版。ブランデー・ベースの濃厚なカクテルや卵を使ったカクテルが合う。

ビフォー・ディナー・カクテル
Before Dinner Cocktail

食前酒またはアペリティフのことだが、この名称のときは文字どおりディナーの前に飲むカクテルという優雅な意味合いも含まれている。

シャンパン・カクテル
Champagne Cocktail

結婚披露宴などお祝いの席で飲まれるシャンパン・ベースのカクテル。映画『カサブランカ』の「君の瞳に乾杯」という有名なシーンにも登場する。

サパー・カクテル
Supper Cocktail

夜遅い時間に飲むカクテルで、アルコール度数は高めで辛口。ビフォー・ミッドナイト・カクテル(Before Midnight Cocktail)ともいう。

クラブ・カクテル
Club Cocktail

ディナーの席で、オードブルやスープの代用として出されるカクテルで、料理の味を引き立てる。もちろん、ディナー以外で飲んでもかまわない。

03 | カクテルを構成する多様な酒と副材料

カクテルの材料

Materials

カクテルを構成するもの

カクテルは基本的に「酒+副材料」で作る。酒はベースとなる酒のほかに風味付けなどの目的で複数種使うこともある。また、副材料には炭酸飲料や水(ミネラル・ウォーター)、ジュース、果物や野菜類、牛乳、卵、砂糖、塩、シロップ、ハーブ、スパイス類などが用いられる。

カクテルにおける材料の分類

酒
- ベースとなる酒
- ベース以外の酒
- 風味付けのための酒

副材料
- 炭酸、ミネラル・ウォーター、ジュース
- フルーツ、野菜、牛乳、卵、砂糖、塩、シロップ、ハーブ、スパイス類など

酒の基礎知識

酒の定義は国によって違いがあるが、日本ではアルコール分1度以上の飲料が酒類といわれている(アルコールとは、飲用に適したエチルアルコールのこと)。また、酒を分類する際には、醸造《じょうぞう》法や材料、醸造された地方、あるいは酒税法の基準に基づいて分類される。

製造法による酒の分類とその特徴

醸造酒

蒸留などの作業を経ず、酵母のアルコール発酵作用で生まれた酒。蒸留酒に比べアルコール度数は低め。単発酵酒と複発酵酒に分けられる。

蒸留酒

醸造酒を蒸留して造った酒で、スピリッツともいう。果実やサトウキビ、穀類、イモ類などから造られ、基本的にアルコール度数は高め。

混成酒

いわゆる「リキュール」のことで、醸造酒や蒸留酒を原料に、草根木皮、果実、香料、糖類などを混ぜる、もしくはエキスを抽出して造る。

酒の分類

醸造酒、蒸留酒、混成酒は、さらに以下のように原材料により分類できる。これらの違いを知ることで、そこから生まれるカクテルの風味などをあらかじめ把握することができる。

- **酒類**
  - **醸造酒**
    - **糖類**
      - 果実：ワイン(ブドウ)、ペリー(西洋ナシ)、シードル(リンゴ)
      - 蜂蜜：ミード
      - その他：プルケ(竜舌蘭《りゅうぜつらん》の汁)
    - **でんぷん**
      - 穀類：ビール(大麦、穀類)、日本酒、紹興酒(米)、マッコリ(米、小麦、イモ)
  - **蒸留酒**
    - **糖類**
      - 果実：ブランデー(ブドウ)、カルバドス(リンゴ)、キルシュ(サクランボ)、ポアール・ウイリアム(西洋ナシ)、ミラベル(イエロー・プラム)、焼酎(ナツメヤシ)
      - 糖蜜：ラム、焼酎(サトウキビ)
    - **でんぷん**
      - 穀類他：ウイスキー(大麦、その他穀類)、ウオッカ、ジン、アクアビット、シュナップス(穀類、イモ類)、焼酎(米、麦、ソバなどの穀類、サツマイモ)
      - その他：テキーラ、メスカル(竜舌蘭の株)
  - **混成酒**
    - **醸造酒ベース**：ベルモット、サングリア、V.D.N.、V.D.L.(ワイン)
    - **蒸留酒ベース**
      - フルーツ系：キュラソー、クレーム・ド・カシス、チェリー・ブランデー
      - ハーブ&スパイス系：シャルトリューズ、ベネディクティン、カンパリ、ドランブイ
      - ナッツ・ビーン・カーネル系：クレーム・ド・カカオ、アマレット、コーヒー・リキュール
      - スペシャリティーズ系：アドヴォカート、ベイリーズ

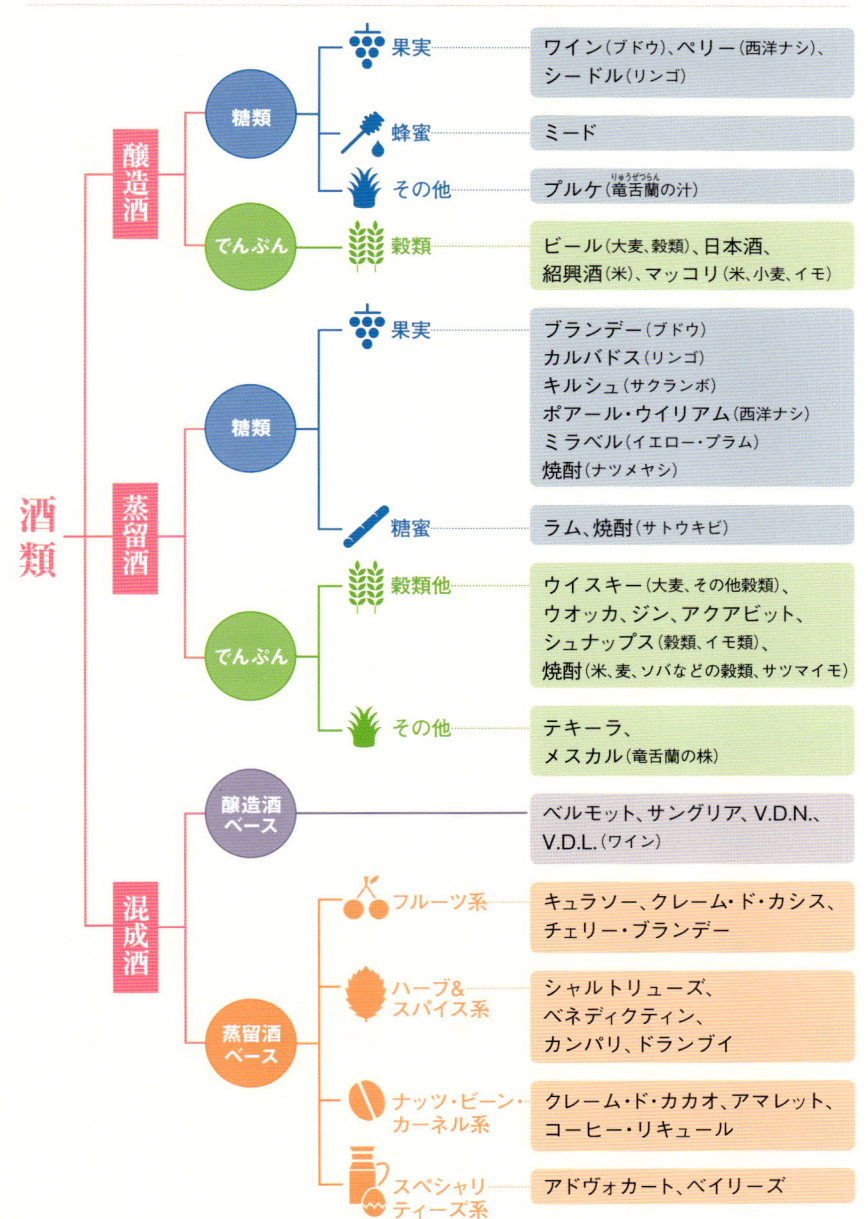

ジン

Gin

ジンは、大麦、ライ麦、トウモロコシなどを原料とした蒸留酒。熱病の薬であるジュニパー・ベリー（杜松《ねず》の実）を加えたことで、独特の爽《さわ》やかな風味が誕生した。オランダで生まれ、イギリスに伝わった後、世界に広まったジンは、風味や味わいもロンドン・タイプ、オランダ・タイプなど、国ごとに特徴がある。

ジンの分類

ドライ・ジン（ロンドン・ジン）

爽快《そうかい》な香りでライトな風味ながら、喉《のど》ごしにキレがある辛口のジン。カクテルで主に使われるのはこのタイプ。

オランダ・ジン

ジュニパー・ベリーなどハーブ類の風味豊かな、コクのあるタイプ。ストレートで飲む人も多い。

シュタインヘーガー

風味は重いが香味は穏やかなドイツ・タイプ。生のジュニパー・ベリーを最初から発酵させて使うのが特徴。

オールド・トム・ジン

イギリス生まれだが、こちらはドライ・ジンに糖分を1～2%加えた、甘口タイプのジン。

フレーバード・ジン

スロー（スモモの一種）、オレンジなどのフルーツの風味や甘みを加えたフレーバード・タイプのジン。

タンカレー・ロンドン・ドライ・ジン

1830年の創業以来、こだわりの4回蒸留で製造される。洗練されたキレのある味わいが特徴。

度数 47.3度 **価格** オープン価格 **容量** 750mℓ
原産地 イギリス
発売元 キリンビール

タンカレー・ナンバーテン

厳選された素材をオリジナル蒸留器で蒸留し、エレガントかつ繊細な味わいに仕上げたジン。

度数 47.3度 **価格** オープン価格 **容量** 750mℓ
原産地 イギリス
発売元 キリンビール

ビーフィーター・ジン

1820年の創業以来、変わらぬ秘伝のレシピを守り続ける伝統のロンドン・ドライ・ジン。

度数 47度 **価格** 1355円
容量 750mℓ
原産地 イギリス
発売元 サントリー酒類

ボンベイ・サファイア

10種類の厳選ボタニカル（草根木皮）を使い、独特の製法で深く華やかな香りと味わいを創出。

度数 47度 **価格** 2803円
容量 750mℓ
原産地 イギリス
発売元 サッポロビール

ロンドン・ヒル

1785年の創業以来、門外不出の伝統製法を守り続けるジン。世界的に高い評価を得ている。

度数 47度 **価格** 2100円
容量 700mℓ
原産地 イギリス
発売元 明治屋

ゴードン・ロンドン・ドライ・ジン 37.5%

上質なジュニパー・ベリーを多く使い、豊かな香りと爽快な後味を実現したロンドン・タイプ。

度数 37.5度 **価格** オープン価格 **容量** 700mℓ
原産地 イギリス
発売元 キリンビール

ウヰルキンソン・ジン37°

10数種類のハーブが織りなす、やわらかな飲み心地と香りが特徴の本格的ドライ・ジン。

度数 37度 **価格** オープン価格 **容量** 720mℓ
原産地 イギリス（日本にてライセンス生産） **発売元** アサヒビール

シンケンヘーガー

ドイツのシュタインハーゲン特産品のシュタインヘーガー・ジン。シンケンは「ハム」の意味。

度数 38度 **価格** 2047円
容量 700mℓ
原産地 ドイツ
発売元 ユニオンリカーズ

オールド・チェルシー・オールド・トム

ロンドン・ドライ・ジンに1～2%の糖分を加えた甘口のジンだが、アルコール度は高い。

度数 40度 **価格** 2800円
容量 700mℓ
原産地 イギリス
発売元 マークス

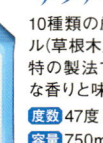

ウオッカ

Vodka

アルコール類の中でもクセの少ないウオッカは、12世紀頃からロシアで存在したといわれるスピリッツ。大麦、小麦、ライ麦、ジャガイモなどを原材料とするが、アメリカではトウモロコシから造られるなど、国によって異なる。蒸留後に白樺《しらかば》の炭で濾過《ろか》して造られるのが特徴で、まろやかな酒質となる。

ウオッカの分類

ロシアン・ウオッカ

小麦を使ったものが主で、寒冷地のロシア産だけにアルコール度数も高め。1000もの銘柄があるといわれ、多彩なウオッカが生産されている。

アメリカン・ウオッカ

トウモロコシから造られるものが多く、香味は強めだがクセがなくカクテルに使いやすい。

ポーランド・ウオッカ

WÓDKA（ヴォトカ）とつづり、原料のライ麦の風味が残ったコクのある味わいのものが多い。

北欧系ウオッカ

小麦を主体にしたものが多く、甘い香りとすっきりとした風味が特徴。ロシアン・ウオッカとアメリカン・ウオッカの中間といえる。

スカイウオッカ

4回蒸留と3回の濾過による、ピュアでスムーズな味わい。青空のようなブルーのボトルが目印。

度数 40度 **価格** オープン価格 **容量** 750mℓ
原産地 イタリア
発売元 アサヒビール

スミノフNo.21

1864年に誕生した伝統ブランド。10回もの濾過を経て造られたクリアでスムーズな味わい。

度数 40度 **価格** オープン価格 **容量** 750mℓ
原産地 韓国
発売元 キリンビール

ズブロッカ

ポーランドのバイソン・グラスを漬け込んだウオッカで、やわらかい香りとまろやかな飲み口。

度数 40度 **価格** 1040円
容量 500mℓ
原産地 ポーランド
発売元 サントリー酒類

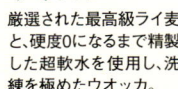

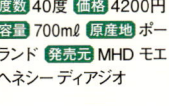

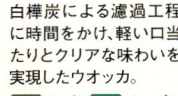

ベルヴェデール ウオッカ

厳選された最高級ライ麦と、硬度0になるまで精製した超軟水を使用し、洗練を極めたウオッカ。

度数 40度 **価格** 4200円
容量 700mℓ **原産地** ポーランド **発売元** MHD モエ ヘネシー ディアジオ

フィンランディア

六条大麦100％を使い、仕込み水は天然氷河水という、こだわりのプレミアム・ウオッカ。

度数 40度 **価格** オープン価格 **容量** 700mℓ
原産地 フィンランド
発売元 アサヒビール

アブソルート ウオッカ

連続蒸留法で一切の不純物を濾過。穀物の香味とドライ・フルーツの香りがほのかに漂う。

度数 40度 **価格** オープン価格 **容量** 750mℓ
原産地 スウェーデン
発売元 ペルノ・リカール・ジャパン

ウキルキンソン・ウオッカ50°

白樺炭による濾過工程に時間をかけ、軽い口当たりとクリアな味わいを実現したウオッカ。

度数 50度 **価格** オープン価格 **容量** 720mℓ **原産地** イギリス（日本にてライセンス生産） **発売元** アサヒビール

グレイ グース

1997年誕生。製造法、原材料、産地など最高級品質を徹底的に追求したフランス産最上クラス。

度数 40度 **価格** オープン価格 **容量** 700mℓ
原産地 フランス
発売元 サッポロビール

シロック

フランスの厳選されたブドウから造られる、エレガントな舌ざわりと後味の爽やかさが特徴。

度数 40度 **価格** オープン価格 **容量** 700mℓ
原産地 フランス
発売元 キリンビール

ラム

Rum

ラムはサトウキビに含まれる糖を発酵・蒸留して造られる蒸留酒。カクテル・ベースとしては、その色合いによりホワイト、ゴールド、ダークの3種類に分けられるほか、製法や風味によって分けられることもある。西インド諸島だけでなく、ブラジルや日本のサトウキビでも同系統の酒が造られている。

ラムの分類

風味による分類

ライト・ラム
純粋培養した酵母を使用し、活性炭で濾《ろ》過《か》した無色透明のラム。やわらかな風味。

ミディアム・ラム
ライトとヘビーの中間。糖蜜を発酵させ、上澄み液を蒸留、樽《たる》で貯蔵。

ヘビー・ラム
糖蜜を自然発酵させ、3年以上樽熟成。重厚で力強い味わい。

色による分類

ホワイト・ラム
カクテルによく使われる、無色透明でクセの少ないラム。シルバー・ラムとも呼ばれる。

ゴールド・ラム
樽熟成の色を生かしたやや褐色のタイプ。別名アンバー・ラム。

ダーク・ラム
内側を焦がした樽で熟成。濃い褐色で、ジャマイカ産に多い。

バカルディ・スペリオール(ホワイト)

世界初のホワイト・ラム。クリアでライトな味わいで、さまざまカクテルのベースとして使われる。

度数 40度 **価格** 1462円 **容量** 750mℓ **原産地** プエルトリコ **発売元** サッポロビール

マイヤーズ・ラム・プラチナホワイト

厳選した原酒を長年熟成する「マイヤーズ・ラム」同様のぜいたくな製法で造られたライト・タイプ。

度数 40度 **価格** オープン価格 **容量** 750mℓ **原産地** ジャマイカ **発売元** キリンビール

ロンリコ・ホワイト

滑《なめ》らかでやわらかな味わいをもつホワイト・ラム。ジュースやソーダとの相性もよい。

度数 40度 **価格** 1533円 **容量** 700mℓ **原産地** プエルトリコ **発売元** サントリー酒類

キャプテン・モルガン・スパイスト・ラム

良質のサトウキビを使用。バニラとトロピカル・フレーバーの香り豊かなゴールド・ラム。

度数 35度 **価格** オープン価格 **容量** 750mℓ **原産地** プエルトリコ **発売元** キリンビール

バカルディ・ゴールド(オロ)

世界最大級の出荷量を誇るブランド。熟成感とまろやかさをもち、ラムの味を生かしたいときに最適。

度数 40度 **価格** 1462円 **容量** 750mℓ **原産地** プエルトリコ **発売元** サッポロビール

アプルトン・ゴールド

アプルトン農園のサトウキビと純度の高い湧水を使い蒸留、オーク樽で長期間熟成した逸品。

度数 40度 **価格** オープン価格 **容量** 750mℓ **原産地** ジャマイカ **発売元** リードオフジャパン

ロンリコ151

151プルーフ(75.5度)の強烈な個性。オン・ザ・ロック以外にソーダやジュースで割っても十分。

度数 75度 **価格** 1922円 **容量** 700mℓ **原産地** プエルトリコ **発売元** サントリー酒類

マイヤーズ・ラム(オリジナル・ダーク)

ジャマイカ産の本格的なダーク・ラム。華やかな風味と芳醇《ほうじゅん》な香りで、洋菓子材料とも相性がいい。

度数 40度 **価格** オープン価格 **容量** 700mℓ **原産地** ジャマイカ **発売元** キリンビール

ハバナクラブ7年

7年樽熟成のダーク・ラム。複雑な香りとふくよかで滑らかな口当たり、熟成感のある味わい。

度数 40度 **価格** 2835円 **容量** 700mℓ **原産地** キューバ **発売元** ペルノ・リカール・ジャパン

テキーラ

Tequila

テキーラの原料はアガベ・テキラーナ・ウェベル・アスール(ブルー・アガベ)と呼ばれる竜舌蘭《りゅうぜつらん》。その茎に含まれるでんぷん質から蒸留酒が造られる。テキーラと名乗れるのはメキシコの5つの州で造られたものに限定されている。最も個性豊かなスピリッツといわれ、レモンなど柑橘類との相性がよい。

テキーラの分類

短 ↑ 熟成期間 ↓ 長

ブランコ(ホワイト・テキーラ)
蒸留後にまったく熟成させないか、させても1カ月程度の短期熟成で造る無色透明のテキーラ。シャープな味わいが特徴。

レポサド(ゴールデン・テキーラ)
蒸留後2カ月以上樽《たる》で貯蔵熟成させるために薄黄色をしたテキーラ。風味は強いが、やや角がとれたまろやかな飲み口になる。

アネホ
1年以上の樽貯蔵が法規で義務付けられている。テキーラ特有の強靱さや鋭さが薄れ、ブランデーのようなまろやかな風味となっている。

テキーラ・エル・ヒマドール・ブランコ

ヒマドールとは竜舌蘭の生育に携わる職人のこと。驚くほどスムーズな味わいのシルバー・テキーラ。

度数 40度 価格 2170円 容量 750mℓ 原産地 メキシコ 発売元 アサヒビール

オレー・テキーラ

無色透明でクリスタルのような輝き。ブルー・アガベ由来の独特の香りとピュアな味わいが特徴。

度数 40度 価格 2835円 容量 750mℓ 原産地 メキシコ 発売元 日本リカー

オレンダイン・オリータス・ブランコ

ブルー・アガベ100%使用、3回の蒸留で滑らかな口当たり。三大蒸留所のひとつ、オレンダイン社製。

度数 35度 価格 オープン価格 容量 750mℓ 原産地 メキシコ 発売元 リードオフジャパン

エラドゥーラ プラタ

添加物や酵母を加えることなくブルー・アガベを100%使用し、自然発酵で造られる。

度数 40度 価格 オープン価格 容量 750mℓ 原産地 メキシコ 発売元 アサヒビール

テキーラ・サウザ・ゴールド

爽《さわ》やかなオークの風味とほどよい甘みが、ホワイト・ペッパーの風味と絶妙に調和したテキーラ。

度数 40度 価格 1890円 容量 750mℓ 原産地 メキシコ 発売元 サントリー酒類

クエルボ・エスペシャル

1795年創業のホセ・クエルボ社によるレポサド。2カ月以上の樽熟成によるまろやかな味わいが特徴。

度数 40度 価格 オープン価格 容量 750mℓ 原産地 メキシコ 発売元 アサヒビール

ドン・フリオ・レポサド

複雑な香りで口当たりはなめらか。8カ月熟成で、豊かなコクとさっぱりとした味わいを両立。

度数 38度 価格 オープン価格 容量 750mℓ 原産地 メキシコ 発売元 キリンビール

オルメカテキーラ レポサド

ハーブやホワイト・ペッパーのような香りに、柑橘系の爽やかな味わいが感じられるプレミアム・テキーラ。

度数 40度 価格 オープン価格 容量 750mℓ 原産地 メキシコ 発売元 ペルノ・リカール・ジャパン

1800 アネホ

ブルー・アガベを100%使用。12カ月以上樽熟成させた、まろやかな味わいと長い余韻が特徴。

度数 40度 価格 オープン価格 容量 750mℓ 原産地 メキシコ 発売元 アサヒビール

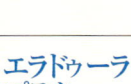

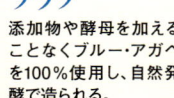

ウイスキー

Whisky

ウイスキーは大麦、ライ麦、トウモロコシなどを麦芽（モルト）の酵素で糖化し、発酵・蒸留した蒸留酒。蒸留機には単式、連続式などがあり、原料や蒸留方法でウイスキーの種類が変わる。モルト・ウイスキー、グレーン・ウイスキー、ブレンデッド・ウイスキーなどがある。

ウイスキーの分類

モルト・ウイスキー

大麦を発芽させた麦芽（モルト）を原料として単式蒸留機で蒸留。原料の香味と豊かな味わいが特徴。

グレーン・ウイスキー

麦芽とライ麦、トウモロコシなどを原料として連続式蒸留機で蒸留。クセを抑えたクリアな味わい。

ブレンデッド・ウイスキー

上の2つのウイスキーを混ぜたもので、品質の安定と大量生産が可能なうえ、味のバリエーションも豊富。

5大ウイスキー生産地

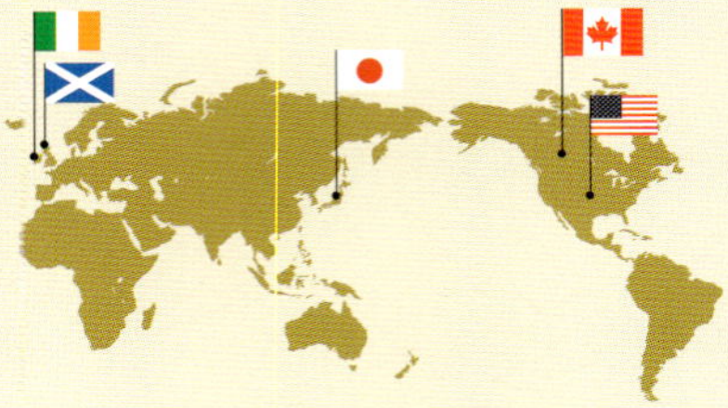

スコットランド

イギリス北部。ピート（泥炭《でいたん》）香が特徴的なスコッチ・ウイスキーの産地。

アイルランド

ピートの燻蒸《くんじょう》をせず、伝統製法にこだわるアイリッシュ・ウイスキーの故郷。

アメリカ

トウモロコシ原料のバーボン・ウイスキーなど、ライトなウイスキーが有名。

カナダ

穀物由来の豊かな風味をもつライトなカナディアン・ウイスキーの産地。

日本

スコッチの流れを汲む伝統のウイスキーは、甘く華やかで穏やかな味わい。

バランタイン・ファイネスト

40種類以上のシングルモルトをブレンド。バランスのよい香味と、豊かで滑《なめ》らかな風味が特徴。

度数 40度 価格 1460円
容量 700mℓ
原産地 スコットランド
発売元 サントリー酒類

シーバス リーガル12年

1953年以来、ブレンデッドの伝統を守り続けてきた、スコッチ・ウイスキーを象徴するブランド。

度数 40度 価格 オープン価格 容量 700mℓ
原産地 スコットランド
発売元 ペルノ・リカール・ジャパン

ジェムソン

3回の蒸留を経て樽《たる》熟成することで生まれる、やわらかな香りと繊細でまろやかな味わいが特徴。

度数 40度 価格 2100円
容量 700mℓ
原産地 アイルランド
発売元 ペルノ・リカール・ジャパン

ワイルド ターキー ライ

ライ麦を使ったライ・ウイスキー。バーボンより甘さを控えた、スパイシーな味わいが特徴。

度数 40.5度 価格 オープン価格 容量 700mℓ
原産地 アメリカ
発売元 明治屋

サントリー角瓶

亀甲の刻み模様のボトルが目印。70年以上愛飲される定番で、近年のハイボールブームの火付け役。

度数 40度 価格 1485円
容量 700mℓ
原産地 日本
発売元 サントリー酒類

シングルモルト余市（よいち）

「石炭直火蒸溜」由来の豊かな香りと、力強く、重厚な味わいが特徴のシングルモルト。

度数 45度 価格 オープン価格 容量 700mℓ
原産地 日本 発売元 ニッカウヰスキー

ブランデー

Brandy

"ヴァン・ブリュレ(焼けたワイン)"が名前の由来といわれるブランデーは、主に白ブドウのワインを蒸留して樽で熟成し製造される蒸留酒。蒸留には、アランビックと呼ばれるタマネギ型の蒸留機が使われる。ブドウ以外の果物から造られるブランデーも数多くある。

ブランデーの分類

グレープ・ブランデー

ブドウ原料のブランデー。コニャック、アルマニャックなどフランスの産地名が付いたものや、ブドウの搾りカスから造られるマール、グラッパなどがある。

フルーツ・ブランデー

ブドウ以外の果物から造られたブランデー。アップル・ブランデー、チェリー・ブランデーなどが有名だが、イチゴ、西洋ナシなどさまざまな果物が使用される。

フランス2大ブランデー

コニャック

フランス西南部、コニャック地方産の世界的に有名なブランデー。香り高く味わい深い。

アルマニャック

フランス南西部、アルマニャック地方が産地。コニャックより香りは強くフレッシュな風味。

V.S.O.P.やX.O.って何?

コニャックやアルマニャックのラベルに表示されている「V.S.O.P」や「NAPOLEON」、スリースターなどの表示は、熟成年数を示す。ブドウ収穫の翌年の4月1日(アルマニャックは5月1日)から1年間が「コント0」という単位。

☆☆☆(スリースター) V.S.(Very Special)	コント2(3年以上熟成したもの)をブレンド。スリースターは「三つ星」のこと。
V.S.O.P. (Very Special Old Pale) Reserve	コント4(5年以上熟成したもの)をブレンド。V.S.O.P.は「とても優れた古く澄んだもの」というような意味。
X.O.(Extra Old) EXTRA NAPOLEON	コント6以上。これらは特別な等級という意味で使われ、品質・価格的にも高級なものの代名詞となる。

ヘネシー V.S.

初めて星の数によりコニャックの等級を表示したヘネシー社。同社最初の三つ星コニャック。

度数 40度 価格 3800円
容量 700mℓ 原産地 フランス 発売元 MHD モエ ヘネシー ディアジオ

マーテル V.S(スリースター)

ヨーロッパで名高いマーテル社ブランドの、深い熟成感と高い気品が醸《かも》し出された1本。

度数 40度 価格 オープン価格 容量 700mℓ
原産地 フランス
発売元 ペルノ・リカール・ジャパン

クルボアジェ V.S.O.P.ルージュ

バラの愛好家として知られるナポレオン夫人ジョセフィーヌをイメージして開発された1本。

度数 40度 価格 3990円
容量 700mℓ
原産地 フランス
発売元 サントリー酒類

シャボー V.S.O.P.

5年以上オーク樽で熟成させた原酒を使用。アルマニャックの魅力を気軽に楽しめる。

度数 40度 価格 3255円
容量 700mℓ
原産地 フランス
発売元 サントリー酒類

シャトー・ロバード V.S.O.P.

ブドウ本来の風味を大切にしながら、樫《かし》樽で熟成された骨太でフルーティーな味わい。

度数 40度 価格 4718円
容量 700mℓ
原産地 フランス
発売元 明治屋

ブラー・グラン・ソラージュ

ガルバドスは最も有名なフランス産アップル・ブランデー。これは、バランスのよい味わいの1本。

度数 40度 価格 3990円
容量 700mℓ
原産地 フランス
発売元 サントリー酒類

リキュール

Liqueur

「溶け込ませる」を意味するラテン語が語源のリキュールは、その名のとおりハーブや果実、ナッツ、クリームなどの材料を蒸留酒に加え、香りや風味などを溶かし込んだもの。“液体の宝石”とも呼ばれる美しい色合いや香りをもち、カクテルのベースや風味付けで使われる。

リキュールの分類

フルーツ系
（果実系）

フルーツの果肉や果皮、果汁から造られたリキュール。フルーツの数だけリキュールの種類があるといわれ、多様な味が楽しめる。

細分類	主な材料
果皮類	オレンジ、マンダリン、レモン
果肉類	チェリー、アプリコット、ピーチ、ベリー、メロン、洋ナシ
トロピカル・フルーツ系	バナナ、ココナッツ、ライチ、パッションフルーツ、パイナップル

ハーブ・スパイス系
（薬草・香草系）

香草・薬草やスパイスから造られたリキュール。中世に薬として飲まれていた歴史をもつものもあり、クセが強く、個性的な風味が特徴。

細分類	主な材料・特徴
ビター系	苦味、薬草風味
パスティス系	アニス、リコリス風味
シャルトリューズ系	スパイシー、香草、ミント風味
ベネディクティン系	バニラ、蜂蜜、苦味、アーモンド風味
ガリアーノ系	アニス、バニラ、薬草風味
ドランブイ系	ウイスキー、蜂蜜、薬草風味
その他	ペパーミント、ニオイスミレ、緑茶、紅茶

ナッツ・ビーン・カーネル系
（ナッツ、種子、核系）

ヘーゼルナッツやコーヒー、アンズの核など、木の実や果実の核（種子部分）、豆類から造られたリキュール。香ばしさと甘美な風味が特徴。

細分類	主な材料
ナッツ系	ヘーゼルナッツ、クルミ、マカダミアナッツ
ビーン系	コーヒー、カカオ
カーネル系	アンズの核

スペシャリティーズ系
（特殊系）

製造技術の新しいリキュールで、卵やクリーム、ヨーグルトといった、タンパク質や脂肪分を多く含む材料を使ったものが代表的である。

細分類	主な材料
クリーム系	ウイスキー・ブランデーベース、チョコレート・クリーム、ストロベリー・クリーム
その他	卵、ミルク、ヨーグルト

フルーツ系

コアントロー

ビター・オレンジとスイート・オレンジの果皮を配合した、ホワイト・キュラソーの代名詞的存在。

度数 40度 価格 2205円 容量 700mℓ 原産地 フランス 発売元 レミー コアントロー ジャパン

グラン・マルニエ コルドン・ルージュ

厳選されたコニャックとビターオレンジのブレンドから生まれたプレミアム・オレンジ・リキュール。

度数 40度 価格 2700円 容量 700mℓ 原産地 フランス 発売元 ドーバー洋酒貿易

ザ・ブルー・ブルーキュラソー

名前どおり鮮やかなブルー色のリキュール。カクテルに使うとバランスのよい風味を引き出す。

度数 24度 価格 1880円
容量 750mℓ
原産地 日本
発売元 サントリー酒類

リモンチェッロ・ディ・カプリ

イタリアのカプリ島の保護指定地域で認定されたレモンを100%使用したレモン・リキュール。

度数 32度 価格 2730円
容量 700mℓ
原産地 イタリア
発売元 フードライナー

ヒーリング・チェリー・リキュール

自家農園で収穫した原料を使用している。3年以上の熟成を経たライト＆ナチュラルな味わい。

度数 25度 価格 2205円
容量 700mℓ
原産地 デンマーク
発売元 サントリー酒類

ボルス・マラスキーノ

天然材料を使ったボルス社のリキュール。厳選されたハーブ、キルシュから造られる。

度数 24度 価格 オープン価格 容量 700mℓ
原産地 オランダ
発売元 アサヒビール

ボルス・アプリコット・ブランデー

多種類のハーブと厳選したコニャックを合わせ、アプリコットの味わいを引き出している。

度数 24度 価格 オープン価格 容量 700mℓ
原産地 オランダ
発売元 アサヒビール

オリジナル・ピーチツリー

桃そのものの香りが楽しめる、ライトでクリアな味わいのリキュール。さまざまなカクテルに合う。

度数 20度 価格 オープン価格 容量 700mℓ
原産地 オランダ
発売元 キリンビール

サザン カンフォート

ピーチを主体に数十種類の果実とハーブを配合した、アメリカ生まれのリキュール。

度数 21度 価格 オープン価格 容量 750mℓ
原産地 アメリカ
発売元 アサヒビール

ルジェ・クレーム・ド・カシス

厳選されたカシスを使った、フルーティーな定番ブランド。保存料・添加物は一切不使用。

度数 20度 価格 1638円
容量 700mℓ
原産地 フランス
発売元 サントリー酒類

ルジェ・クレーム・ド・ストロベリー

色鮮やかなストロベリー・リキュール。イチゴの香りとやさしい甘味がみずみずしく広がる。

度数 15度 価格 1712円
容量 700mℓ
原産地 フランス
発売元 サントリー酒類

ゴードン・スロー・ジン

ドライ・ジンで有名なタンカレー・ゴードン社による、着色料不使用の本格派スロー・ジン。

度数 26度 価格 オープン価格 容量 700mℓ
原産地 イギリス
発売元 ジャパンインポートシステム

ミドリ・メロン・リキュール

美しい緑色と甘美な香りで、世界各国で人気の高い、日本生まれのメロン・リキュール。

度数 20度 価格 2310円
容量 700mℓ
原産地 日本
発売元 サントリー酒類

ボルス・クレーム・ド・バナナ

熟成バナナにアーモンドとバニラ風味を加えた、バナナの香りがいっぱいに広がるリキュール。

度数 17度 価格 オープン価格 容量 700mℓ
原産地 オランダ
発売元 アサヒビール

マリブ

バルバドス産ラムをベースに、重厚なココナッツの香りを引き出したココナッツ・リキュール。

度数 21度 価格 1428円
容量 700mℓ
原産地 イギリス
発売元 サントリー酒類

ディタ ライチ

ライチの豊潤な甘みと上品な味わいが生きたリキュールで、柑橘系ジュースとの相性も抜群。

度数 24度 価格 3612円 容量 700mℓ 原産地 フランス 発売元 ペルノ・リカール・ジャパン

アリーゼ・ゴールド・パッション

コニャックにパッションフルーツ・ジュースをブレンド。その色合いに、天然果汁だけで出したもの。

度数 16度 価格 2310円 容量 750mℓ 原産地 フランス 発売元 国分

オルデスローエ・アナナス

蒸留酒のコルンにパイナップル果汁を配合した、風味豊かなパイナップル・リキュール。

度数 15度 価格 2310円 容量 700mℓ 原産地 ドイツ 発売元 ユニオンフード

ハーブ・スパイス系

カンパリ

さまざまなハーブや果実を配合して造られ、独特のほろ苦い味わいと赤い色合いが人気のリキュール。

度数 25度 価格 オープン価格 容量 750mℓ 原産地 イタリア 発売元 アサヒビール

アメール・ピコン

オレンジの香りとハーブのほろ苦く爽《さわ》やかな飲み口が特徴のビター系リキュールで、カクテルにも最適。

度数 18度 価格 4113円 容量 1000mℓ 原産地 イタリア 発売元 日本酒類販売

スーズ

ピカソやダリも愛飲したというリキュール。独特のほろ苦さと甘みが絶妙で、飲み方も幅広い。

度数 15度 価格 3150円 容量 1000mℓ 原産地 フランス 発売元 ペルノ・リカール・ジャパン

ペルノ

アニシードをはじめ15種類のハーブが生み出す爽やかな味わい。加水すると白濁する。

度数 40度 価格 3045円 容量 700mℓ 原産地 フランス 発売元 ペルノ・リカール・ジャパン

リカール

アニスの風味と独特な清涼感が特徴のスピリッツで、南仏プロヴァンスの爽やかな風を感じる1本。

度数 45度 価格 2888円 容量 700mℓ 原産地 フランス 発売元 ペルノ・リカール・ジャパン

シャルトリューズ・ヴェール

シャルトリューズ修道院で秘伝のレシピにより造られる。130種類のハーブや植物を使用。

度数 55度 価格 4860円 容量 700mℓ 原産地 フランス 発売元 ユニオンリカーズ

シャルトリューズ・ジョーヌ

“ヴェール”同様、130種のハーブから造られる。蜂蜜を思わせるコクのある優しい甘みが特徴。

度数 40度 価格 4752円 容量 700mℓ 原産地 フランス 発売元 ユニオンリカーズ

ベネディクティン・DOM

16世紀にフランスのベネディクト修道院で発明された“長寿の秘酒”を復元したリキュール。

度数 40度 価格 2002円 容量 750mℓ 原産地 フランス 発売元 サッポロビール

ガリアーノ・オーセンティコ

地中海産のアニスなど30種類以上の原料を使用。爽やかなフレッシュハーブの香りが特徴的。

度数 42.3度 価格 オープン価格 容量 700mℓ 原産地 イタリア 発売元 アサヒビール

ドランブイ

1745年にスコットランドで誕生。スコッチとハーブ・スパイスによる深い味わいが特徴。

度数 40度 価格 2205円 容量 750mℓ 原産地 スコットランド 発売元 サントリー酒類

アイリッシュ・ミスト

熟成したアイリッシュ・ウイスキー、10数種類のハーブ・エキスと上質な蜂蜜による独特の風味。

度数 35度 価格 2205円 容量 700mℓ 原産地 アイルランド 発売元 サントリー酒類

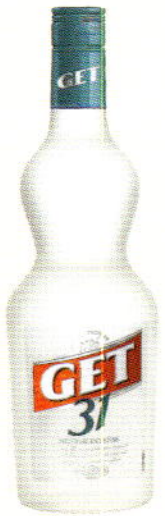

ペパーミント・ジェット31

ほどよい甘さと、フレンチアルプスほか世界各国から厳選したミントの風味が絶妙。

度数 24度 価格 1951円 容量 700mℓ 原産地 フランス 発売元 サッポロビール

ペパーミント・ジェット27

ジェット31と同じく厳選された原料で造られた、人気のグリーン・ミント・リキュール。

度数 21度 **価格** 1951円
容量 700mℓ
原産地 フランス
発売元 サッポロビール

ボルス・パルフェ・タムール

「完璧な愛」という名をもつオレンジやバニラのリキュール。妖艶《ようえん》な色合いと香りが特徴。

度数 24度 **価格** オープン価格 **容量** 700mℓ
原産地 オランダ
発売元 アサヒビール

アンゴスチュラ・アロマティック・ビターズ

リンドウの根の苦みとハーブのスパイシーさをもち、数滴加えるだけで独創的な風味を生む。

度数 44度 **価格** 2058円
容量 200mℓ
原産地 トリニダード・トバゴ
発売元 明治屋

ナッツ・ビーン・カーネル系

フランジェリコ

天然のヘーゼルナッツを原料とし、絶妙な香りと味わいを実現した、北イタリア名産のリキュール。

度数 20度 **価格** オープン価格 **容量** 700mℓ
原産地 イタリア
発売元 アサヒビール

トスキ・ノチェロ

クルミの特徴をあますことなく再現し、その芳香を漂わせた、クルミ・リキュールの世界的ブランド。

度数 24度 **価格** 2916円
容量 750mℓ
原産地 イタリア
発売元 ドーバー洋酒貿易

カルーア・コーヒー・リキュール

香り高くローストした良質なアラビカ種のコーヒー豆と、バニラのまったりとした甘みが絶妙。

度数 20度 **価格** 1449円
容量 700mℓ
原産地 メキシコ
発売元 サントリー酒類

ボルス・クレーム・ド・カカオブラウン

ローストしたカカオ豆を使用。ほろ苦さと甘さのバランスも絶妙な、カカオ・リキュール。

度数 24度 **価格** オープン価格 **容量** 700mℓ
原産地 オランダ
発売元 アサヒビール

ゴディバ・チョコレート・リキュール

チョコレートの名門・ゴディバ社が、厳選した原料と技術を駆使したチョコレート・リキュール。

度数 15度 **価格** オープン価格 **容量** 750mℓ
原産地 アメリカ
発売元 キリンビール

ディサローノ・アマレット

アンズの核とバニラのエッセンスを使用。アーモンドのような豊かな香りと、奥深い味わい。

度数 28度 **価格** 756円
容量 200mℓ
原産地 イタリア
発売元 サントリー酒類

スペシャリティーズ系

ベイリーズ・オリジナル・アイリッシュ・クリーム

新鮮なクリームとアイリッシュ・ウイスキーを使った、世界的に有名なクリーム系リキュール。

度数 17度 **価格** オープン価格 **容量** 700mℓ
原産地 アイルランド
発売元 キリンビール

モーツァルト・チョコレートクリーム・リキュール

モーツァルトの生誕地・ザルツブルクで誕生。良質のチョコレートをぜいたくに使用している。

度数 17度 **価格** 1806円
容量 500mℓ
原産地 オーストリア
発売元 サントリー酒類

デカイパー・ストロベリークリーム

イチゴミルクのような、まろやかで甘酸っぱい味わいが楽しめるリキュール。

度数 15度 **価格** オープン価格 **容量** 700mℓ
原産地 オランダ
発売元 キリンビール

カウベル・ミルク・リキュール

生乳の風味を追求した本格的ミルク・リキュール。コクのある風味でミルクの旨みが広がる。

度数 17度 **価格** 2575円
容量 700mℓ **原産地** ドイツ **発売元** ドーバー洋酒貿易

ヨーグリート・ヨーグルトリキュール

プレーンヨーグルトの美味しさを凝縮。ヨーグルト本来の爽やかさとリッチな味わいが特徴的。

度数 16度 **価格** 1701円
容量 500mℓ
原産地 オランダ
発売元 サントリー酒類

ワニンクス・アドヴォカート

卵から造られるオランダの伝統的なお酒。カスタードクリームのような濃厚な味わい。

度数 17度 **価格** オープン価格 **容量** 700mℓ
原産地 オランダ
発売元 キリンビール

ワイン

Wine

酒類の中でも古い歴史をもつワインは、主としてブドウ果実を発酵させた醸造酒《じょうぞうしゅ》。フランス、イタリアなどのヨーロッパをはじめ、アメリカやチリ、日本など、産地に適したさまざまな品種のブドウから多彩なワインが生産されている。赤・白・ロゼなど色によって識別されることが多いが、一般的には製造方法によって右のように分類される。

ワインの分類

スティル・ワイン

スティル(still)は「静かな」という意味で、炭酸ガスの発泡性がないことからこの名が付いた。生産量も多く、色は赤、白、ロゼの3種類がある。

スパークリング・ワイン

発泡性のあるワインのこと。シャンパン(フランスのシャンパーニュ地方)、スプマンテ（イタリア)、カヴァ(スペイン)、ゼクト(ドイツ) などが有名。

フォーティファイド・ワイン

醸造過程でアルコール度数や糖度を高めたワイン。シェリー酒（スペイン）やマルサラ酒(イタリア)、ポルトガルのポート・ワイン、マディラ酒などがある。

フレーバード・ワイン

香草やフルーツなどで香りや風味付けをしたワインで、アロマタイズド・ワインともいわれる。ベルモット(イタリア)やサングリア(スペイン) が代表的。

キュヴェ・ラトゥール・ルージュ

ブルゴーニュの名産地、コート・ドール南部産のピノ・ノワール種を厳選。スムーズな味わい。

度数 13度 価格 オープン価格 容量 750mℓ 原産地 フランス 発売元 アサヒビール

M.シャプティエ・コート・デュ・ローヌ・ブラン・ベルルーシュ

グルナッシュ・ブランなど複数のブドウ品種を使用。フレッシュ感も楽しめる芳醇《ほうじゅん》な味わい。

度数 13度 価格 1680円 容量 750mℓ 原産地 フランス 発売元 日本リカー

モエ エ シャンドン モエ アンペリアル

皇帝ナポレオンも愛飲した名品。3種類のブドウが完璧に調和した、エレガントな味わい。

度数 12度 価格 5700円 容量 750mℓ 原産地 フランス 発売元 MHD モエ ヘネシー ディアジオ

フレシネ・コルドン・ネグロ

きめ細かな泡立ちとさっぱりとした飲み心地のカヴァ。上品な香りの爽《さわ》やかな辛口。

度数 12度 価格 オープン価格 容量 750mℓ 原産地 スペイン 発売元 サントリー酒類

シャンドン ブリュット

モエ・エ・シャンドン社がオーストラリアで手がける、伝統的製法によるスパークリング・ワイン。

度数 12度 価格 2300円 容量 750mℓ 原産地 オーストラリア 発売元 MHD モエ ヘネシー ディアジオ

ティオ・ペペ

淡く黄金色に輝く優雅な色合いに、シェリー特有の香りが特徴的な、辛口のドライ・シェリー。

度数 15度 価格 オープン価格 容量 750mℓ 原産地 スペイン 発売元 メルシャン

コバーン・ルビー・ポート

ワインの製造過程でブランデーを加えたポート・ワイン。美しい赤色と若々しい味が特徴。

度数 20度 価格 3150円 容量 750mℓ 原産地 ポルトガル 発売元 サントリー酒類

ノイリー・プラット・ドライ

白ワインに20種以上のハーブを加えた辛口のベルモット。豊かでキレのあるドライな味わい。

度数 18度 価格 1178円 容量 750mℓ 原産地 フランス 発売元 サッポロビール

チンザノ・ベルモット・ロッソ

白ワインにハーブ、スパイスなどをブレンドし、カラメルで色付けした甘口のベルモット。

度数 15度 価格 オープン価格 容量 750mℓ 原産地 イタリア 発売元 明治屋

ビール

Beer

ビールは、大麦を発芽させた麦芽と水、ホップを主原料に、コーンスターチや米などの副材料を加え、ビール酵母で発酵させて造られる醸造酒。エールなどに代表される複雑な風味の上面発酵タイプと、ピルスナーなどに代表されるすっきりと穏やかな下面発酵タイプに分類される。

ホップとは？

アサ科のフルムス属に属する雌雄異株のツル性の植物。ビールの原料のひとつとして苦味や香り、泡の元になるほか、雑菌の繁殖を抑えビールの保存性を高める働きもある。

ビールの分類

発酵方法	色	特徴
下面発酵ビール	淡色	ピルスナー麦芽を使ったピルスナーが代表的。日本のビールのほとんどがこのタイプ。
	中等色	ウィーン生まれで、やや重いが苦みは弱いビール。エキス分、アルコール分はやや高め。
	濃色	濃色麦芽などを使った黒ビールや、ホップを効かせて低温で熟成した濃色ボック・ビールなど。
上面発酵ビール	淡色	イギリスのペール・エールやドイツのケルシュ、ヴァイツェン・ビールなどが代表的。
	中等色	イギリス産エールの中でも、とくに苦みの強い味わいをもつビター・エールがこれに当たる。
	濃色	大量のホップと着色用に焦がした特殊麦芽を使用したイギリスのスタウト、ドイツのアルトなど。
自然発酵ビール	―	ベルギーの特殊タイプのビール、ランビックに代表される、1～2年熟成させたビール。

ギネス・エクストラ・スタウト

クリーミィな泡となめらかな喉《のど》ごしが楽しめる、上面発酵のプレミアム・スタウトビール。

度数 5度 価格 オープン価格 容量 330mℓ
原産地 アイルランド
発売元 キリンビール

バス・ペール・エール

イギリスの伝統製法による上面発酵のエール。芳醇な風味とキレ、飲みやすさが特徴。

度数 5.1度 価格 オープン価格 容量 355mℓ
原産地 イギリス
発売元 アサヒビール

サッポロ生ビール黒ラベル

麦の旨みと後味の爽やかさが特徴。ビールファンから根強い人気を誇る日本の伝統ビール。

度数 5度 価格 オープン価格 容量 633mℓ
原産地 日本
発売元 サッポロビール

ザ・プレミアム・モルツ

味と香りの理想を追求し厳選素材を使用したビール。華やかな香りと深みのあるコクと旨みが特徴。

度数 5.5度 価格 オープン価格 容量 500mℓ
原産地 日本
発売元 サントリー酒類

キリン一番搾り生ビール

麦汁濾過《ろか》の工程で最初に流れ出る「一番搾り麦汁」だけを使い、麦芽の旨さを引き立たせた逸品。

度数 5度 価格 オープン価格 容量 633mℓ
原産地 日本
発売元 キリンビール

アサヒスーパードライ

1987年に誕生した日本初の「辛口ビール」。喉ごしのよさと、雑味のないドライな味わいが特徴。

度数 5度 価格 オープン価格 容量 633mℓ
原産地 日本
発売元 アサヒビール

日本酒

Sake

日本酒（清酒）は、米と米麹《こめこうじ》、水が原料の醸造《じょうぞう》酒。特定名称酒8種と普通酒に分類される。純米酒系は米、米麹のみを原料とする酒、本醸造酒系は規定量内の醸造アルコールを使ったもの、吟醸《ぎんじょう》酒系は吟醸造りされた酒のこと。

日本酒の分類

	純米酒系	精米歩合		本醸造酒系	
特定名称酒	純米大吟醸酒	50%以下		大吟醸酒	吟醸酒系
	純米吟醸酒	60%以下		吟醸酒	
	特別純米酒	60%以下		特別本醸造酒	
	純米酒	規定なし	70%以下	本醸造酒	
普通酒	規定量以上の醸造アルコール添加や、精米歩合が71%以上など、特定名称酒の規定からはずれた酒を指す総称。				

真澄《ますみ》純米大吟醸 山花（さんか）

厳選された酒造好適米を、早春の八ヶ岳に咲く可憐な花をイメージして醸《かも》した純米大吟醸。

度数 16度 価格 2415円
容量 720mℓ
原産地 長野県
発売元 宮坂醸造

ヌーベル 月桂冠 純米酒

フルーティーな香り、純米酒らしいまろやかでコクのある味わいの一方、後味はすっきりしている。

度数 15度 価格 1003円
容量 720mℓ
原産地 京都府
発売元 月桂冠

特撰松竹梅〈本醸造〉

麹米に酒造好適米の五百万石を使用。米を丹念に磨き手間をかけて仕込んだ、芳醇《ほうじゅん》な味わい。

度数 15度 価格 2217円
容量 1800mℓ
原産地 京都府
発売元 宝酒造

焼酎

Shochu

焼酎は、イモ類、穀類などから造られる日本で最も古い蒸留酒。蒸留の方法によって、ホワイト・リカーとも呼ばれる連続式蒸留焼酎（かつての甲類焼酎）と、本格焼酎とも呼ばれる単式蒸留焼酎（同、乙類焼酎）に分けられる。沖縄県特産の泡盛《あわもり》なども焼酎に含まれる。

焼酎の分類

連続式蒸留焼酎（旧：甲類焼酎）

糖蜜を発酵させたものや、糖化したイモ類、穀類などのアルコール含有物を連続式蒸留機で蒸留したもので、アルコール度数36度未満、比較的クセのない焼酎。

単式蒸留焼酎（旧：乙類焼酎）

アルコール含有物を単式蒸留機で蒸留したもので、アルコール度数45度以下の焼酎。本格焼酎とも呼ばれ、原料の風味が残るため個性的な焼酎ができ上がる。

富乃宝山《とみのほうざん》

厳選された「黄金千貫《こがねせんがん》」を黄麹で仕込んだイモ焼酎。軽やかな香りと深い旨みが特徴。

度数 25度 価格 2960円
容量 1800mℓ
原産地 鹿児島県
発売元 西酒造

紅乙女《べにおとめ》

ゴマの薫り高い風味を活かし、長時間熟成されたゴマ焼酎。コクのある重厚感が感じられる。

度数 25度 価格 1575円
容量 720mℓ
原産地 福岡県
発売元 紅乙女酒造

宝焼酎「純」25度

11種類の厳選樽《たる》貯蔵熟成酒を13％使用。この「黄金比率」がまろやかな口当たりのよさを実現。

度数 25度 価格 786円
容量 720mℓ
原産地 宮崎県
発売元 宝酒造

その他のアルコール

アクアビット
Aquavit

北欧特産の蒸留酒。ジャガイモを大麦麦芽で糖化・発酵させ、蒸留。さらにハーブなどで香り付けをしたもの。製法はジンに似ているが、ハーブ香はジンより強い。

ザンクトペトルス・アクアヴィット
商品名は、初代ローマ教皇に由来。厳選されたキャラウェイとハーブ、スパイスの爽《さわ》やかな香味が特徴。

度数 40度 価格 3045円
容量 700mℓ 原産地 ドイツ
発売元 ユニオンフード

ピンガ(カシャーサ)
Pinga/Cachaca

ブラジルの地酒として名高い蒸留酒。サトウキビの搾り汁を濁ったまま発酵、蒸留、樽《たる》熟成し、活性炭処理後に無色透明のまま製品化。副生成分が多く酒質は重い。

カシャーサ51
カシャーサとはピンガのこと。この酒で作るカクテルカイピリーニャ(179ページ参照)は、近年人気が高い。

度数 40度 価格 1134円
容量 700mℓ
原産地 ブラジル
発売元 サントリー酒類

アラック
Arrack

東南アジア～中近東産の蒸留酒の総称。ナツメヤシの実の汁、ココヤシなどの花序を切って採る樹液、糖蜜、モチ米、キャッサバなど、各地で多様な原料から造られる。

グリューネバルト・バタビア・アラック
インドネシアで蒸留し、オランダで仕上げたヨーロピアン・タイプ。独特の力強さと上品な風味が特徴。

度数 40度 価格 3952円
容量 700mℓ 原産地 オランダ
発売元 ドーバー洋酒貿易

シードル
Cidre

リンゴの果汁を発酵させて造る醸造酒。アルコール度数は2～5度と低く、発泡性のものと、発泡しないものがある。フランスのノルマンディー地方のものが有名。

シードル・ブシェ・ドゥミ・セック
ほのかな甘みがあり、リンゴが本来もつ心地よい酸味とマッチしたやさしい味わいの本格的シードル。

度数 4度 価格 2205円
容量 750mℓ 原産地 フランス
発売元 大榮産業

ミネラル・ウォーター、炭酸飲料

ミネラル・ウォーターは、ミネラル分が水道水などより多い水のこと。氷を作るときや、カクテルを割る材料として使う。炭酸飲料には、炭酸ガスを含んだ甘みや酸味のないソーダや、苦み成分・甘みを加えたトニック・ウォーター、ショウガやカラメルなどで香味や味付けをした甘口のジンジャー・エール、コーラなどがある。

フルーツ・ジュース

フルーツ・ジュースは、果実をそのまま搾ったり、市販のものをカクテル材料として使用する。果汁100%の製品のほかに果汁飲料(果汁50%以上100%未満)、果汁入り飲料(同10%以上50%未満)のものがあるが、果汁100%のものを使いたい。レモン、ライム、グレープフルーツなどのジュースがよく使われる。

牛乳、生クリーム、卵、塩、砂糖

牛乳からは乳性飲料(発酵乳、乳酸菌飲料、コーヒーや果汁を混ぜた乳飲料など)や、クリームなどの乳製品が作られる。クリームは牛乳から乳脂肪以外の成分を除いたもので、脂肪分18%以上のもの。また、カクテルに使う卵は全卵50mℓ程度の小さなものが使いやすく、砂糖、塩は味付けや装飾用のスノー・スタイルに使う。

シロップ

シロップには、グラニュー糖を水で溶かしたシュガー・シロップやガム・シロップ、ザクロの果汁に砂糖を加えて煮詰めたグレナデン・シロップ、その他フルーツのフレーバーを付けたフルーツ・シロップなどさまざまな種類がある。

シュガー・シロップを作ってみよう

グラニュー糖1kgに対し720mℓの水を溶かし、ミキサーで攪拌《かくはん》するか、熱湯で溶かす。加熱する際は、砂糖が熱でカラメル臭を帯びることがあるので、決して沸騰させないこと。

フルーツ

カクテルでよく使われるフルーツは、レモン、ライム、オレンジ、グレープフルーツなどの柑橘類のほか、パイナップル、ブドウ、イチゴ、モモ、スイカ、リンゴ、ナシ、キウイフルーツ、バナナ、チェリーなど。いずれもデコレーションや味付けに使われる。

ハーブ、スパイス

カクテルの仕上げやデコレーション、風味にアクセントを付ける際に使う。清涼感のある香りのミント、生クリームや牛乳入りカクテルに振りかけて使うナツメグ、柑橘系の果皮を装飾や香り付けに使うピールのほか、クローブ、コショウ、トウガラシなどがある。

マラスキーノ・チェリー、オリーブ、パール・オニオン

オリーブには青い実を塩漬けしたグリーン、黒い実のブラックや、種を取ったスタッフド・オリーブなどがある。一般的に辛口カクテルにはオリーブを、甘口のカクテルにはチェリーを飾る。パール・オニオンは小粒の白タマネギのこと。

氷

カルキ臭のする水道水から氷を作るのは避け、市販のクラックド・アイスか、ブロック・オブ・アイス（四角く大きめの氷）を砕いて使うのが理想的。

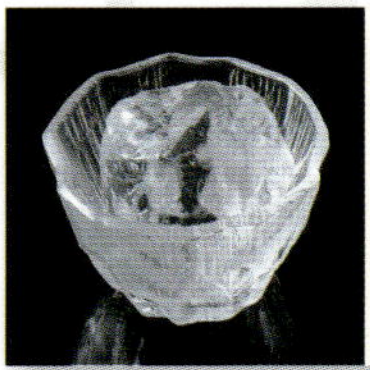

ランプ・オブ・アイス

ブロック・オブ・アイスをアイス・ピックで握り拳《こぶし》より少し小さめに砕いたもの。オン・ザ・ロックなどに使う。

クラックド・アイス

ブロック・オブ・アイスを直径3～4cm程度に砕いたもの。シェークやステアなどのカクテル作りに使われる。

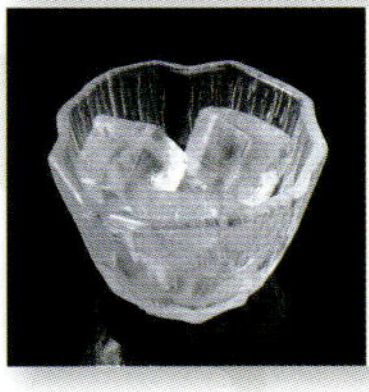

キューブド・アイス

製氷機で作った3cm程度の立方体の氷。家庭用の製氷皿で作った氷は気泡が入っていて溶けやすいので注意。

クラッシュド・アイス

クラックド・アイスやキューブド・アイスを砕き、粒状にした氷のこと。フローズン・タイプのカクテルなどに使う。

Column
コラム

カクテルにまつわる偉人たち
Great Figures and Cocktails

歴史を動かすような大事業をなした偉人の中にも、カクテルを愛した人たちがいる。そうした偉人たちとカクテルのエピソードを紹介しよう。

ウィンストン・チャーチル

英国の名宰相といわれたウィンストン・チャーチルは、辛口のマティーニ（103ページ参照）を愛飲した。その飲み方が変わっていて、ベルモットを口に含んだ執事に息を吐きかけさせ、わざわざベルモットの香りがするジン（＝マティーニ）を飲んだという話や、ベルモットの瓶を横目で眺めながらジンを飲んだという逸話が伝えられている（“横目”で見たのは、ベルモットを正視しながら飲むと「甘すぎる」からとか、ベルモットが当時戦争相手国だったイタリア生まれの酒だから、といわれている）。

ちなみにチャーチルの母は、カクテル・マンハッタン（161ページ参照）誕生説の主役、ジャネット（ジェニー）・ジェロームであり、その意味でもチャーチルとカクテルの関係は深い。

フランクリン・ルーズベルト

アメリカの第32代大統領、フランクリン・ルーズベルトも、大のマティーニ好きであった。彼はニューディール政策や第二次世界大戦への参戦を決めた大統領としても知られているが、禁酒法を終わらせるという「偉業」も成し遂げている。大統領自身、1日の執務を終えると、ときに自らマティーニを作りホワイトハウスのスタッフと一緒に飲んでくつろいだという話もあるほどのカクテル好きだった。

J・F・ケネディ

同じくアメリカの第35代大統領、J・F・ケネディとカクテルの関係も深い。自身がカクテルの名になっているのもさることながら、ケネディの祖先がアメリカに移住した際、生計を立てるために港湾にバーを開設し、それが繁盛したことで、後の名門・ケネディ家の地盤が築かれた。

もしカクテルの存在がなかったら、これらの偉人たちのライフスタイルにも影響し、歴史は少し変わっていたかもしれないのだ。

第2章

カクテルを選ぼう

バーで楽しむカクテル

01｜スマートに楽しみたい

バーでの振る舞い方

バーとはカウンターを備え、洋酒を飲める酒場のこと。お洒落な雰囲気に加え、客の年齢層も比較的高いためか、「入ってみたいけど敷居が高そう」と思っている人もいるかもしれない。だが、実はバーとは「気軽にお酒が楽しめる場」なのだ。そこでここでは、バーを楽しむための基本的な知識を紹介する。

バーの基礎知識

バーにはカウンターが備えてあり、その内側には客の注文に応じてカクテルやその他の酒、料理などを提供してくれるバーテンダーがいる。テーブル席が用意されているバーも多い。

バック・バー
Back Bar
客がカウンターに座ってバーテンダーと向かい合ったとき、バーテンダーの背面にあるドリンク類やグラスなどを並べた棚のこと。

バーテンダー
Bartender
バーテンダーという名称は、bar（酒場）とtender（世話する人）を組み合わせてできたといわれている。酒類に関する深い知識をもち、シェーカーなどを使ったカクテルの調合や接客、時に会計などさまざまなバーの業務を行う。

バー・カウンター
Bar Counter
バーの従業員と客の間に備えられた細長いテーブルで、ドリンク類やおつまみの提供、会計などはこのカウンターを介して行われる。

バーのタイプ

バーのスタイルにはさまざまなタイプがあるが、予算やフォーマル性で分類すると、おおまかに以下の2タイプに分けられる。

代表的なバーの分類

バー *Bar*

- **本格的なバー**（オーセンティック・バー）
  オーセンティック（authentic）は本物、正統的といった意味。専門のバーテンダーが水準の高いお酒を提供する、重厚な雰囲気のバー。
- **カジュアルなバー**（ショット・バーなど）
  大人数でもワイワイ、ガヤガヤ騒げるバーや、店内に備えられたスクリーンでスポーツを観戦しながらお酒が楽しめるスポーツ・バーなどがある。

バーでのマナーと予備知識

初めてバーに行くときには、服装や予算、どのくらいの人数までなら許容範囲なのか、何時頃行くのが適当なのかといった、さまざまな点が気になるところ。たしかに高級ホテルのバーなどでは、ネクタイやジャケットの着用を求められるところもあるので、事前にインターネットなどで情報を集めておくのもいいだろう。

◆予算◆

店によって異なるが、お酒1杯につき1000円くらいと考え、サービス料（10%）、テーブル・チャージ料、消費税等も考慮し、カードも準備しておくといいだろう。

◆服装◆

フォーマルな服装に越したことはないが、基本的にはカジュアルな服装でも問題ない。ただし奇抜な格好など店の雰囲気にそぐわない服装は避けたい。

◆人数◆

バーはあまり大勢で騒ぐ空間ではない。特に4人以上ではカウンターを占領してしまうこともあるので、人数は多くても3人くらいに留めたい。

◆時間帯◆

営業時間内であれば何時でも問題はないが、初めて行くお店の場合は比較的早い時間帯がおすすめ。明るい時間帯なら店の周辺の雰囲気も確認できる。

cocktail column

日本のバーと海外のバーの違い

海外旅行などで、外国のバーに入ってみたいという人も多いと思う。日本でさえ敷居が高いと思っているバーに、外国で入るのはなかなか勇気のいること。しかし、基本的なしくみは日本と変わらないので、ぜひ訪れてみよう。あえて違いを挙げれば、国によってはバーテンダーをバー・マン（Bar Man）、バー・キーパー（Bar Keeper）と呼んだり、女性がひとりまたは複数でバーに入ることがタブー視されていることなどだ。カクテル・グラスが予想外に大きかったり、といった驚きもあるかもしれない。しかし、カクテル名は基本的に世界共通。よいバーを見つけたい場合は、ホテルで聞いてみるのもいい。

シチュエーション別 バーでの振る舞いQ&A

お目当てのバーを見つけても、実際バーのドアを開けたとき、どこに座ったらいいのか、注文はどんなふうにしたらいいのか、バーテンダーと何を話せばいいのか……といった疑問も数々あると思う。そうしたバーでのさまざまなシチュエーションと振る舞い方を説明する。

シチュエーション1

来店したら

Q 席は勝手に座ってはいけない？

A｜席には勝手に座らず、案内を待つのがいい。カウンターなど、常連客の席が決まっていることがあるからだ。

Q バーテンダーに話しかけてもいい？

A｜話しかけても問題はないし、共通の話題であるお酒について積極的に話すのもいいが、混雑時には配慮も必要だ。

シチュエーション2

注文する

Q どのように注文すればいい？

A｜カクテルなどの商品名に加え、以下のような自分の好みを伝えてもいい。

伝えるポイント

- 好みの味わい
- 苦手な材料
- アルコール度数

Q 1杯目におすすめのカクテルは？

A｜炭酸を使ったカクテルや、シンプルな材料で作るカクテルを注文してはいかがだろう。バー・スプーンの使い方や、材料の味わいを最大限生かしたテクニックなど、バーテンダーの力量を知ることができる。価格的にも安心なハイボールなどがおすすめ。

Q どんな順番で飲めばいい？

A｜基本的には自由に好みのカクテルを注文すればいいが、特にこだわりがない場合は、1杯目で体調を考えながらアルコール度数が低いドリンクをゆっくり味わい、2杯目にしっかりした味わいのカクテルを注文してはいかがだろう。

味わい
あっさり→しっかり

アルコール度数
低いもの→高いもの

飲む所要時間での分類
ロング→ショート

シチュエーション3

カクテルを楽しむ

Q 1杯にかける時間はどのくらい？

A｜キリリと冷えたドリンクがぬるくなってしまっては、美味しさも半減。1時間に3杯飲むとして、1杯あたり15～20分で飲むのが目安。

Q 飾りのフルーツは食べてもいい？

A｜フルーツや野菜はあくまでもカクテルの「一部」なので、食べてOK。ただし、食べることに夢中にならないことがバーでスマートに見せるコツ。

食べた後は……

フルーツを食べた後に残る皮や種は、グラスのそばに置くか、スマートに紙ナプキンに包んでおくのがいい。

Q スマートなグラスの持ち方は？

A｜カクテルを体温で温めないよう、カクテル・グラスの場合は脚（ステム）を持ち、タンブラーやロック用のグラスは底に近い部分をしっかりと持つ。

Q ストローやマドラーはどうやって使うの？

A｜マドラーや極細ストローはかき混ぜ用。2本のストローは、1本が詰まっても、もう1本で飲めるように付いている。

シチュエーション4

お会計をする

Q スマートな滞在時間は？

A｜酔い過ぎずにお酒を美味しく味わうためには、1時間で3杯ぐらいが目安。ただし、あくまでも「目安」なので、基本的には自分の適量を守り、適度の時間内で楽しもう。

Q お会計はどのようにすればいい？

A｜まずバーテンダーに会計してほしい旨を伝える。支払はカウンターやテーブルで行う店もあれば、レジで行うお店もある。支払はたいていの店で、現金、カードどちらでも可能。

02 | カクテル選びに役立つ

スタイルとカクテル名

Style & Cocktail Name

カクテルの数はたくさんあるが、ベースに使用する酒類や作り方、飲むときの所要時間、飲む時間帯、出来上がりの温度、そのほかT.P.O.で分類することができる。ここではカクテルの作り方、つまりスタイルによる分類を紹介する。自分の好みのスタイルがわかっていれば、カクテルを注文するときにも役立つだろう。

エッグノッグ

Eggnog

蒸留酒や混成酒に卵、ミルク、砂糖を加えたカクテルで、栄養価も高い。ホットとコールドの2タイプがある。

エッグノッグ(→P.125)

オン・ザ・ロック

On the Rocks

オールドファッションド・グラスに大きめの氷を入れ、ウイスキーなどを注ぎ入れたもの。ロックともいう。

ゴッドファーザー(→P.154)

クーラー

Cooler

蒸留酒やワインにレモンやライムなど柑橘系のジュースを加え、ソーダ（炭酸）で満たした爽《さわ》やかなスタイル。

ボストン・クーラー(→P.134)

コリンズ

Collins

蒸留酒のベースに柑橘類の果汁、シロップや砂糖を加え、ソーダで満たすスタイル。コリンズ・グラスを使う。

ジョン・コリンズ(→P.155)

サワー

Sour

蒸留酒のベースに柑橘類の果汁を加え、グレナデン・シロップや砂糖で甘味を付けたスタイル。

ウイスキー・サワー(→P.150)

ジュレップ

Julep

クラッシュド・アイスを詰め込んだグラスで、ベースの酒と潰《つぶ》したミント・リーフ、砂糖を混ぜたスタイル。

ミント・ジュレップ(→P.162)

スリング

Sling

もともとは蒸留酒に砂糖などの甘味を加え、水やお湯で割るスタイル。現在はフィズと同じように作られる。

シンガポール・スリング(→P.92)

デイジー

Daisy

大型グラスにクラッシュド・アイスを詰め、蒸留酒や果汁、シロップなどと、好みで炭酸を加えたスタイル。

ジン・デイジー(→P.92)

Style & Name

トゥディ
Toddy

蒸留酒に砂糖など甘味を加えてお湯や水で割り、スライス・レモンを入れたもの。ホットとコールドの2タイプ。

ホット・ウイスキー・トゥディ(→P.160)

ハイボール
Highball

あらゆる酒をベースにして炭酸清涼飲料で割ったもの。日本ではウイスキーのハイボールが有名。

ウイスキー・ソーダ(→P.150)

バック
Buck

蒸留酒に果肉や果汁を入れ、ジンジャー・エールを加えて作る。バックは「キックのある」という意味。

ジン・バック(→P.93)

フィズ
Fizz

蒸留酒か混成酒をベースに柑橘類の果汁、シロップなどの甘味を加え、ソーダ(炭酸)で割ったスタイル。

スロー・ジン・フィズ(→P.186)

プース・カフェ
Pousse-Café

数種類の酒を比重の重いものからグラスに注ぎ入れ、混ざらないよう2層以上にしていくスタイル。

プース・カフェ(→P.180)

フラッペ
Frappé

グラスにクラッシュド・アイスを入れて材料を注ぎ入れる。フラッペはフランス語で「冷たくしたもの」の意味。

ミント・フラッペ(→P.198)

フローズン
Frozen

バー・ブレンダー(ミキサー)にクラッシュド・アイスと材料を入れ、シャーベット状にしたスタイル。

フローズン・ダイキリ(→P.133)

フロート
Float

フロートは「浮かべる」という意味。2種類の材料を比重の重いものからグラスに注ぎ2層に仕上げる。

ウイスキー・フロート(→P.151)

ミスト
Mist

クラッシュド・アイス入りオールドファッションド・グラスで、グラスの外側が霧状に曇るまで材料をよく混ぜたもの。

ウイスキー・ミスト(→P.151)

リッキー
Rickey

蒸留酒にレモンやライムを搾り入れ、ソーダで割ったカクテル。マドラーで果肉を潰しながら飲む。

ジン・リッキー(→P.94)

03｜これさえ覚えておけば安心

スタンダードカクテル24

Standard Cocktail

カクテルの種類は非常に多く、本書でも第4章では400種類を紹介しているが、これらの名前や特徴をすべて覚えるのは至難の技。そこで、恋人や友人とバーに行ったときに自信をもってオーダーできる定番のカクテル24種と、それらにまつわるうんちくやエピソードを、ロング・ドリンク、ショート・ドリンク別に紹介する。

ロング・ドリンク 16種 *Long Drink*

ジン・トニック

Gin&Tonik

「初めの一杯」として気軽にオーダーできるカクテルだが、一杯でその店の個性がわかるカクテルともいわれる。シンプルなレシピゆえ、バーテンダーは材料の銘柄も厳選し、ライムのカッティングにまで気を配り、素材の持ち味を最大限生かした一杯を追求する。飲む際にはそうしたバーテンダーのプロ意識を感じながら味わいたい。

ベース｜ジン レシピは→P.93

ジン・フィズ

Gin Fizz

19世紀後半にアメリカ南部ニューオリンズの「インペリアル・キャビネット・サロン」のオーナー、ヘンリー・ラモス氏がレモン・スカッシュにジンを入れたのが始まりといわれている。その後ラモス氏は兄弟で「ジン・フィズ・パレス」という店を経営するが、禁酒法開始とともに店を閉め、それまで秘密にしてきた「ラモス・ジン・フィズ」というジン・フィズの処方を世に公表した。

ベース｜ジン レシピは→P.93

ジン・リッキー

Gin Rickey

19世紀末、アメリカ・ワシントン州のレストラン「シューメーカーズ」で初めて作られ、初めて飲んだ客がジム・リッキーという名前だったことがカクテル名の由来とされる。砂糖やシロップなどは使わず、爽快《そうかい》な酸味を味わうのがこのカクテルの醍醐味。

ベース｜ジン

レシピは→P.94

ソルティ・ドッグ

Salty Dog

ソルティ・ドッグとは、イギリス海員たちのスラングで船の甲板員のこと。潮風や波浪を浴びながら甲板上で仕事をする彼らのことを“塩辛い野郎”（＝ソルティ・ドッグ）と呼ぶようになった。もとのレシピは現在と大きく異なり、スノー・スタイルではなく、ジンにグレープフルーツ・ジュース、塩をひとつまみ加えてシェークしていた。

ベース｜ウオッカ

レシピは→P.113

ブラッディー・メアリー

Bloody Mary

多くのプロテスタントを処刑したイングランド女王の異名、ブラッディー・メアリー（血まみれのメアリー）に由来。実はこの名称が正式に決まったのは1946年のことで、文豪ヘミングウェイがその名を広めたともいわれている。アメリカの禁酒法時代に飲まれていたジン・ベースのブラッディ・サムがルーツだとする説もある。

ベース｜ウオッカ

レシピは→P.117

モスコー・ミュール

Moscow Mule

“モスクワのラバ（強情者）”の名をもつ世界的に有名なカクテル。1940年代にハリウッドのレストラン「コックンプル」で、スミノフ・ウオッカのプロモーション用として販売されたのが始まりとされる。ラバは西部開拓時代に重宝された、アメリカ人には馴染みのある動物。銅製のマグカップを使用するのが伝統的なスタイルだ。

ベース｜ウオッカ

レシピは→P.122

キューバ・リバー

Cuba Libre

キューバがスペインから独立したときの合言葉“Viva Cuba Libre！（自由キューバ万歳！）”がカクテル名の由来。このとき独立を支援したアメリカの軍人がたまたまラムにコーラを落としてみたら、それが美味しかったのでカクテルにしたというエピソードも付いている。

ベース｜ラム

レシピは→P.126

モヒート

Mojito

アメリカの禁酒法時代に、キューバに滞在したアメリカ人がよく飲んでいたミント・ジュレップ（162ページ参照）をお手本として作られたというカクテル。文豪ヘミングウェイが好んだ店「ラ・ボデギータ・デル・メディオ」などで作られた改良版といわれる。キューバのサトウキビ畑で働く労働者が飲んでいたグアラポと呼ばれるジュースが発展したものという説もある。

ベース｜ラム

レシピは→P.136

アイリッシュ・コーヒー

Irish Coffee

1940年代後半、アイルランド・シャノン空港のレストラン・バーのバーテンダー、ジョー・シェリダンが考案したといわれる。当時、航空機は飛行距離が短く、欧州大陸から大西洋をダイレクトに横断できなかったため、シャノン空港に立ち寄り給油していた。そこで、冬期に待合室で待つ乗客のために、温かいこのカクテルを振る舞ったという。

ベース｜ウイスキー

レシピは→P.148

オールド・ファッションド

Old-Fashioned

19世紀半ば、ケンタッキーのルイヴィルにあるバー「ペンデニス・クラブ」に集う競馬ファンのために、バーテンダーが考案したといわれる。古風なヤシ酒のドリンク「トディ」に似ていたことから、「オールド・ファッションド」と名付けられた。同じクラブのメンバーでバーボン・メーカーのオーナー、ジェームズ・E・ペッパー氏が考案したという説もある。

ベース｜ウイスキー

レシピは→P.152

カンパリ・ソーダ

Campari & Soda

カンパリを堪能できる一杯。1860年にミラノでガスパーレ・カンパリ氏が作ったカンパリはすぐ人気が出て、噂を聞いたイタリア国王までがガスパーレの酒屋を訪れたという。

ベース｜リキュール

レシピは→P.194

カルーア・ミルク

Kahlua & Milk

1970年代頃からボストンで流行。当初はカルーアのオン・ザ・ロックに生クリームをフロートしていた。第二次世界大戦後プレ・ミックスとして商品化したものがルーツともいわれる。

ベース｜リキュール

レシピは→P.200

ベリーニ

Bellini

イタリア・ベニスにある「ハリーズ・バー」の経営者が1948年、ルネッサンス期の画家ベリーニの展覧会を記念して創作。その色彩はベリーニの絵画をイメージしたものといわれる。

ベース｜ワイン

レシピは→P.212

ミモザ

Mimosa

「この世で最も美味しく、ぜいたくなオレンジ・ジュース」ともいわれる。もともと上流社会で愛飲されていたカクテルで、ミモザの花に似ていることから、この名で呼ばれるようになった。

ベース｜ワイン

レシピは→P.212

シャンディー・ガフ

Shandy Gaff

カクテル名の語源は不明だが、イギリスのパブに集う男たちの間で古くから飲まれてきたといわれる。ジンジャー・エールをサイダーに替えるとパナシェというカクテルになる。

ベース｜ビール

レシピは→P.215

レッド・アイ

Red Eye

少し飲み過ぎた翌朝の赤い目を表現したネーミング。異説として映画『カクテル』では、生卵入りカクテルで、グラスの底から見た卵黄が赤い目のように見えるから、と説明している。

ベース｜ビール

レシピは→P.217

ギムレット

Gimlet

レイモンド・チャンドラーのハード・ボイルド小説『長いお別れ』の中の「ギムレットには早すぎる」という名セリフで一躍有名になったカクテル。作られたのは1890年で、当時イギリス海軍では、将校にはジン、船員にはラムの水割りを配給していたが、軍医のギムレット卿《きょう》は、健康のためにジンをライム・ジュースで薄めて飲むように提唱。これがギムレットになった。

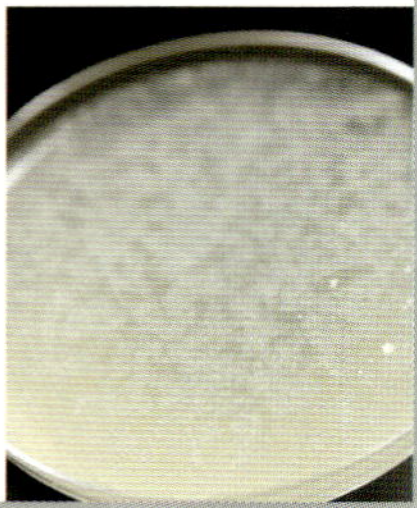

ベース｜ジン
レシピは→P.88

マティーニ

Martini

「カクテルの王様」といわれ、多くのエピソードをもつカクテル。映画『7年目の浮気』ではマリリン・モンローが、「007シリーズ」ではジェームズ・ボンドが好んで飲み、イギリスの名宰相チャーチルは究極の辛口志向で、ドライ・ベルモットの瓶を眺めながらジンのストレートを飲んだという。数多くの発展系レシピが存在するカクテルでもある。

ベース｜ジン
レシピは→P.103

バラライカ

Balalaika

「バラライカ」は三角形をしたギターのようなロシアの民族楽器で、映画『ドクトル・ジバゴ』に登場したことで、日本でも有名になった。その名前どおり、ロシアをイメージして作られたカクテルだが、カクテル・グラスの三角形を楽器のバラライカに見立てることもある。

ベース｜ウオッカ
レシピは→P.116

ダイキリ

Daiquiri

19世紀後半（20世紀初頭という説もある）、キューバのダイキリ鉱山で坑夫たちがラムにライムを搾り、砂糖を入れて飲んだのが始まりといわれる。独立して間もないキューバには、アメリカから鉱山技師が多く派遣されており、そのひとりジェニングス・S・コックス氏が命名。シャーベット状のフローズン・ダイキリは、文豪ヘミングウェイが愛飲した。

ベース｜ラム
レシピは→P.129

マルガリータ

Margarita

ロサンゼルスのバーテンダー、ジャン・デュレッサー氏が考案。マルガリータは彼の若き日の恋人の名前で、2人で狩猟に行った際、彼女は流れ弾にあたって死亡した。その彼女を偲《しの》んで作られたカクテルといわれている。しかし、同時期にアカプルコのマルガリータ・セイムズという女性が考案したという説など、いくつかの異説もある。

ベース｜テキーラ

レシピは→P.145

マンハッタン

Manhattan

由来については諸説あり、チャーチル英首相の母親がニューヨークの「マンハッタン・クラブ」でアメリカ大統領選のパーティを催《もよお》したときに提案したという説や、マンハッタンに落ちる夕日をイメージした、という説などがある。映画『お熱いのがお好き』で、マリリン・モンローがこのカクテルを作ろうとするシーンでも有名だ。

ベース｜ウイスキー

レシピは→P.161

アレキサンダー

Alexander

英国王エドワード7世とデンマーク王妃アレクサンドラの婚礼を記念して作られたカクテル。王妃の名前そのままの「アレクサンドラ」と名付けられたが、いつのまにか「アレキサンダー」と呼ばれるようになった。映画『酒とバラの日々』で、主人公ジャック・レモンが酒の飲めない妻にこのカクテルを勧めたことでも有名。

ベース｜ブランデー

レシピは→P.165

サイドカー

Sidecar

パリにある「ハリーズ・バー」のバーテンダー、ハリー・マッケルホーン氏が1931年、サイドカーに乗ってやってきたある陸軍大尉に捧げるためにこのカクテルを考案したといわれている。また、別の説としてロンドンの「バックス・クラブ」のチーフ・バーテンダー、マクギャリー氏が考案したという説もある。

ベース｜ブランデー

レシピは→P.169

スタンダードカクテル24 *Standard Cocktail*

早わかり味わいチャート

54～59ページで紹介した24種のスタンダードカクテルを、アルコール度数とテイストによる味わいチャートにまとめたのがこちら。好みの味わいからカクテルを選んだり、好きなカクテルに近い味わいのカクテルに挑戦してみたり……カクテルを注文する際の参考にしてみよう。

甘口～中甘口

デザート感覚で楽しめ、食後やシメの一杯にもぴったり。

アレキサンダー（→ P.165）

カルーア・ミルク（→P.200）

アイリッシュ・コーヒー（→P.148）

ベリーニ（→P.212）

キューバ・リバー（→P.126）

モヒート（→P.136）

ブラッディー・メアリー（→P.117）

モスコー・ミュール（→P.122）

ミモザ（→P.212）

シャンディー・ガフ（→P.215）

甘口　　中甘口　　中口

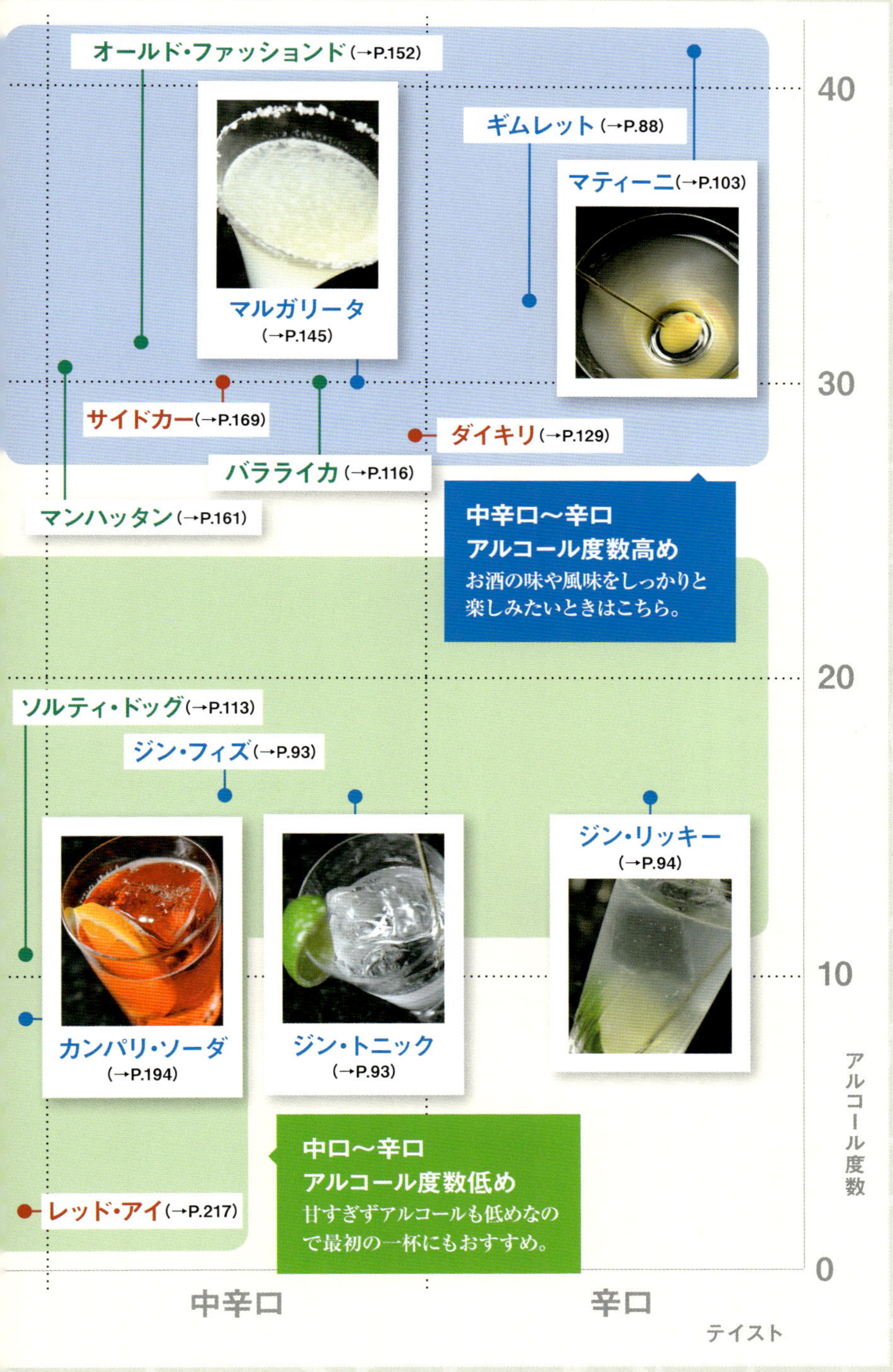
オールド・ファッションド(→P.152)
マルガリータ
(→P.145)
ギムレット(→P.88)
マティーニ(→P.103)
サイドカー(→P.169)
ダイキリ(→P.129)
バラライカ(→P.116)
マンハッタン(→P.161)
中辛口～辛口
アルコール度数高め
お酒の味や風味をしっかりと楽しみたいときはこちら。
ソルティ・ドッグ(→P.113)
ジン・フィズ(→P.93)
ジン・リッキー
(→P.94)
カンパリ・ソーダ
(→P.194)
ジン・トニック
(→P.93)
中口～辛口
アルコール度数低め
甘すぎずアルコールも低めなので最初の一杯にもおすすめ。
レッド・アイ(→P.217)
40
30
20
10
0
アルコール度数
中辛口
辛口
テイスト

Column

コラム

カクテルアドバイザー

Cocktail Adviser

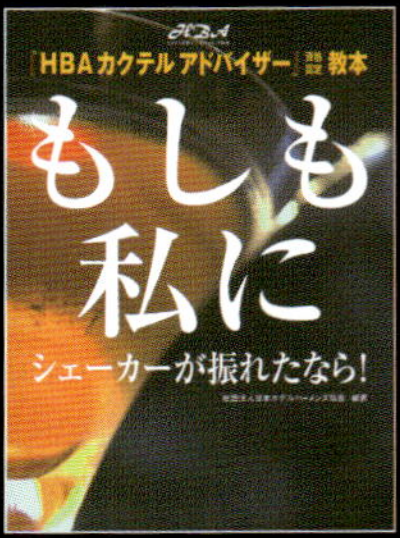

H.B.A.(一般社団法人日本ホテルバーメンズ協会)では、カクテルを楽しむための知識と技術の習得、飲酒にかかわるマナーやモラルの普及向上を目的として、一般の人を対象に、「カクテルアドバイザー」の資格認定を行っている。

資格認定にあたってはH.B.A.が通信講座を行っており、認定試験も自宅で受けることができる。

講座の流れは、まず通信講座を申し込んだ人に教本と教材、添削問題が送付され、下の表の期間に添削問題を提出した人には試験問題が送られる。試験用紙に解答を記入して返送すると、合否の通知が送られ、合格者には認定カードが送られて、晴れてカクテルアドバイザーの有資格者として認定される。

「カクテルアドバイザー」はカクテルを作るプロフェッショナルではないが、資格を取得することを通じてお酒やカクテルの知識を増やせば、ホテルのバーでの楽しみを増やしたり、友人・知人にお勧めのカクテルを注文してあげたり、パーティーでカクテルを作ってあげたりと、さまざまな場面でコミュニケーションが広がる。ぜひこの機会にチャレンジしてはいかがだろうか。

資格認定試験と通信講座の詳細については、H.B.A.ホームページで参照できる。

http://www.hotel-barmen-hba.or.jp/

H.B.A.カクテルアドバイザー通信講座年間日程

	受付	添削提出	試験問題返送	合否通知	認定カード送付
1期	4月～6月	7月末	8月末	9月10日頃	9月20日頃
2期	7月～9月	10月末	11月末	12月10日頃	12月20日頃
3期	10月～12月	1月末	2月末	3月10日頃	3月20日頃
4期	1月～3月	4月末	5月末	6月10日頃	6月20日頃

※2012年7月現在の情報

第3章

カクテルを作ろう

家で楽しむ
カクテル

01｜2つのルールをおさえれば簡単！

カクテル作りの方程式

カクテルを自分で作るのは難しくてムリだと考えている人も多いはず。でも、カクテル作りは“方程式”さえ覚えてしまえば意外に簡単なので、ぜひ挑戦してみよう。

材料のルール

カクテルで使うのは「酒（Ⓐベースの酒と、Ⓑそれ以外の酒）」と「副材料（Ⓒ割材《わりざい》とⒹ香り付け・デコレーション）」。これが基本中の基本。

一般的なカクテルの考え方

カクテル ＝ 酒 ＋ 副材料

- 酒 → A ベースの酒 / B ベース以外の酒
- 副材料 → C 割材 / D 香り付け・デコレーション

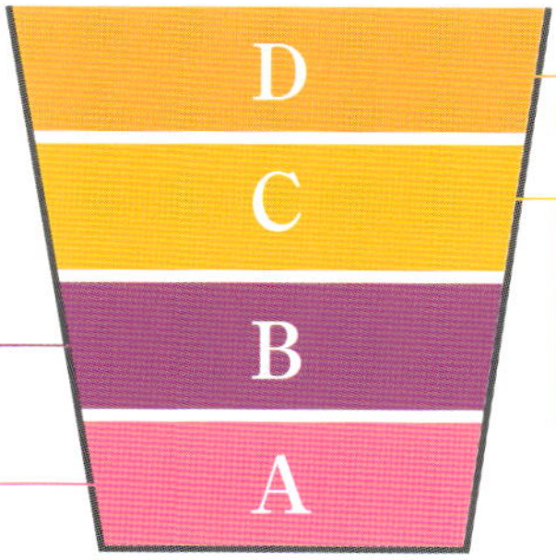

Ⓑ ベース以外の酒
ベースの酒以外の酒をⒷとする。カクテルの風味に奥深さを加える。

Ⓐ ベースの酒
カクテルの味わいのベースとなる酒を決める（これをⒶとする）。

Ⓓ 香り付け・デコレーション
味や香り付けのシロップ、柑橘類のピール、装飾用果実など（→Ⓓ）。

Ⓒ 割材
ジュースや炭酸飲料、ミネラル・ウォーターなどの割材をⒸとする。

作り方のルール

カクテルには、材料やスタイルに合わせた4つの作り方（ビルド、ステア、シェーク、ブレンド）があり、それぞれ以下のような混ざり方になる。

ビルド
炭酸飲料や繊細な材料を使うときに。 →P.76

ステア
静かに混ぜるため、材料の風味が生きる。 →P.74

シェーク
材料がしっかり混ざるため、滑らかになる。 →P.75

ブレンド
激しく撹拌《かくはん》して混ざりにくい材料を混ぜる。 →P.76

弱い ―― 材料の混ざり具合 ―― 強い

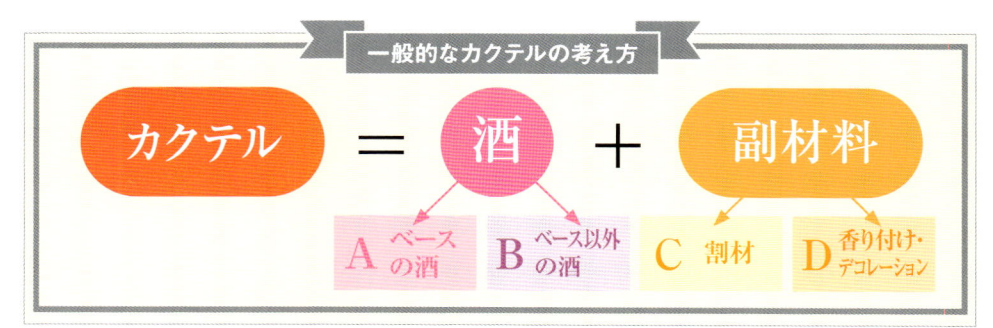

カクテル作り 3つの方程式

カクテルは、前ページで紹介した材料Ⓐ（ベースの酒）にⒷ〜Ⓓの3つの材料を組み合わせて作るだけ。この点をおさえれば、意外に簡単。

A + C（+ D）

A：ベースの酒　C：割材　D：香り付け・デコレーション

- ビルド
  - ジン・トニック（→P.93）
  - ソルティ・ドッグ（→P.113）
- シェーク
  - ギムレット（→P.88）
  - ジン・フィズ（→P.93）
- ブレンド
  - フローズン・ダイキリ（→P.133）

例えばこんなバリエーション

+ アップル・ジュース 適量 ＝ ウオッカ・アップル・ジュース（→P.106）

ウオッカ 45 ＋ オレンジ・ジュース 適量 ＋ スライス・オレンジ ＝ スクリュードライバー（→P.112）

ベースの酒Ⓐをジュースや炭酸飲料などの割材Ⓒで割り、場合によって副材料Ⓓを加えるパターン。ベースになるⒶの特徴が味に出やすく、アルコール以外の材料の分量が多いためアルコール度数は低め。

A + B（+ D）

A：ベースの酒　B：ベース以外の酒　D：香り付け・デコレーション

- ビルド
  - ラスティ・ネイル（→P.162）
  - キール（→P.210）
- ステア
  - マティーニ（→P.103）
  - マンハッタン（→P.161）
- シェーク
  - スティンガー（→P.171）

例えばこんなバリエーション

ベースの酒		＋ アマレット		カクテル
ウオッカ	40		20	＝ ゴッドマザー（→P.110）
ウイスキー	45		15	＝ ゴッドファザー（→P.154）
ブランデー	40		20	＝ フレンチ・コネクション（→P.177）

ベースの酒Ⓐに別の酒Ⓑを加え、場合により副材料Ⓓを加えるパターン。Ⓐにはクセが少ないジンかウオッカ、リキュールがあると便利。ⒷはⒶの風味を損なわないよう、Ⓐより多く使わないように注意したい。

A + B + C（+ D）

A：ベースの酒　B：ベース以外の酒　C：割材　D：香り付け・デコレーション

- ビルド
  - シンガポール・スリング（→P.92）
  - アメリカーノ（→P.193）
- ステア
  - ローズ（→P.213）
- シェーク
  - マルガリータ（→P.145）
  - アレキサンダー（→P.165）
- ブレンド
  - フローズン・マルガリータ（→P.144）
  - グリーン・アイズ（→P.127）

例えばこんなバリエーション

ベースの酒		＋ ホワイト・キュラソー 15	＋ レモン・ジュース 15	カクテル
ドライ・ジン	30			＝ ホワイト・レディ（→P.102）
ウオッカ	30			＝ バラライカ（→P.116）
ホワイトラム	30			＝ エックス・ワイ・ジィ（→P.125）
ブランデー	30			＝ サイドカー（→P.169）

ベースの酒Ⓐに別の酒Ⓑと割材Ⓒを加え、場合により副材料Ⓓを加えるパターン。Ⓑ、Ⓒには、ベースの酒Ⓐと合わせやすいリキュールとジュースを組み合わせ、その比率は「Ⓐ:Ⓑ:Ⓒ＝2:1:1」が基本。

02｜ベース3本、リキュール1本で50種

3+1本で作るカクテル50

カクテルの組み合わせは限りないほどあるが、ベースの酒をよく使われる3種類に絞り、そこにリキュールを加えるだけで、さまざまなバリエーションのカクテルが作れる。

ベース3本 ＋ リキュール1本

ドライ・ジン

喉《のど》ごしにキレがあり、口当たりの強い辛口のジン。代表的なものに「タンカレー」「ビーフィーター」などがある。

ウオッカ

カクテルでは主にクセのないレギュラータイプを用いるが、フレーバード・タイプでまろやかに仕上げることもある。

ホワイト・ラム

無色透明でクセのないホワイト・ラムを使うと、飲み口がスッキリしてキレのある辛口のカクテルに仕上がる。

ホワイト・キュラソー

果実系リキュールのホワイト・キュラソーは、合わせる材料を選ばないが、柑橘系の割材《わりざい》とも相性がいい。

ミニボトルなら始めやすい！

自宅で好みのカクテルを作りたいが、一度にたくさん集めるのは大変という人には、小さいサイズのスピリッツやリキュールがおすすめ。容量は200 ～ 400mℓと通常の半分以下。コンビニエンスストアなどでも購入できる。

ジン・ベースのカクテル14

Gin Base

ドライ・ジン ＋ 割材 （＋ 香り付け・デコレーション）

で作れるカクテル13種

ギムレット
Gimlet

ドライ・ジン45mℓ
ライム・ジュース15mℓ
シュガー・シロップ1tsp.

ジン・トニック
Gin & Tonic

ドライ・ジン45mℓ
トニック・ウォーター適量
カット・ライム1/6個分

辛口

ダーティー・マティーニ（→P.95）
ジン・リッキー（→P.94）
ギムレット（→P.88）

中辛口

ジン・トニック（→P.93）
ジン・フィズ（→P.93）

中口

オレンジ・フィズ（→P.85）
オレンジ・ブロッサム（→P.86）
ジン・デイジー（→P.92）
ジン・バック（→P.93）
テキサス・フィズ（→P.95）
トム・コリンズ（→P.97）

本来はオールド・トム・ジンを使用して作るが、ドライ・ジンを使用して、シュガー・シロップの量を若干増やし甘めに作る場合もある。

中甘口

ピンク・レディ（→P.99）

甘口

クローバー・クラブ（→P.89）

ドライ・ジン ＋ ホワイト・キュラソー ＋ 割材

で作れるカクテル1種

ホワイト・レディ（→P.102）
White Lady

中辛口

ドライ・ジン30mℓ
ホワイト・キュラソー 15mℓ
レモン・ジュース15mℓ

ウオッカ・ベースのカクテル21 *Vodka Base*

ウオッカ ＋ 割材 （＋ 香り付け・デコレーション）

で作れるカクテル16種

辛口

ウオッカ・リッキー（→P.107）

中口

ブル・ショット（→P.118）
ソルト・リック（→P.113）
ソルティ・ドッグ（→P.113）
ブルドッグ（→P.118）

> ソルティ・ドッグとブルドッグの違いは、デコレーションのソルト・スノー・スタイルの有無のみ。この2つを飲み比べれば、スノー・スタイルによる味わいの変化を知ることができる。

ブラッディー・シーザー（→P.116）
ブラッディー・メアリー（→P.117）
モスコー・ミュール（→P.122）
シー・ブリーズ（→P.111）
スクリュードライバー（→P.112）

中甘口

ゴーリキー・パーク（→P.109）
ウオッカ・アップル・ジュース（→P.106）
パープル・パッション（→P.115）
マドラス（→P.121）
ベイ・ブリーズ（→P.119）

甘口

チチ（→P.114）

ソルティ・ドッグ
Salty Dog

ウオッカ45mℓ
グレープフルーツ・ジュース 適量
塩適量

モスコー・ミュール
Moscow Mule

ウオッカ45mℓ
コーディアル・ライム・ジュース1tsp.
ジンジャー・エール適量
カット・ライム1/4個分
スティック・キュウリ1本

ウオッカ ＋ ホワイト・キュラソー ＋ 割材 （＋ 香り付け・デコレーション）

で作れるカクテル5種

中辛口

バラライカ（→P.116）
神風（→P.107）
雪国（→P.122）

> 神風、雪国、どちらにもライム・ジュースを使うが、雪国には甘みを添加したコーディアル・ライム・ジュースを使用する。

中口

コスモポリタン（→P.110）

中甘口

イエロー・フェロー（→P.105）

ラム・ベースのカクテル15

Rum Base

ホワイト・ラム ＋ 割材 （＋ 香り付け・デコレーション）

で作れるカクテル10種

中辛口
- ダイキリ（→P.129）
- ラム・コリンズ（→P.136）

中口
- バカルディ・カクテル（→P.131）
- フローズン・ダイキリ（→P.133）
- モヒート（→P.136）
- ボストン・クーラー（→P.134）
- キューバ・リバー（→P.126）
- プランターズ・カクテル（→P.133）
- ハバナ・ビーチ（→P.131）

甘口
- ビーズ・キッス（→P.131）

ホワイト・ラム ＋ ホワイト・キュラソー ＋ 割材

で作れるカクテル4種

中辛口
- アカプルコ（→P.124）
- エックス・ワイ・ジィ（→P.125）

中口
- マイアミ（→P.134）

エックス・ワイ・ジィとマイアミに使う材料はまったく同じ。各素材の分量を変えるだけで、違う名前のカクテルになるほど味わいが異なるのもカクテルの魅力だ。

甘口
- プラチナ・ブロンド（→P.132）

ホワイト・ラム ＋ ドライ・ジン

で作れるカクテル1種

辛口

リトル・デビル（→P.137）

Little Devil

ホワイト・ラム30mℓ
ドライ・ジン30mℓ

3+1本で作るカクテル50 *Standard Cocktail*

早わかり味わいチャート

このチャートは、「3+1本」で作ることができる全カクテルをまとめたもの。ベースとなる3種類の酒（ジン、ウオッカ、ラム）とリキュール1本だけで、これだけ有名なカクテルの名前が出てくる。アルコール度数とテイストをおさえて、いろいろな傾向のカクテルを作れるようになろう。

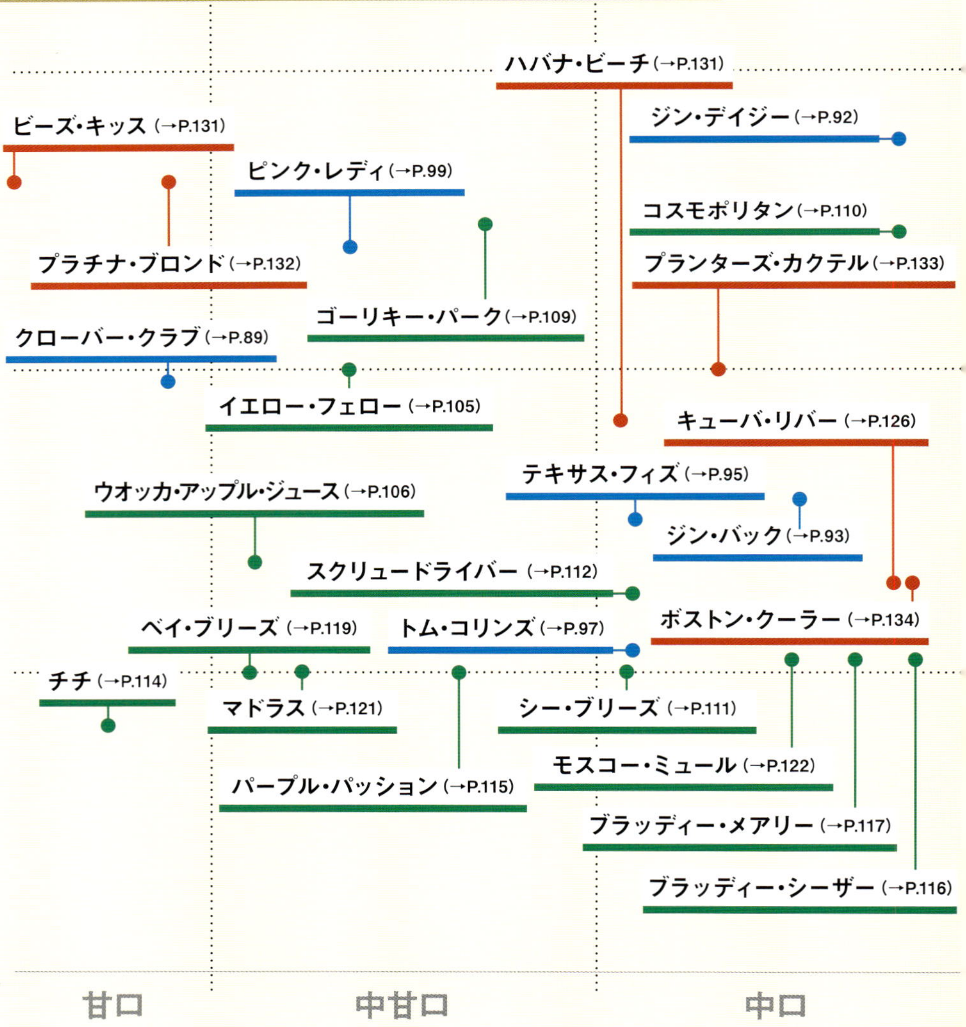

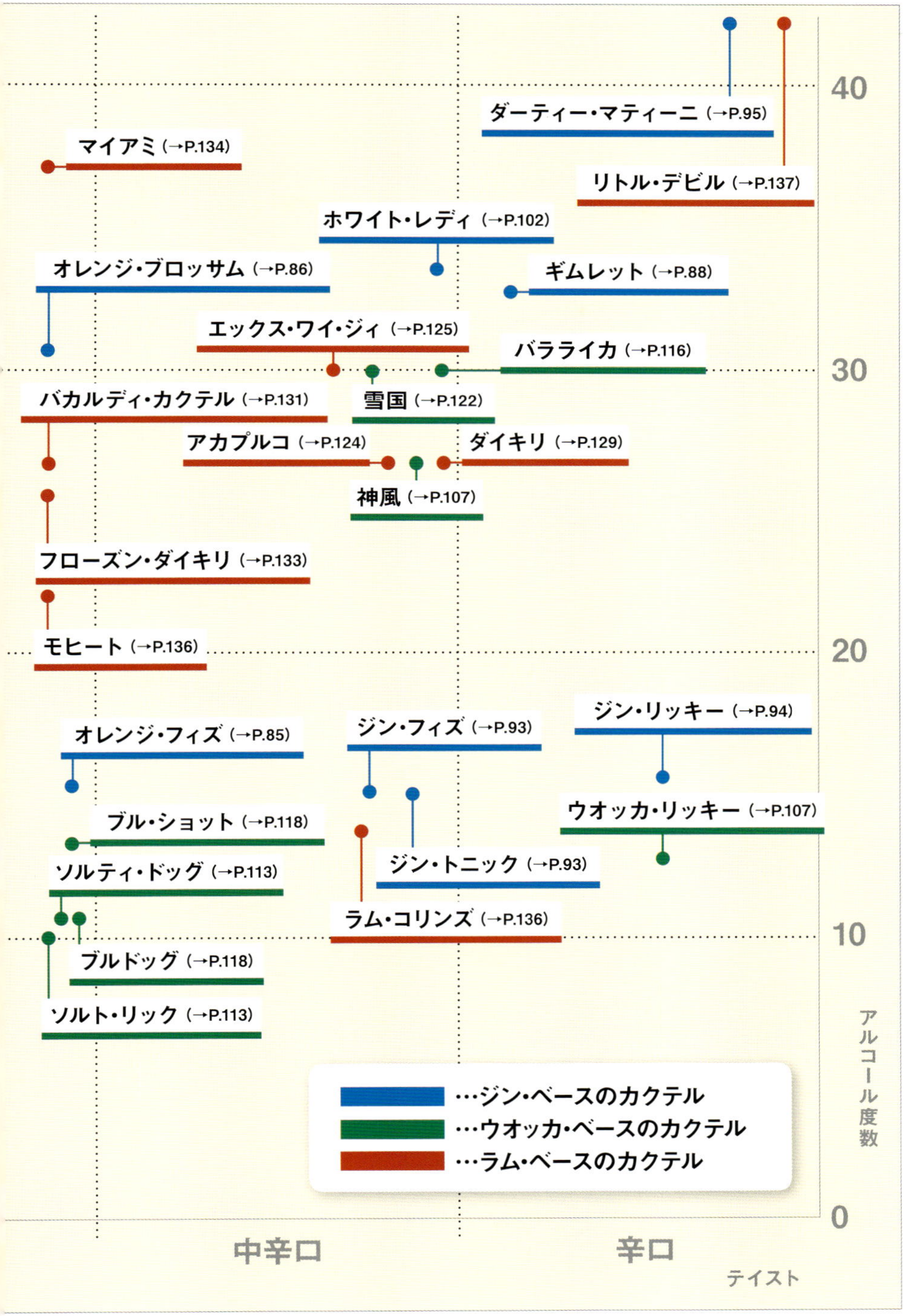
ダーティー・マティーニ（→P.95）
マイアミ（→P.134）
リトル・デビル（→P.137）
ホワイト・レディ（→P.102）
オレンジ・ブロッサム（→P.86）
ギムレット（→P.88）
エックス・ワイ・ジィ（→P.125）
バラライカ（→P.116）
バカルディ・カクテル（→P.131）
雪国（→P.122）
アカプルコ（→P.124）
ダイキリ（→P.129）
神風（→P.107）
フローズン・ダイキリ（→P.133）
モヒート（→P.136）
オレンジ・フィズ（→P.85）
ジン・フィズ（→P.93）
ジン・リッキー（→P.94）
ウオッカ・リッキー（→P.107）
ブル・ショット（→P.118）
ソルティ・ドッグ（→P.113）
ジン・トニック（→P.93）
ラム・コリンズ（→P.136）
ブルドッグ（→P.118）
ソルト・リック（→P.113）
40
30
20
10
0
アルコール度数
…ジン・ベースのカクテル
…ウオッカ・ベースのカクテル
…ラム・ベースのカクテル
中辛口
辛口
テイスト

03｜道具の使い方と技法をマスターしよう

カクテルの道具と使い方

美味しいカクテルを作るためには、専用の道具を正しい用法で使いこなすことが大切。ここではカクテルに必要な道具と、プロのバーテンダーによる使用テクニックを紹介する。

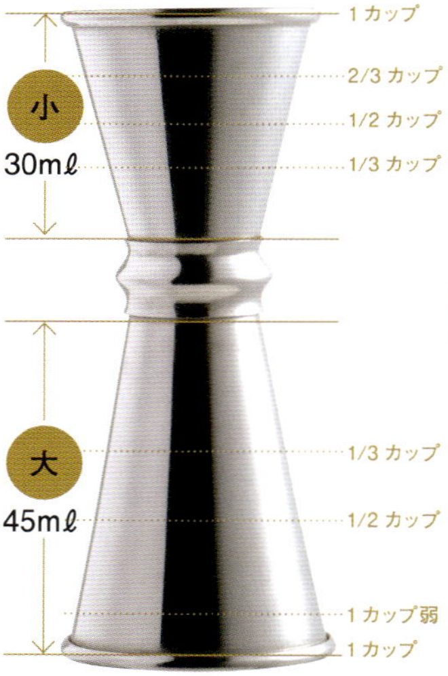

メジャー・カップ

カクテルの材料を素早く、正確に計るとき必要。使うときは、ムダな動きを避けるために指先で扱うのがコツ。材料をゆっくり注いで正確に計り、手首を返すように傾けて注ぐ。

計量

10mℓ	小1/3カップ
15mℓ	小1/2カップ 大1/3カップ
20mℓ	小2/3カップ 大1/2カップ弱
30mℓ	小1カップ
40mℓ	大1カップ弱
45mℓ	大1カップ
50mℓ	大1カップ強

持ち方

初心者向けの持ち方
親指、人差し指、中指で"くびれ"を持つ

プロの持ち方
中指と人差し指で"くびれ"部分を挟む

バー・スプーン

両端にスプーンとフォークが付いていて、スプーン部では材料をかき混ぜたり、細かい材料の分量を計り、フォークは瓶などから材料を取り出したりする。

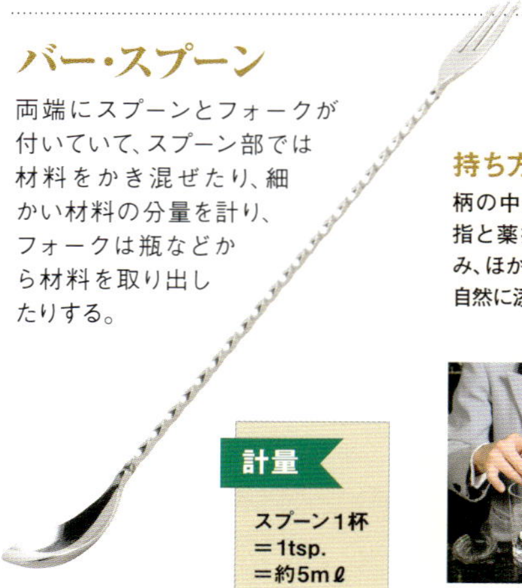

持ち方

柄の中央を中指と薬指で挟み、ほかの指は自然に添える。

混ぜ方

薬指で円を描くように柄を押し、中指と親指で軽く支えるイメージで。

計量

スプーン1杯
＝1tsp.
＝約5mℓ

計量

1振り分＝1dash
＝約1mℓ

1滴分＝1drop
＝約1/5mℓ

ビターズ・ボトル

ビターズを入れる専用の容器。ボトルを一振りしたときに出る分量が1dash（ダッシュ）、ボトルを逆さまにして自然に落ちる1滴を1drop（ドロップ）という。

ストレーナー

ミキシング・グラスで作ったカクテルをグラスに注ぐとき、氷や不純物がグラスに入らないようにするフタ。

ミキシング・グラス

材料と氷を入れ、ステアして混ぜ合わせたり冷やすためのガラス製容器。

シェーカー

カクテルをシェークする際に使うステンレス製の容器。大、中、小の3タイプがある。

各部位の名称

トップ
材料を入れてから装着するフタの部分。

ストレーナー
液体だけを通す構造になっている。

ボディ
材料や氷を入れる、シェーカーの本体部分。

使い方
写真のように持ち、両手首をぶつけるようにしてアイス・ピックで氷を砕く。

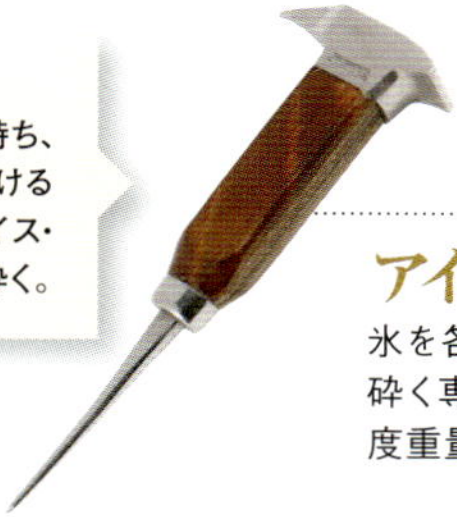

アイス・ピック

氷を各カクテルに合った大きさに砕く専用ピック。一般的に、ある程度重量感のあるものが使いやすい。

バー・ブレンダー

いわゆる「ミキサー」のこと。専用のマシンもあるが、家庭用ミキサーでも十分活用できる。

アイス・トング

グラスなどに氷を運び入れる道具。氷が滑り落ちないように、氷を挟む部分がギザギザになっている。

アイス・ペール

カウンターやテーブル上で氷を保管しておくステンレス製容器のこと。

スクイーザー

横半分に切ったレモン、ライム、オレンジなどの柑橘類を中央のらせん状の突起に押し当て、生の果汁を搾る。

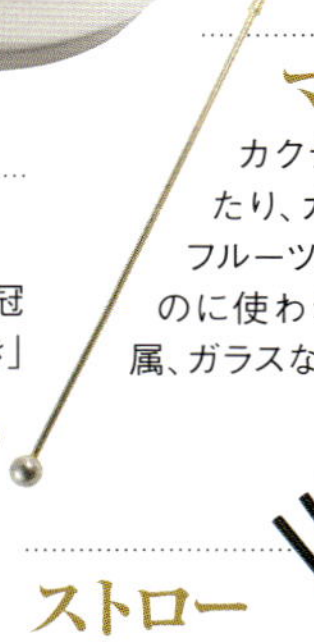

マドラー

カクテルをかき混ぜたり、カクテルの中のフルーツを潰《つぶ》したりするのに使われる。素材は金属、ガラスなどさまざま。

カクテル・ピン

グラスに飾るオリーブやマラスキーノ・チェリーなどを刺す楊枝状のピンのこと。

オープナー

ビールやジュースなどの王冠を抜くときに用いる「栓抜き」のこと。

ソムリエ・ナイフ

バーテンダーズ・ナイフともいう。ボトル・オープナー、コルク・スクリュー、バー・ナイフが備わっている。

ストロー

クラッシュド・アイスを使ったフローズン・カクテルや、トロピカル・カクテルなどに用いる。

ペストル

グラスやシェーカーの中でフルーツやミントの葉などを潰す道具で、金属製や木製のものがある。

カクテルの作り方

カクテル作りの4つの技法（ステア、シェーク、ビルド、ブレンド）や、カクテル・グラスを飾るデコレーションの方法などを、バーテンダーのテクニックから学ぼう。

ステア

材料を混ぜるという意味ではシェークと同じだが、ステアは風味が繊細な材料同士の風味を生かすために、手早く静かに混ぜることがポイントとなる。

使う道具

ステアの手順

❶ ミキシング・グラスの6分目まで氷を入れる

❷ 氷を入れ、バー・スプーンで軽くステアして氷の面取り（氷の角を取ること）をする

❸ ミキシング・グラスにストレーナーをかぶせて水を捨てる

❹ ストレーナーをはずし、メジャー・カップで計った材料を静かに注ぐ

❺ バー・スプーンで材料と氷を同時に回転させるように静かに混ぜる

❻ ミキシング・グラスにストレーナーをかぶせて、人差し指で押さえる

❼ 人差し指以外の指でミキシング・グラスをしっかりと握り、グラスに注ぐ

ステアのPOINT

- 材料を入れるのは氷の面取りをしてから
- バー・スプーンを出し入れする際は、氷を傷つけないように気を付ける。
- 混ぜるときは手早く静かに、回数の目安は15～16回

シェーク

混ぜる、冷やす、加水する、味をまろやかにするというシェークの4つの効果を発揮させるため、正しい手順と振り方でシェークする必要がある。

使う道具

シェーカーの持ち方

1 右手（利き手）の親指でトップをしっかり押さえる

2 人差し指と小指でボディを挟むように持ち、残りの指を自然に添える

3 左手の親指をストレーナーの肩の部分にあて、中指と薬指でボディの底を支える

シェークの手順

1 ボディに計った材料を注ぎ、8〜9分目まで氷を入れる

2 ボディにストレーナーをかぶせ、さらにトップをかぶせる

3 シェーカーを正しく持ち、胸の前に構える

4 シェーカーを斜め上に突き出す

5 シェーカーを胸の前の位置に戻す

6 シェーカーを斜め下に突き出す

7 シェーカーを胸の前の位置に戻す。❹〜❼の動作を1セットとして、スムーズに4〜5セット繰り返す

8 トップをはずし、ストレーナー部分を右手（利き手）の人差し指と親指で押さえながらグラスに注ぐ

シェークのPOINT

- トップをかぶせるときは空気を抜くイメージで
- 熱が伝わらないよう、シェーカーに手の平は密着させない
- クリームや卵など混ざりにくい材料を使うときは回数を2倍に

ビルド

ビルドには、炭酸を逃がさない、材料を混ぜ過ぎない、フロートさせる、などの効果がある。直接グラスの中でカクテルを作るため、混ぜ方なども繊細に行う。

使う道具

ビルドのPOINT

- バー・スプーンはグラスの縁から入れる
- 炭酸飲料は最後に注ぐ
- 炭酸飲料を加えた後は混ぜ過ぎない

ビルドのテクニック・フロート

フロートは、2種類以上の比重の違う液体を混ぜ合わせないように注ぎ重ねる技法。きれいな層を作るためには、材料が混ざり合わないようにバー・スプーンの背を伝わせて静かに注ぐことがポイント。

ビルドの手順

1 冷やしたグラスに氷を入れ、計った材料を静かに注ぐ

2 分量が適量とある材料は、グラスの8分目を目安に注ぐ

3 バー・スプーンの背でグラスの内側をなぞるように混ぜる

ブレンド

クラッシュド・アイスを溶け込ませるフローズン・スタイルのカクテルなどで使われる技法。バー・ブレンダーを用いるが、混ぜ時間や氷の量などに気を付けたい。

使う道具

ブレンドのPOINT

- クラッシュド・アイスは少なめに入れ、様子を見ながら足す
- 氷が弾ける音が消えた頃合いでカクテルの様子を確認する
- フルーツを使う場合はフルーツ→氷→材料の順に入れて変色を防ぐ

ブレンドの手順

1 バー・ブレンダーに計った材料とクラッシュド・アイスを入れる

2 フタをしっかりと閉め、スイッチを入れて中の材料を攪拌《かくはん》する。

3 スイッチを切ってフタを開け、カクテルをグラスにかき出す

覚えておきたいカクテルテクニック

ピール

ピールとはレモンやライムなど柑橘類の皮の小片のこと。10 ～ 15cm離した所から絞り、ピールの脂分を飛ばして香りを移す。ツイストは細長く形作る。

ピールの作り方

❶ レモンの皮を薄く削ぎ取る

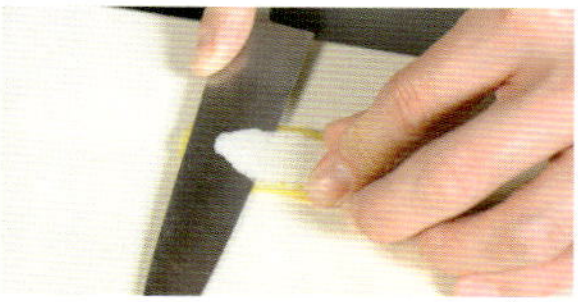

❷ 内側の白い部分を取り除く

❸ 余分な部分を切り、形を整える

ピールの絞り方
親指と中指でピールを挟み、人差し指で裏側を押さえて振りかけるように絞る。

ツイストの絞り方
ツイストの両端をつまむように持ち、グラスの上でねじるように絞る。

スノー・スタイル

グラスのエッジに平皿に広げた塩や砂糖を付けて、スノー（雪）のようなデコレーションを施す技法のこと。塩･砂糖の付け過ぎなどに注意しよう。

スノー・スタイルの作り方

❶ グラスの縁をレモンで濡らす

❷ 塩（砂糖）を縁に回し付ける

スノー・スタイルのバリエーション

色付きスノー・スタイル
レモンの代わりに色付きシロップなどでグラスを濡らしてカラフルに。

コーラル・スタイル
グレナデン・シロップに浸したグラスに塩（砂糖）をたっぷりと付ける。

フルーツ・デコレーション

フルーツをカッティングして、カクテルのデコレーションに。見た目の楽しさや、食べやすさなどを考えた装飾がポイント。

レモン・シャトー・スタイル

❶ 縦に八等分し、白い皮や種を取る

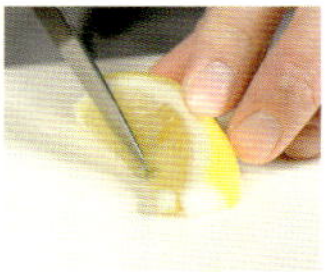

❷ 斜めに切り込みを入れる

❸ 切り込みの部分をグラスの縁に差す

オレンジ・ハーフ・スタイル

❶ 縦に半分に切り、5～7㎜の幅にスライス

❷ 斜めに切り込みを入れる

❸ 切り込みの部分をグラスの縁に差す

04｜こだわればカクテルがもっと美味しく

グラスの種類

カクテルのグラスにはさまざまな種類があり、カクテルのスタイルによって使い分ける。ふさわしいグラスによってカクテルの風味も増すので、注意して選びたい。

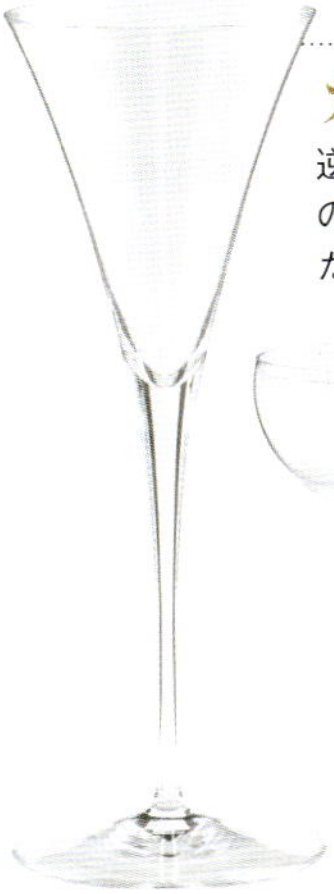

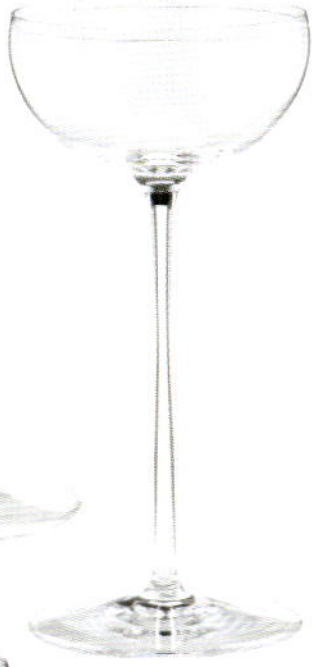

カクテル・グラス

逆三角形型をした、カクテルの代表的グラス。丸みを帯びた形のものもある。

オールドファッションド・グラス

オン・ザ・ロック・スタイルに使われる。別名ロック・グラス。

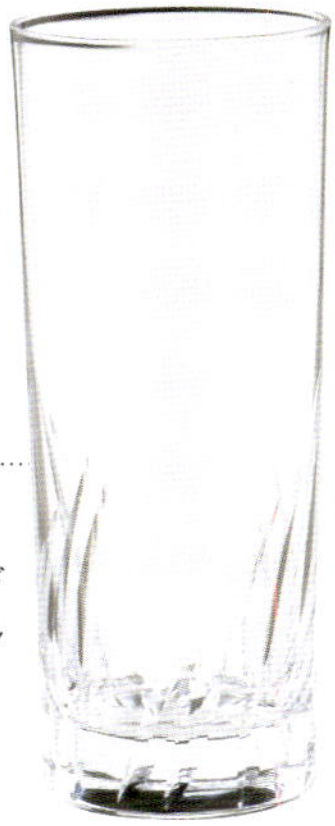

コリンズ・グラス

グラスの背が高く、口径が小さい。コリンズ・スタイル用グラス。

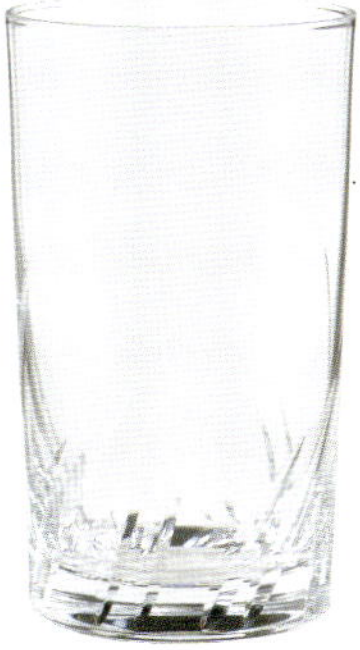

タンブラー

8オンス（240mℓ）と、国際バーテンダー協会標準の10オンス（300mℓ）がある。

ワイン・グラス

ワイン用グラスだが、サワーやフラッペ、デイジーなどのスタイルにも使われる。

シャンパン・グラス（フルート）

口が細く細長いため炭酸ガスが抜けにくく、気泡が立ち上る様子を美しく演出。

シャンパン・グラス（ソーサー）

シャンパン・ベースのカクテルのほか、フローズン・スタイルにも使われる。

ピルスナー・グラス

もともとはビール用のグラス。容量の多いカクテルにも使われる。

ブランデー・グラス

ブランデーの香りを逃がさないチューリップ型になっている。

ゴブレット

容量が大きく口径も大きいため、氷を多く使うカクテル向き。

ホット・グラス

ホット・スタイルのカクテル用に、耐熱ガラスが使われている。

シェリー・グラス

シェリー酒を飲むために作られた60 ～75㎖程度の小グラス。

プース・カフェ・グラス

プース・カフェ・スタイルのカクテルに使われる細長いグラス。

ポニー・グラス

リキュール・グラスを細長くしたもので、プース・カフェ・スタイルに用いる。

マイタイ・グラス

マイタイ用の大型グラスで、フルーツや花をたっぷり飾れる。

アイリッシュ・コーヒー・グラス

アイリッシュ・コーヒー専用のホット・カクテル用グラス。

リキュール・グラス

もともとはリキュールをストレートで飲むための小型の脚付きグラス。

サワー・グラス

サワー・スタイルのカクテルに用いる中型の脚付きグラス。

グラスの扱い方

グラスが汚れていたら、せっかくのカクテルも台無し。グラスの扱いについてもマスターしよう。

洗い方

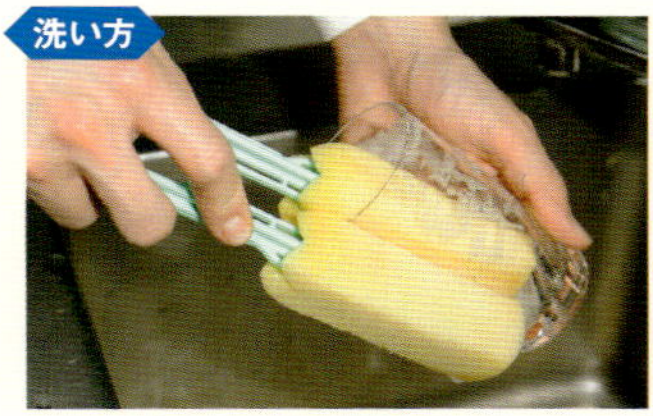

グラス専用スポンジと中性洗剤でよく洗ってすすぎ、ふきんの上などに伏せて水を切る

ふき方

1 グラスの底をふきんで包むように持つ

2 ふきんの残った部分をグラスの中に押し込む

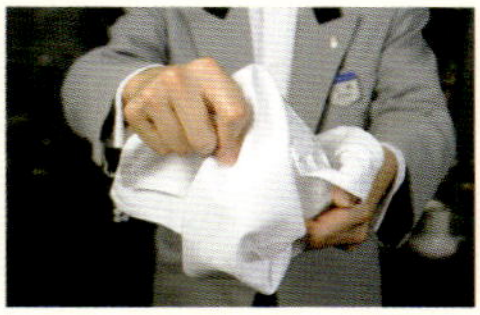

3 ふきんの上からグラスの縁を持つ

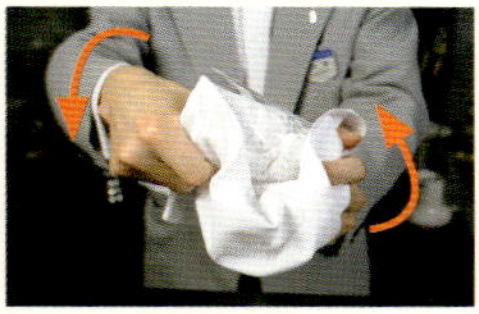

4 左右の手を逆にひねりグラスを回しながらふく

Column
コラム

カクテルアレンジのヒント
Tips for Cocktail Arrangement

ベースの酒や材料、作り方を変えたり、コールド・ドリンクをホット・ドリンクに変えたりすることで、さまざまな味が楽しめるのがカクテルのよいところ。

例えばブランデー・ベースのスティンガーというカクテルは、以下のようにベースや材料を替えることで、さまざまなバリエーションが生まれる。

このほか、007・ジェームズ・ボンドの「ステアせずにシェークで」という名セリフにあるように、シェークして粒子を細かくすることで口当たりを滑《なめ》らかにしたり、ギムレットのベースをビーフィーター・ドライ・ジンからプリマス・ジンに替えて、よりマイルドなテイストにしたりといったアレンジも可能だ。いろいろ挑戦してカクテルの楽しみを広げてみてはいかがだろう。

スティンガー
Stinger

ブランデーをベースにホワイト・ミント・リキュールを合わせたやや辛口のカクテル（171ページ参照）。

ジン

ホワイト・ウィングス
White Wings

スティンガーのベースをジンに替えると、ホワイト・ウィングス、またはホワイト・ウェイ(別名ジン・スティンガー)というカクテルになる。

ウオッカ

ホワイト・スパイダー
White Spider

スティンガーのベースをウオッカに替えると、ホワイト・スパイダー（別名ウオッカ・スティンガー、120ページ参照）というカクテルになる。

ペルノ

スティンガー・ロイヤル
Stinger Royal

スティンガーのレシピに、アニス風味のリキュールであるペルノを2dash加えたものは、スティンガー・ロイヤルと呼ばれている。

第4章

カクテルを楽しもう

ベース別
カクテルレシピ

Gin Base
Cocktails
{ジン・ベース}

ジンには大きく分けて原料の風味豊かなオランダ・タイプ(ジュネヴァ)と、
よりクリアな風味のイギリス・タイプ(ドライ・ジン)がある。
カクテルでは主にクセの少ないドライ・ジンを使い、キレのある味わいに仕上げる。

全身を震わせるような刺激的カクテル

アースクエーク
Earthquake

42.3度 | 辛口 | シェーク | オール | カクテル・グラス

「地震」という意味の名前をもつカクテル。ドライ・ジンとウイスキー、ペルノという個性ある組み合わせで、風味豊かだがアルコール度数も高く、全身を震わせるような刺激的な一杯になる。

Recipe

ドライ・ジン ―――――― 20mℓ
ウイスキー ―――――― 20mℓ
ペルノ ―――――― 20mℓ

シェーカーにすべての材料(ドライ・ジン、ウイスキー、ペルノ)と氷を入れてシェークし、カクテル・グラスに注ぐ。

甘いカクテルが苦手な人にもOKの爽《さわ》やかカクテル

アイデアル

Ideal

21.8度 / 中口 / シェーク / オール / カクテル・グラス

辛口の代表・マティーニ（103ページ参照）のアレンジともいわれ、甘いカクテルが苦手という女性におすすめ。フレッシュなグレープフルーツ・ジュースの風味が効いた爽やかな味わいのカクテル。

Recipe

- ドライ・ジン ―― 20mℓ
- ドライ・ベルモット ―― 20mℓ
- マラスキーノ ―― 1tsp.
- グレープフルーツ・ジュース ―― 20mℓ

シェーカーですべての材料を氷と入れてシェークし、これをカクテル・グラスに注ぐ。マラスキーノ・チェリーを飾ることもある。

色合いの美しさとミントの爽快《そうかい》な味わいを楽しむ

青い珊瑚礁《さんごしょう》

Blue Coral Reef

38.3度 / 中甘口 / シェーク / オール / カクテル・グラス

淡いグリーンの中に沈む真っ赤なマラスキーノ・チェリーの美しさと、ミントを加えた爽快な味わいが特徴。1950年の第2回オールジャパン・ドリンクス・コンクールで優勝した鹿野彦司氏の作品。

Recipe

- ドライ・ジン ―― 40mℓ
- グリーン・ミント・リキュール ―― 20mℓ
- マラスキーノ・チェリー ―― 1個
- レモン ―― 適量

ドライ・ジン、グリーン・ミント・リキュールを氷と一緒にシェーク。エッジをレモンで塗らしたグラスに注ぎ、マラスキーノ・チェリーを沈める。

食欲をそそるフルーティーですっきりした味わい

アペタイザー

Appetizer

24.5度 / 中口 / シェーク / 食前 / カクテル・グラス

辛口のドライ・ジンをオレンジ・ジュースがすっきり飲みやすくしており、その名のとおり食欲をそそる「食前酒」として楽しむのにふさわしい。ザザ（91ページ参照）の女性版ともいえるカクテル。

Recipe

- ドライ・ジン ―― 25mℓ
- デュボネ ―― 20mℓ
- オレンジ・ジュース ―― 15mℓ

すべての材料をシェークし、グラスに注ぐ。ちなみに、オレンジ・ジュースを使わずにジンとデュボネを1:1でステアしたものをデュボネ・カクテルという。

大空を舞うように爽快《そうかい》な気分にさせてくれる一杯

アラウンド・ザ・ワールド

Around the World

34.8度 / 中甘口 / シェーク / オール / カクテル・グラス

飛行機の世界一周航路開航記念のカクテルコンクール優勝作品。透き通ったグリーンの色合い、爽快なミントの香りにパイナップルの加わったすっきりとした飲み口が、世界の大空を思わせる。

Recipe

- ドライ・ジン —— 40mℓ
- グリーン・ミント・リキュール —— 10mℓ
- パイナップル・ジュース —— 10mℓ
- ミント・チェリー —— 1個

ジンとグリーン・ミント・リキュール、パイナップル・ジュースを氷と一緒にシェークしてグラスに注ぎ、ミント・チェリーを飾る。

香草と蜂蜜の風味が絶妙に溶け込んだ大人のカクテル

アラスカ

Alaska

45.3度 / 中辛口 / ステア / 食前 / カクテル・グラス

香草系リキュールの銘酒、シャルトリューズ(イエロー)を使用し、ほんのり蜂蜜の風味をまとう大人の雰囲気のカクテル。ロンドンにある「サボイ・ホテル」のハリー・クラドック氏の作品。

Recipe

- ドライ・ジン —— 45mℓ
- シャルトリューズ (イエロー) —— 15mℓ

材料と氷をミキシング・グラスに入れてステア、グラスに注ぎ入れる。シャルトリューズ (イエロー) の代わりにグリーンを使うとグリーン・アラスカ(89ページ参照)になる。

ミントの香りとクリーミーな味わいの翡翠《ひすい》色が女性に人気

アレキサンダーズ・シスター

Alexander's Sister

22.7度 / 甘口 / シェーク / 食後 / カクテル・グラス

ドライ・ジンとペパーミントという2つの強い個性をフレッシュな生クリームでマイルドに包み込んだ、まろやかな口当たり。翡翠のような薄緑色の色合いが美しく、女性に人気のあるカクテル。

Recipe

- ドライ・ジン —— 20mℓ
- グリーン・ミント・リキュール —— 20mℓ
- 生クリーム —— 20mℓ

シェーカーにすべての材料 (ドライ・ジン、グリーン・ミント・リキュール、生クリーム) と氷を入れてシェークし、これをカクテル・グラスに注ぐ。

辛口ジンと芳醇《ほうじゅん》な甘みのブランデーの絶妙な融合《ゆうごう》

エンジェル・フェイス

Angel Face

39.5度 ｜ 中口 ｜ シェーク ｜ オール ｜ カクテル・グラス

辛口のドライ・ジンの風味の中で、カルバドスが醸《かも》し出すアップル・ブランデー独特の甘酸っぱい芳《かぐわ》しさと、アプリコット・ブランデーの繊細な甘みが溶け合った、とても上品な味わいのカクテル。

Recipe

ドライ・ジン	30mℓ
カルバドス	15mℓ
アプリコット・ブランデー	15mℓ

シェーカーにすべての材料（ドライ・ジン、カルバドス、アプリコット・ブランデー）と氷を入れてシェークし、これをカクテル・グラスに注ぐ。

オペラのように多様な味わいと色合いを楽しむ

オペラ・マティーニ

Opera Martini

32.4度 ｜ 中口 ｜ シェーク ｜ 食前 ｜ カクテル・グラス

辛口のドライ・ジンをデュボネの甘みがやわらげ、マラスキーノとレモン・ピールが味わいを引き締める。朱色に染まった液体とレモン・ピールのコントラストも美しい、都会的センスにあふれた一杯。

Recipe

ドライ・ジン	30mℓ
デュボネ	20mℓ
マラスキーノ	10mℓ
レモン・ピール	1個

シェーカーにレモン・ピール以外の材料と氷を入れてシェークし、これをカクテル・グラスに注ぎ入れ、レモン・ピールを絞り入れる。

ドライなジンを包み込んだオレンジのフルーティーな味わい

オレンジ・フィズ

Orange Fizz

15.7度 ｜ 中口 ｜ シェーク ｜ オール ｜ タンブラー

人気のジン・フィズ（93ページ参照）のアレンジ。ドライ・ジンの苦みを残しつつ、オレンジ・ジュースのフルーティーな味わいとソーダの爽快な喉《のど》ごしを楽しむことができる、女性に人気のカクテル。

Recipe

A	ドライ・ジン	45mℓ
A	オレンジ・ジュース	30mℓ
A	レモン・ジュース	15mℓ
A	シュガー・シロップ	10mℓ
	ソーダ	適量
	スライス・オレンジ	適量

材料Aをシェークして氷を入れたグラスに注ぐ。これをソーダで満たして、スライス・オレンジを飾る。

フルーティーな味わいの「オレンジの花」

オレンジ・ブロッサム

Orange Blossom

31.3度 | 中口 | シェーク | オール | カクテル・グラス

アメリカの禁酒法時代に、当時流通していた粗悪《そあく》で匂《にお》いの強いジンを美味しく飲めるように、オレンジ・ジュースを加えたという逸話があるカクテル。フルーティーな味わいで食前酒としても好まれる。

Recipe

ドライ・ジン	40mℓ
オレンジ・ジュース	20mℓ

シェーカーにドライ・ジン、オレンジ・ジュースと氷を入れてシェークし、カクテル・グラスに注ぐ。これにオレンジ・キュラソーを加えるとハワイアン(98ページ参照)になる。

ラスベガスのカジノを彷彿《ほうふつ》とさせる大人の一杯

カジノ

Casino

37.3度 | 中辛口 | シェーク | オール | カクテル・グラス

材料の大半をドライ・ジンが占めるため、ジンの辛口を堪能《たんのう》できる。さらにマラスキーノとオレンジ、レモンのフルーティーな味わいがジンの風味を引き立てる。アルコール度数も高い、大人の一杯。

Recipe

ドライ・ジン	45mℓ
マラスキーノ	1tsp.
レモン・ジュース	1tsp.
オレンジ・ジュース	1tsp.

シェーカーにドライ・ジン、マラスキーノ、レモン・ジュース、オレンジ・ジュースと氷を入れてシェークし、カクテル・グラスに注ぐ。

パリの街並みを思わせるクリーミーでおしゃれな一杯

カフェ・ド・パリ

Café De Paris

24.6度 | 中口 | シェーク | オール | カクテル・グラス

ドライ・ジンのしっかりとした味を残しながら、アニゼットの甘い香りと生クリーム、卵が加わり、クリーミーな味わいに仕上がったカクテル。パリの美しい街並みをイメージさせるおしゃれな一杯。

Recipe

ドライ・ジン	45mℓ
アニゼット	1tsp.
生クリーム	1tsp.
卵白	1個分

シェーカーにドライ・ジン、アニゼット、生クリーム、卵白と氷を入れて十分にシェークし、カクテル・グラスに注ぎ入れる。

ジンとカンパリが溶け合った見た目も鮮やかな一杯

カンパリ・カクテル

Campari Cocktail

36度 / 中口 / ステア / 食前 / カクテル・グラス

ドライ・ジンとカンパリでシンプルに作られたカクテル。キレのあるジンの辛口を、香草系リキュールの代表であるカンパリ独特の風味がやさしく包み込む。透明感ある赤色で見た目も美しい一杯。

Recipe

ドライ・ジン	30mℓ
カンパリ	30mℓ

ミキシング・グラスにすべての材料（ドライ・ジン、カンパリ）と氷を入れてステアした後、ストレーナーをかぶせてグラスに注ぐ。

キウイ鳥の宿る楽しいカクテルはジンとキウイの相性も抜群

キウイ・マティーニ

Kiwi Martini

22.5度 / 中甘口 / シェーク / オール / カクテル・グラス

タンカレー・ジンの冴《さ》え渡るキレ味と搾りたてキウイフルーツのフレッシュな味わいが抜群の相性。美しいナチュラル・グリーンの色合い、グラスに止まったキウイ鳥が見た目にも愛らしいカクテル。

Recipe

タンカレー・ジン	50mℓ
キウイフルーツ	1/2個
シュガー・シロップ	1tsp.
キウイフルーツ（飾り用）	1/8個
レモン・ピール（飾り用）	1個

飾り用以外の材料をシェーク、グラスに注ぎ、キウイフルーツとレモン・ピールで作ったキウイ鳥を飾る。

ロマンチックな夜を彩るジンとブランデーのハーモニー

キッス・イン・ザ・ダーク

Kiss In The Dark

29.7度 / 中口 / ステア / オール / カクテル・グラス

「暗闇でキス」というロマンチックなネーミングのカクテル。ドライ・ジンとドライ・ベルモットのキレのある飲み口に、チェリー・ブランデーの芳醇《ほうじゅん》な甘い香りがマッチした、大人向けの一杯。

Recipe

ドライ・ジン	20mℓ
ドライ・ベルモット	20mℓ
チェリー・ブランデー	20mℓ

ミキシング・グラスにすべての材料（ドライ・ジン、ドライ・ベルモット、チェリー・ブランデー）と氷を入れてステアし、これをカクテル・グラスに注ぎ入れる。

グラスの底に沈むパール・オニオンがおしゃれな一杯

ギブソン

Gibson

42.2度　辛口　ステア　食前　カクテル・グラス

ドライ・ジンの効いた辛口カクテル。女性画で有名なイラストレーター、チャールズ・D・ギブソン氏が愛飲したことからこの名が付いた。マティーニの処方に近いが、より辛口に仕上げる傾向にある。

Recipe

- ドライ・ジン —— 50mℓ
- ドライ・ベルモット —— 10mℓ
- パール・オニオン —— 1個
- レモン・ピール —— 適量

ミキシング・グラスでジン、ベルモットと氷をステアし、グラスに注ぐ。レモン・ピールを絞り、ピンに刺したパール・オニオンを沈める。

ハード・ボイルド小説にも登場するキレのある一杯

ギムレット

Gimlet

32.5度　辛口　シェーク　食前　カクテル・グラス

17世紀頃、イギリス海軍の軍医・ギムレット卿《きょう》が考案したともいわれ、また別説では、辛口ジンとライムの酸味がマッチした鋭いキレ味を錐《きり》(gimlet)に例えたネーミングともいわれる。

Recipe

- ドライ・ジン —— 45mℓ
- ライム・ジュース —— 15mℓ
- シュガー・シロップ —— 1tsp.

ドライ・ジン、ライム・ジュース、シュガー・シロップをシェークし、カクテル・グラスに注ぐ。ギムレットをオン・ザ・ロック・スタイルにアレンジしたカクテルがジン・ライム。

数あるマティーニの中で「辛口」を代表する一杯

クラシック・ドライ・マティーニ

Classic Dry Martini

39.8度　辛口　ステア　食前　カクテル・グラス

マティーニはその種類が300以上にも及び、カクテルの王様とも呼ばれている。かつて甘口だったマティーニは、20世紀に入り辛口嗜好《しこう》に変わっていくが、その変化を象徴するのがこの一杯。

Recipe

- ドライ・ジン —— 45mℓ
- ドライ・ベルモット —— 15mℓ
- オレンジ・ビターズ —— 1dash

ミキシング・グラスにドライ・ジン、ドライ・ベルモット、オレンジ・ビターズと氷を入れてステア。これにストレーナーをかぶせてカクテル・グラスに注ぎ入れる。

パリの高級ホテルが提供する伝統のカクテル

クラリッジ

Claridge

32.3度 中口 シェーク オール カクテル・グラス

パリの最高級ホテルのひとつ、クラリッジ・ホテルのスペシャル・カクテル。ジンとドライ・ベルモットのドライな味わいにアプリコット・ブランデーのほどよい甘さが加わり、女性にも好まれている。

Recipe

ドライ・ジン	20mℓ
ドライ・ベルモット	20mℓ
ホワイト・キュラソー	10mℓ
アプリコット・ブランデー	10mℓ

シェーカーにドライ・ジン、ドライ・ベルモット、ホワイト・キュラソー、アプリコット・ブランデーと氷を入れてシェークし、グラスに注ぎ入れる。

香草が薫《かお》り美しい薄緑の中にキレのある大人の味わい

グリーン・アラスカ

Green Alaska

49度 辛口 ステア 食前 カクテル・グラス

アラスカ（84ページ参照）と作り方は同じだが、緑色の香草リキュールであるシャルトリューズ（グリーン）を使ったカクテル。薄緑の知的な色合いと、辛口、高いアルコール度数で、大人のための一杯。

Recipe

ドライ・ジン	45mℓ
シャルトリューズ（グリーン）	15mℓ

ミキシング・グラスにすべての材料（ドライ・ジン、シャルトリューズ〈グリーン〉）と氷を入れ、バー・スプーンでステア。これにストレーナーをかぶせてカクテル・グラスに注ぐ。

幸せな気分に誘《いざな》う色合いと味わいのクラブ・カクテル

クローバー・クラブ

Clover Club

19.1度 甘口 シェーク オール カクテル・グラス

ピンクの色味も鮮やかな美しいカクテルで、四つ葉のクローバーをイメージさせる名のとおり、幸せな気分に誘う。ディナーでオードブルやスープの代わりに出されるクラブ・カクテルのひとつ。

Recipe

ドライ・ジン	45mℓ
レモン・ジュース	15mℓ
グレナデン・シロップ	15mℓ
卵白	1個分

シェーカーですべての材料と氷をシェークし、グラスに注ぐ。ミント・リーフを飾ったり、卵白の代わりに卵黄を使ったりするアレンジがある。

グラスのエッジに輝くシュガーが王冠のような美しさを放つ

グロリアス・マティーニ（栄光のマティーニ）

Glorious Martini

38.4度｜中辛口｜シェーク｜オール｜カクテル・グラス

2000年、H.B.A.とジャーディン・ワインズ・アンド・スピリッツ社共催のカクテルコンペのタンカレーの部で、最優秀作品賞に輝いた栗原幸代氏の作品。グラスを彩るスノー・スタイルが美しい。

Recipe

タンカレー・ジン	40mℓ
グラン・マルニエ	5mℓ
ガリアーノ	1tsp.
レモン・ジュース	5mℓ
モナン・ローズ・シロップ	5mℓ
シュガー（ブラウン・ホワイト）	各少々

シュガー以外の材料を氷とシェークし、2種類のシュガーでスノー・スタイルにしたグラスに注ぐ。

琥珀《こはく》色のきらめきの中に洗練された大人の雰囲気

ゴードン

Gordon

31.6度｜辛口｜ステア｜食前｜カクテル・グラス

ドライ・ジンの強い風味の中に、シェリー酒・アモンティリャードによる独特の甘美な余韻《よいん》が残る一杯。琥珀色に染まるグラスにパール・オニオンがきらめき、洗練された大人の雰囲気を感じさせる。

Recipe

ドライ・ジン	50mℓ
アモンティリャード	10mℓ
パール・オニオン	1個

ミキシング・グラスにドライ・ジンとアモンティリャード、氷を入れてステア、これをカクテル・グラスに注ぎ、カクテル・ピンに刺したパール・オニオンを沈める。

鮮やかな朱色が映えるジューシーなマティーニ

コスモポリタン・マティーニ

Cosmopolitan Martini

22.3度｜中口｜シェーク｜オール｜カクテル・グラス

ジンのキリッとした味わいを残しながら、果実系リキュールのグラン・マルニエと2種類のフルーツでジューシーに仕上がった一杯。文字どおりコスモポリタン（全世界）で愛飲されているカクテル。

Recipe

ドライ・ジン	20mℓ
グラン・マルニエ	10mℓ
クランベリー・ドリンク	20mℓ
ライム・ジュース	10mℓ

すべての材料（ドライ・ジン、グラン・マルニエ、クランベリー・ドリンク、ライム・ジュース）を氷とシェークし、これをカクテル・グラスに注ぐ。

アペリティフ・ワインの芳醇《ほうじゅん》さが広がる大人のカクテル

ザザ

Zaza

39度 / 中口 / ステア / 食前 / カクテル・グラス

世界的に有名なアペリティフ(食前酒)・ワインであるデュボネのふくよかな風味が、ドライ・ジンと合わさることでカクテルの味を引き立てる。芳醇なワインの香りも豊かな、重厚感ある大人の一杯。

Recipe

ドライ・ジン	45mℓ
デュボネ	15mℓ
オレンジ・ビターズ	1dash

ミキシング・グラスにすべての材料(ドライ・ジン、デュボネ、オレンジ・ビターズ)と氷を入れてステアし、ストレーナーをかぶせてカクテル・グラスに注ぎ入れる。

アメリカ大統領ケネディをオマージュして作られた一杯

ジェイ・エフ・ケー

JFK

39.4度 / 辛口 / ステア / 食前 / カクテル・グラス

タンカレー・ジンを愛飲していたというアメリカ第35代大統領、ジョン・フィッツジェラルド・ケネディ(JFK)を偲《しの》んで作られたカクテル。

Recipe

A	タンカレー・ジン	40mℓ
A	グラン・マルニエ	10mℓ
A	ドライ・シェリー	10mℓ
A	オレンジ・ビターズ	2dash
	スタッフド・オリーブ	1個
	オレンジ・ピール	1個

ミキシング・グラスで材料Aを氷と一緒にステア、カクテル・グラスに注ぎ、ピンに刺したスタッフド・オリーブを入れ、オレンジ・ピールを絞りかける。

ジンのキレ味とベルモットの香りをシンプルに楽しむ

ジン・アンド・イット

Gin & It

31度 / 中辛口 / ビルド / 食前 / カクテル・グラス

ItはItalian Vermouth(イタリアン・ベルモット)の略。ドライ・ジンとスイート・ベルモットを組み合わせた昔ながらのスタイルで、ジンの鋭いキレ味とベルモットの香りを楽しむ。Gin Italianとも呼ばれる。

Recipe

ドライ・ジン	30mℓ
スイート・ベルモット	30mℓ

カクテル・グラスにまずドライ・ジンを、続いてスイート・ベルモットを注ぎ入れる。材料を冷やさず直接グラスに注ぐのが本来の作り方。

辛口、高アルコール度にほのかな苦みも加わった大人の一杯

ジン・アンド・ビターズ

Gin & Bitters

46.9度 / 辛口 / ビルド / 食前 / オールドファッションド・グラス

ドライ・ジンのキレ味鋭い辛口にアンゴスチュラ・ビターズのほのかな苦みを加え、アルコール度も少々高めの通《つう》好みなカクテル。辛口の仕上がりから、アペリティフ（食前酒）に適している。

Recipe

ドライ・ジン ―― 60mℓ
アンゴスチュラ・ビターズ ―― 1dash

グラスにアンゴスチュラ・ビターズを振り入れ、グラスの内側全体を塗らすようにまんべんなくリンスした後、余分なビターズは振り切る。このグラスに氷とドライ・ジンを入れ、軽くステアする。

シンガポールの名門ホテルで生まれた人気カクテル

シンガポール・スリング

Singapore Sling

15度 / 中辛口 / シェーク / オール / コリンズ・グラス

1915年、シンガポールの名門・ラッフルズ・ホテルで誕生したカクテル。ジンのキレ味とチェリー・ブランデーの芳醇《ほうじゅん》な香りがマッチした一杯。

Recipe

A ドライ・ジン ―― 45mℓ
A レモン・ジュース ―― 20mℓ
A シュガー・シロップ ―― 10mℓ
ソーダ ―― 適量
チェリー・ブランデー ―― 15mℓ
マラスキーノ・チェリー ―― 1個
スライス・レモン ―― 1枚

材料Aをシェーク、氷を入れたグラスに注ぐ。これを冷えたソーダで満たし、軽くステア。チェリー・ブランデーを沈めて果実類を飾る。

春を呼ぶヒナギクのように爽《さわ》やかで可愛らしい一杯

ジン・デイジー

Gin Daisy

28.2度 / 中口 / シェーク / オール / ゴブレット

名前のとおり可愛らしいデイジー（ヒナギク）をイメージさせるこのカクテルは、レモン・ジュースのほのかな酸味と、グレナデン・シロップの甘み、ミント・リーフの香りで、春風のような爽やかさを運ぶ一杯。

Recipe

A ドライ・ジン ―― 45mℓ
A レモン・ジュース ―― 20mℓ
A グレナデン・シロップ ―― 10mℓ
スライス・レモン ―― 1枚
ミント・リーフ ―― 適量

材料Aをシェーク、クラッシュド・アイスを詰めたグラスに注ぎ、スライス・レモンとミント・リーフを飾る。

手軽に作れて美味しい、世界的人気の定番カクテル

ジン・トニック

Gin & Tonic

15.7度　中辛口　ビルド　オール　タンブラー

ドライ・ジンにトニック・ウォーターを加えるだけというシンプルなレシピ。手軽に作れるうえに飽きのこない美味しさで世界的に人気のカクテル。飲む前にライムを搾ると爽《さわ》やかな味わいが広がる。

Recipe

ドライ・ジン ―― 45mℓ
トニック・ウォーター ―― 適量
カット・ライム ―― 1/6個分

タンブラーに氷を入れ、ドライ・ジンを入れてステア。冷えたトニック・ウォーターを8分目まで注ぎ、カット・ライムを飾る。ライムの代わりにレモンを飾る場合もある。

雄鹿《おじか》のようにキックの効いた、夏向きのカクテル

ジン・バック

Gin Buck

15.7度　中口　ビルド　オール　タンブラー

スピリッツをレモン・ジュースとジンジャー・エールで割ったバック（Buck）には雄鹿の意味があり、キックのある飲み物ということで名付けられたといわれている。甘味と酸味のバランスがとれた夏向きカクテル。

Recipe

ドライ・ジン ―― 45mℓ
コーディアル・ライム・ジュース ―― 5mℓ
ジンジャー・エール ―― 適量
カット・ライム ―― 1/6個分

氷を入れたタンブラーにジン、コーディアル・ライム・ジュースを注ぎ、ジンジャー・エールで満たして軽くステアし、カット・ライムを搾り入れる。

アメリカ南部生まれのカクテルはソーダの口当たりも爽快《そうかい》

ジン・フィズ

Gin Fizz

15.7 度　中辛口　シェーク　オール　タンブラー

1888年、アメリカのニューオリンズで誕生したといわれる、フィズの代表的カクテル。レモン・ジュースとソーダの口当たりがよく、ベースをブランデーやラムに替えたバリエーションもある。

Recipe

A ┌ドライ・ジン ―― 45mℓ
A │レモン・ジュース ―― 20mℓ
A └シュガー・シロップ ―― 10mℓ
ソーダ ―― 適量
スライス・レモン ―― 1枚
マラスキーノ・チェリー ―― 1個

材料Aをシェーク、グラスに注ぎソーダで満たし、レモン、チェリーを飾る。

ライムの爽快《そうかい》感がソーダとマッチして心地よく喉《のど》を潤す

ジン・リッキー

Gin Rickey

15.7度 / 辛口 / ビルド / オール / タンブラー

ジン・トニックに似ているが、トニック・ウォーターでなくソーダで割り、マドラーでライムを潰《つぶ》しながら好みの味に調節して飲むのがジン・リッキー。暑い季節に喉の渇《かわ》きを心地よく潤す一杯。

Recipe

ドライ・ジン	45mℓ
ソーダ	適量
カット・ライム	1/2個

タンブラーにカット・ライムを搾り入れ、そのままカット・ライムの実も入れる。ここにドライ・ジンと氷を入れれて冷えたソーダで満たし、軽くステアしてマドラーを添える。

ジンの鮮烈さとウイスキーのスモーキーな風味を楽しむ

スモーキー・マティーニ

Smoky Martini

45.3度 / 辛口 / ステア / 食前 / カクテル・グラス

鮮烈な口当たりのジンと、樽《たる》で熟成させたスコッチ・ウイスキーだけを混ぜ合わせたカクテル。シンプルなだけに素材の味が引き立ち、口に含むとウイスキーのスモーキーな風味がいっぱいに広がる。

Recipe

ドライ・ジン	45mℓ
スコッチ・ウイスキー	15mℓ

ミキシング・グラスにドライ・ジン、スコッチ・ウイスキーと氷を入れてバー・スプーンでステアする。これにストレーナーをかぶせてカクテル・グラスに注ぎ入れる。

涼やかな雰囲気をまとった「天国のカクテル」

セブンス・ヘブン

Seventh Heaven

39.8度 / 中口 / シェーク / オール / カクテル・グラス

朝もやのように白く澄み渡った液体の中にミント・チェリーが沈み、涼やかな雰囲気を演出したカクテル。名前の由来は、イスラム教において最高位の天使が住むという「第7番目の天国」からきている。

Recipe

ドライ・ジン	50mℓ
マラスキーノ	10mℓ
グレープフルーツ・ジュース	1tsp.
ミント・チェリー	1個

シェーカーにミント・チェリー以外の材料と氷を入れてシェーク、これをグラスに注ぎ入れ、ミント・チェリーをグラスの底に沈める。

オリーブの風味も濃厚な、濁りのマティーニ

ダーティー・マティーニ

Dirty Martini

43.3度 / 辛口 / シェーク / 食前 / カクテル・グラス

オリーブを漬けたジュースを使うため通常のマティーニより濁りがあり、そのためにDirty（汚れた）という異名をもつ。口中に広がるオリーブのオイル分をジンがさっぱりと引き締めてくれる。

Recipe

- ドライ・ジン —— 60mℓ
- オリーブ浸漬《しんせき》ジュース —— 1tsp.
- スタッフド・オリーブ —— 2個

シェーカーにドライ・ジン、オリーブ浸漬ジュースと氷を入れてシェーク、これをグラスに注ぎ入れ、カクテル・ピンに刺したスタッフド・オリーブ2個をグラスの中に入れる。

踊り出したくなるような情熱的フルーティー・カクテル

タンゴ

Tango

28.4度 / 中口 / シェーク / オール / カクテル・グラス

パリにある「ハリーズ・ニューヨーク・バー」で誕生したというカクテル。ジンとベルモットという相性のよい組み合わせにオレンジ・ジュースが加わり、フルーティーで情熱的な味わいに仕上がっている。

Recipe

- ドライ・ジン —— 25mℓ
- スイート・ベルモット —— 10mℓ
- ドライ・ベルモット —— 10mℓ
- オレンジ・キュラソー —— 5mℓ
- オレンジ・ジュース —— 10mℓ

シェーカーに5種類すべての材料と氷を入れてシェークし、これをカクテル・グラスに注ぎ入れる。

辛口が苦手な人にも飲みやすいソフトなフィズ

テキサス・フィズ

Texas Fizz

15.7度 / 中口 / シェーク / オール / タンブラー

ジン・フィズ（93ページ参照）のレモン・テイストがオレンジ・テイストに変わったカクテル。アメリカ南部の開放的な雰囲気を感じさせるオレンジとチェリーの組み合わせで、色合いも楽しい一杯。

Recipe

- A ┌ ドライ・ジン —— 45mℓ
- A │ オレンジ・ジュース —— 20mℓ
- A └ シュガー・シロップ —— 10mℓ
- ソーダ —— 適量
- スライス・オレンジ —— 1/2枚
- マラスキーノ・チェリー —— 1個

材料Aをシェーク、グラスに入れてソーダで満たし、果実類を飾る。

砂漠で渇《かわ》いた喉《のど》を潤してくれるような爽《さわ》やかな甘口

デザート・ヒーラー

Desert Healer

13.1度 | 甘口 | ビルド | オール | タンブラー

ジンのキレ味に、チェリー・ブランデーとオレンジ・ジュースの甘酸っぱい飲み口。ジンジャー・エールの爽快《そうかい》さが喉の渇きを癒《いや》し、まさに「砂漠の治療師」という名前にふさわしい一杯。

Recipe

ドライ・ジン ―― 30mℓ
チェリー・ブランデー ―― 15mℓ
オレンジ・ジュース ―― 30mℓ
ジンジャー・エール ―― 適量

タンブラーに氷とドライ・ジンからオレンジ・ジュースまでの材料を注ぎ入れてステア。さらにジンジャー・エールで満たして軽くステアする。

世界No.1のマティーニを作る名手が手がけたオリジナル

デュークス・マティーニ

Dukes Martini

46.4度 | 辛口 | ビルド | 食前 | カクテル・グラス

「世界No.1のマティーニを作るバーテンダー」と評されたこともある、ロンドンはデュークス・ホテルのジルベルト・プレティ氏の作。冷えたジンとドライ・ベルモットの風味にレモンが香る一杯。

Recipe

タンカレー・ジン ―― 30mℓ
ドライ・ベルモット ―― 1dash
レモン・ピール ―― 1個
カシューナッツ ―― 適量
スタッフド・オリーブ ―― 適量

冷えたグラスにベルモット、ジンを順に注ぎ、レモン・ピールを絞り入れる。ナッツとオリーブを小皿で添える。

アマーロの苦みが効いた個性的スピリッツのハーモニー

トッティー

Tottie

32.3度 | 中辛口 | ビルド | 食前 | オールドファッションド・グラス

シチリア島生まれといわれるイタリアの代表的な苦み酒・アマーロと、辛口のドライ・ジン、スパイシーな風味のドライ・ベルモットが一体となり、独特な風味を放つ一杯。食前酒として愛飲されている。

Recipe

ドライ・ジン ―― 20mℓ
アマーロ ―― 20mℓ
ドライ・ベルモット ―― 20mℓ
オレンジ・ピール ―― 1個

氷を入れたオールドファッションド・グラスにドライ・ジンからドライ・ベルモットまでの材料を注ぎステア、そこにオレンジ・ピールを絞り入れる。

ミックス・ドリンクの創始者が生み出した爽快《そうかい》な一杯

トム・コリンズ

Tom Collins

10.9度 | 中口 | ビルド | オール | コリンズ・グラス

レモンとソーダが爽快な一杯。当初はミックス・ドリンクの創始者ジョン・コリンズの名が付けられたが、その後オールド・トム・ジンを使って人気を博し、トム・コリンズとも呼ばれるようになった。

Recipe

A ┌ オールド・トム・ジン ―― 45mℓ
A │ レモン・ジュース ―― 20mℓ
A └ シュガー・シロップ ―― 10mℓ
ソーダ ―― 適量
スライス・レモン ―― 1枚
マラスキーノ・チェリー ―― 1個

氷を入れたグラスに材料Aを入れて混ぜ、ソーダで8分目まで満たし、レモンとチェリーを飾る。

イタリアの伯爵が愛飲した、苦みの効いたアペリティフ

ネグローニ

Negroni

29度 | 中口 | ビルド | 食前 | オールドファッションド・グラス

カンパリの苦みが食欲を促すこのカクテルは、イタリアのカミーロ・ネグローニ伯爵が好んだというアペリティフ(食前酒)。伯爵の許しを得て1962年、フィレンツェの有名レストランで発表された。

Recipe

ドライ・ジン ―― 20mℓ
カンパリ ―― 20mℓ
スイート・ベルモット ―― 20mℓ
オレンジ・ピール ―― 1枚

氷を入れたグラスにドライ・ジン、カンパリ、スイート・ベルモットを直接注いでステアし、最後にオレンジ・ピールを入れる。

ノックアウトされそうな強烈な刺激と美味しさ

ノックアウト

Knockout

35.2度 | 辛口 | シェーク | オール | カクテル・グラス

1927年、世界ヘビー級ボクシングチャンピオンのジャック・デンプシーに勝利したジーン・タニーを祝して作られたカクテル。強い酒のペルノとジンをドライ・ベルモットに合わせた強力な一杯。

Recipe

ドライ・ジン ―― 30mℓ
ドライ・ベルモット ―― 20mℓ
ペルノ ―― 10mℓ
ホワイト・ミント・リキュール ―― 1tsp.

シェーカーにジン、ドライ・ベルモット、ペルノ、ホワイト・ミント・リキュールと氷を入れてシェークし、カクテル・グラスに注ぎ入れる。

バーテンダーの腕が試される複雑で上品な味わい

バーテンダー

Bartender

26.8度 中口 ステア 食前 カクテル・グラス

デュボネのふくよかな風味とベルモットの香味、グラン・マルニエの濃厚な味わいが、辛口のジンとマッチした一杯。複雑で上品な味を引き出すためには、文字どおりバーテンダーの腕が試される。

Recipe

ドライ・ジン	20mℓ
ドライ・ベルモット	20mℓ
デュボネ	20mℓ
グラン・マルニエ	1dash

ミキシング・グラスにすべての材料と氷を入れ、バー・スプーンでステアした後、ストレーナーをかぶせてカクテル・グラスに注ぎ入れる。

パラダイス(楽園)へと誘《いざな》う幸せ風味のカクテル

パラダイス

Paradise

29.5度 中甘口 シェーク オール カクテル・グラス

辛口のドライ・ジンにオレンジ・ジュースのほのかな酸味、アプリコット・ブランデーの甘みが加わった、フルーティーで奥深い味わい。その名のとおり、楽園に来たような幸せな気分を味わえる。

Recipe

ドライ・ジン	30mℓ
アプリコット・ブランデー	15mℓ
オレンジ・ジュース	15mℓ
マラスキーノ・チェリー	1個

シェーカーにマラスキーノ・チェリー以外の材料と氷を入れてシェークし、グラスに注ぎ入れ、グラスの底にマラスキーノ・チェリーを沈める。

トロピカル感覚いっぱいのフルーティーな味わいを満喫

ハワイアン

Hawaiian

32度 中口 シェーク オール カクテル・グラス

常夏のリゾート、ハワイの陽気な雰囲気をイメージさせるトロピカル・カクテル。オレンジ・ジュースにオレンジ・キュラソーを加え、オレンジの風味がふんだんに詰まったフルーティーな味わい。

Recipe

ドライ・ジン	40mℓ
オレンジ・キュラソー	1tsp.
オレンジ・ジュース	20mℓ

シェーカーにすべての材料(ドライ・ジン、オレンジ・キュラソー、オレンジ・ジュース)と氷を入れてシェークし、これをカクテル・グラスに注ぎ入れる。

口元の“ほくろ”のようなセクシーさを秘めた一杯

ビューティ・スポット

Beauty Spot

28.4度 / 中口 / シェーク / オール / カクテル・グラス

カクテル名のビューティ・スポットとは「つけぼくろ」のこと。グラスの底に沈むグレナデン・シロップの美しさは、まさにセクシーな口元のほくろのよう。口当たりがよく、女性にも人気のカクテル。

Recipe

タンカレー・ジン	30mℓ
ドライ・ベルモット	15mℓ
スイート・ベルモット	15mℓ
オレンジ・ジュース	1tsp.
グレナデン・シロップ	1/2tsp.

グレナデン・シロップ以外の材料をシェークしてグラスに注ぎ、グレナデン・シロップを静かに沈める。

ドライ・ジンをメインにした大人の味わいを堪能《たんのう》

ピンク・ジン

Pink Gin

46.9度 / 辛口 / ビルド / 食前 / カクテル・グラス

レシピのほとんどをジンが占める高アルコール度数、ピンクゴールドの色合いも魅惑的な大人のカクテル。アンゴスチュラ・ビターズをオレンジ・ビターズに替えたイエロー・ジンというカクテルもある。

Recipe

ドライ・ジン	60mℓ
アンゴスチュラ・ビターズ	2〜3dash

小さめのカクテル・グラスにアンゴスチュラ・ビターズを入れてグラスを回し、壁面をまんべんなく濡らす。余分なビターズは振り切って捨て、冷えたドライ・ジンを注ぎ入れる。グラスはシェリー・グラスでも可。

ロンドンで大ヒット舞台を記念して女優に送られたカクテル

ピンク・レディ

Pink Lady

24.1度 / 中甘口 / シェーク / オール / カクテル・グラス

1912年にロンドンでヒットした舞台「ピンク・レディ」にちなんで名付けられたカクテル。主演女優ヘイゼル・ドーンに捧げられたというが、美しいピンクの色合いは、まさに愛らしい女性のイメージ。

Recipe

ドライ・ジン	40mℓ
レモン・ジュース	10mℓ
グレナデン・シロップ	10mℓ
卵白	1/2個分

シェーカーにドライ・ジンとレモン・ジュース、グレナデン・シロップ、卵白と氷を入れてよくシェークし、これをカクテル・グラスに注ぎ入れる。

天使でなくても堕《お》ちてしまいそうな刺激的一杯

フォールン・エンジェル

Fallen Angel

38.8度 / 辛口 / シェーク / 食前 / カクテル・グラス

ドライ・ジンの鋭いキレ味にレモン・ジュースの酸味とミントの香りが加わった、アルコール度数の高い大人のカクテル。名前の意味は「堕天使《だてんし》」だが、天使ならずとも参ってしまいそうな刺激的一杯。

Recipe

ドライ・ジン ―― 50mℓ
ホワイト・ミント・リキュール ―― 2dash
アンゴスチュラ・ビターズ ―― 1dash
レモン・ジュース ―― 10mℓ

シェーカーにドライ・ジンからレモン・ジュースまでのすべての材料と氷を入れてシェークし、これをカクテル・グラスに注ぎ入れる。

メアリー王女の結婚を祝して作られたクリーミーなカクテル

プリンセス・メアリー

Princess Mary

23.7度 / 甘口 / シェーク / 食後 / カクテル・グラス

1922年、イギリスのメアリー王女とラッセル子爵《ししゃく》の結婚式の記念に作られた。深みのあるリキュールのクレーム・ド・カカオに濃厚な生クリームを合わせ、デザート感覚で飲めるクリーミーなカクテル。

Recipe

ドライ・ジン ―― 20mℓ
クレーム・ド・カカオ ―― 20mℓ
生クリーム ―― 20mℓ

シェーカーにすべての材料（ドライ・ジン、クレーム・ド・カカオ、生クリーム）と氷を入れてよくシェークし、これをカクテル・グラスに注ぎ入れる。

"完全なる愛"のリキュールが香る一杯は特別な人のために

ブルー・ムーン

Blue Moon

29.5度 / 中口 / シェーク / オール / カクテル・グラス

闇夜に浮かぶ青い月をイメージさせるカクテル。「飲む香水」ともいわれるパルフェ・タムールをジンに合わせた芳《かぐわ》しい一杯。パルフェ・タムールはフランス語で「完全なる愛」という意味をもつ。

Recipe

ドライ・ジン ―― 30mℓ
パルフェ・タムール ―― 15mℓ
レモン・ジュース ―― 15mℓ
レモン・ピール ―― 1個

シェーカーにレモン・ピール以外の材料と氷を入れてシェークし、カクテル・グラスに注ぎ入れ、そこにレモン・ピールを絞り入れる。

戦争の勝利を祈って作られた"大砲"の名をもつカクテル

フレンチ75

French 75

19度 ｜ 中辛口 ｜ シェーク ｜ オール ｜ シャンパン・グラス(フルート)

第一次世界大戦中にパリで生まれたカクテルで、その名は当時最新鋭の75mm口径の大砲に由来する。辛口のジン特有の風味をレモン・ジュースが包み込み、フレッシュな美味しさに仕上がっている。

Recipe

- ドライ・ジン ―― 45mℓ
- シャンパン ―― 適量
- レモン・ジュース ―― 20mℓ
- シュガー・シロップ ―― 1tsp.

シャンパン以外の材料をシェーク、グラスに注ぎシャンパンで満たす。ジンの代わりにバーボンやブランデーを使ったアレンジもある。

さまざまなアレンジで愛飲されてきたアメリカン・カクテル

ブロンクス

Bronx

29度 ｜ 中口 ｜ シェーク ｜ オール ｜ カクテル・グラス

Bronxは動物園などで有名なニューヨーク市北部の街。古くから有名なカクテルで、アレンジも豊富。2種類のベルモットを掛け合わせた芳醇《ほうじゅん》な味わいとオレンジ・ジュースの甘みが口中に広がる。

Recipe

- ドライ・ジン ―― 30mℓ
- ドライ・ベルモット ―― 10mℓ
- スイート・ベルモット ―― 10mℓ
- オレンジ・ジュース ―― 10mℓ

すべての材料と氷をシェークし、グラスに注ぐ。ドライにしたり、卵黄を入れてクリーミーにしたりといったアレンジもある。

リゾートの香り満載のトロピカル・テイスト

ホノルル

Honolulu

43.5度 ｜ 辛口 ｜ シェーク ｜ 食前 ｜ カクテル・グラス

美しい砂浜と青い海が観光客に人気のリゾート、ハワイ・ホノルルの名が付いたカクテル。味もドライ・ジンのキリッとした喉《のど》ごしに南国フルーツのテイストをふんだんに加えたトロピカル風味。

Recipe

- ドライ・ジン ―― 50mℓ
- アンゴスチュラ・ビターズ ―― 1dash
- オレンジ・ジュース ―― 1dash
- パイナップル・ジュース ―― 1dash
- レモン・ジュース ―― 1dash
- シュガー・シロップ ―― 1dash

シェーカーにすべての材料と氷を入れてシェークし、グラスに注ぐ。フルーツで飾り付けてもよい。

白いドレスを纏《まと》った貴婦人をイメージさせる一杯

ホワイト・レディ

White Lady

33.5度　中辛口　シェーク　オール　カクテル・グラス

白く透き通るような淡い色合いが、純白のドレスを纏った貴婦人を思わせるカクテル。ジンのキレ味にホワイト・キュラソーの繊細な甘みとレモン・ジュースの酸味がマッチした艶《つや》のある味わい。

Recipe

ドライ・ジン	30mℓ
ホワイト・キュラソー	15mℓ
レモン・ジュース	15mℓ

シェーカーにすべての材料（ドライ・ジン、ホワイト・キュラソー、レモン・ジュース）と氷を入れてシェークし、カクテル・グラスに注ぎ入れる。

グラスに広がる白いバラは、見た目も味わいも上品で繊細

ホワイト・ローズ

White Rose

27度　中口　シェーク　オール　カクテル・グラス

グラスに浮かんだ卵白の泡が白いバラのような華やかさを演出。柑橘系ジュースに加えてマラスキーノの繊細な風味が上品な味わいを醸《かも》し出し、口当たりもよく女性に好まれる一杯に仕上がっている。

Recipe

ドライ・ジン	40mℓ
マラスキーノ	15mℓ
オレンジ・ジュース	1tsp.
レモン・ジュース	1tsp.
卵白	1/2個分

シェーカーにすべての材料と氷を入れて、十分にシェークし、これを大型のカクテル・グラスに注ぎ入れる。

ジェームズ・ボンドが愛飲した超・刺激的なマティーニ

ボンド・マティーニ

Bond Martini

43.3 度　辛口　シェーク　食前　カクテル・グラス

ジェームズ・ボンドが映画「007シリーズ」の『カジノ・ロワイヤル』で愛飲していたマティーニ。ゴードン・ジン90mℓにウオッカ30mℓを加えた強烈な辛さに、高いアルコール度数を誇る刺激的な一杯。

Recipe

ゴードン・ジン	90mℓ
ウオッカ	30mℓ
リレ・ブラン	10mℓ
レモン・ピール	適量

シェーカーにレモン・ピール以外の材料と氷を入れてシェーク。これを大型のカクテル・グラスに注ぎ、レモン・ピールを入れる。

言わずと知れた、カクテルの“王様”

マティーニ

Martini

42.2度 / 辛口 / ステア / 食前 / カクテル・グラス

ジンとベルモットの香味が爽《さわ》やかに味わえる「カクテルの王様」。時代とともにドライな味が好まれるようになり、今では辛口カクテルの代名詞となっている。レシピはホテルやバーによって異なる。

Recipe

ドライ・ジン	50mℓ
ドライ・ベルモット	10mℓ
スタッフド・オリーブ	1個

ミキシング・グラスに氷とジン、ベルモットを入れてステアし、カクテル・グラスに注ぎ入れ、カクテル・ピンに刺したオリーブを入れる。好みでレモン・ピールをふる場合もある。

日本で生まれ世界に広まったリッチな味わいのカクテル

ミリオン・ダラー

Million Dollar

20.2度 / 中甘口 / シェーク / オール / シャンパン・グラス(ソーサー)

「100万ドルのカクテル」という名前にふさわしいリッチな味わいのカクテル。横浜グランド・ホテルのルイス・エッピンガー氏の作で、さらに銀座のカフェ・ライオンで振る舞われ、世界的に広まった。

Recipe

A	ドライ・ジン	45mℓ
A	スイート・ベルモット	15mℓ
A	パイナップル・ジュース	15mℓ
A	グレナデン・シロップ	1tsp.
A	卵白	1個分
	カット・パイナップル	1枚

材料Aを十分にシェークしてグラスに注ぎ、カット・パイナップルを飾る。

cocktail column

ジェームズ・ボンドが愛したマティーニ

ボンド・マティーニは別名「ヴェスパー」ともいう。ヴェスパーとは、『007 カジノ・ロワイヤル』でジェームズ・ボンドが愛した女性の名前だ。カクテルはジンとウオッカ、キナ・リレをシェークして作る。そのため、「マティーニ」とはいっても、ジンとドライ・ベルモットをステアし、オリーブの実を添えるオーソドックスなマティーニとは異なる。実際は、ヴェスパーだけが「ボンド・マティーニ」というわけではない。例えばボンドの有名なセリフ“Vodka Martini. Shaken, not stirred”.(「ウオッカ・マティーニを。ステアせずにシェイクで」)は、ヴェスパーとは別物のカクテルを指している。

Vodka Base
Cocktails
{ウオッカ・ベース}

ウオッカは、カクテルで主に使われる無色でクセのないレギュラー・タイプと、
フルーツやハーブなどの香りを付けたフレーバード・タイプに大別できる。
カクテルにフレーバード・タイプを使うとマイルドな仕上がりになる。

その彩りと爽《さわ》やかさでアクア・マリンの気分に浸る

アクア

Aqua

8.9度 | 中口 | シェーク | オール

シャンパン・グラス(フルート)

エメラルドグリーンの色味と、立ち上る気泡に彩られ、宝石のような美しさを放つカクテル。ミントの香りに加え、ライムの酸味とトニック・ウォーターが爽やかに喉《のど》を潤す。

Recipe

ウオッカ——30mℓ
グリーン・ミント・リキュール——20mℓ
ライム・ジュース——10mℓ
トニック・ウォーター——適量

トニック・ウォーター以外の材料をシェーク、シャンパン・グラスに注ぎ、冷えたトニック・ウォーターで満たす。

理想郷を訪れたような気分にさせる豊かで甘美な味わい

アルカディア

Arcadia

15.4度 | 甘口 | シェーク | 食後 | カクテル・グラス

アルカディアとはギリシャの「理想郷」を意味する言葉。その名が示すとおり、生クリームや卵黄を使って甘く濃厚に仕上げた豊かな美味しさは、飲む人を理想郷を訪れたような気分にしてくれる。

Recipe

A	フィンランディア・ウオッカ	20mℓ
A	コーヒー・リキュール	10mℓ
A	メロン・リキュール	10mℓ
A	生クリーム	20mℓ
A	卵黄	1個分
	チョコレート（削ったもの）	適量
	ミント・リーフ	適量

材料Aをシェークしてグラスに注ぎ、チョコレートとミント・リーフを飾る。

さまざまなフルーツが織りなす奥深く爽《さわ》やかな飲み口

アンジェロ

Angelo

19.1度 | 中甘口 | シェーク | オール | ゴブレット

ウオッカに加え、数十種類の果実とハーブを配合した甘口リキュールのサザン・カンフォート、風味豊かなガリアーノ、さらには果実系のジュースで深い味わいと爽やかな飲み口に仕上がった一杯。

Recipe

ウオッカ	30mℓ
サザン・カンフォート	10mℓ
ガリアーノ	1tsp.
オレンジ・ジュース	20mℓ
パイナップル・ジュース	20mℓ
スライス・オレンジ	1枚

スライス・オレンジ以外の材料をシェーク、これをゴブレットに注ぎ、スライス・オレンジを飾る。

オレンジのリキュールが効いたフルーティーな味わい

イエロー・フェロー

Yellow Fellow

20度 | 中甘口 | シェーク | オール | カクテル・グラス

ウオッカに、オレンジのリキュールであるホワイト・キュラソーとパイナップル・ジュースのフルーティーな味わいが加味されたカクテル。ジューシーな飲み口、アルコール度数も控えめで女性に人気。

Recipe

ウオッカ	20mℓ
ホワイト・キュラソー	10mℓ
パイナップル・ジュース	30mℓ

シェーカーにすべての材料（ウオッカ、ホワイト・キュラソー、パイナップル・ジュース）と氷を入れてシェークし、カクテル・グラスに注ぎ入れる。

スクリュードライバーをアップル・テイストに仕上げた一杯

ウオッカ・アップル・ジュース

Vodka Apple Juice

13.3度 ／ 中甘口 ／ ビルド ／ オール ／ コリンズ・グラス

同じウオッカ・ベースのカクテルであるスクリュードライバー(112ページ参照)のバリエーションで、オレンジ・ジュースをアップル・ジュースに替えたもの。別名ビッグ・アップル。まろやかな甘みが増している。

Recipe

ウオッカ ―― 45mℓ
アップル・ジュース ―― 適量

氷を入れたコリンズ・グラスにウオッカとアップル・ジュースを入れてステアする。デコレーションとして薄めのクシ切りや飾り切りにしたリンゴを飾ってもよい。

ギブソンとともにアメリカで人気の辛口カクテル

ウオッカ・ギブソン

Vodka Gibson

36.3度 ／ 辛口 ／ ステア ／ 食前 ／ カクテル・グラス

ジン・ベースで作られたギブソン(88ページ参照)のベースを、ジンよりもプレーンな風味のウオッカにした辛口カクテル。ギブソンはマティーニ(103ページ参照)のバリエーションのひとつでもある。

Recipe

ウオッカ ―― 50ml
ドライ・ベルモット ―― 10ml
パール・オニオン ―― 1個

ウオッカとドライ・ベルモットをミキシング・グラスに入れて氷と一緒にステア、これをカクテル・グラスに注ぎ、カクテル・ピンに刺したパール・オニオンを飾る。

ベースをウオッカに替えたソフトな飲み口のマティーニ

ウオッカ・マティーニ

Vodka Martini

36.3度 ／ 辛口 ／ ステア ／ 食前 ／ カクテル・グラス

マティーニ(103ページ参照)のベースをドライ・ジンからウオッカに替えたカクテルで、ジン・ベースのマティーニよりも味わいはソフト。「カンガルー」や「ウオッカティーニ」とも呼ばれる。

Recipe

ウオッカ ―― 50mℓ
ドライ・ベルモット ―― 10mℓ
スタッフド・オリーブ ―― 1個

ミキシング・グラスにウオッカとドライ・ベルモットを入れて氷と一緒にステア、これをカクテル・グラスに注ぎ、カクテル・ピンに刺したスタッフド・オリーブを飾る。

ライムの酸味に炭酸の喉《のど》ごしが暑い季節に渇《かわ》きを癒《いや》す

ウオッカ・リッキー

Vodka Rickey

13.3度　辛口　ビルド　オール　タンブラー

「リッキー」とは、スピリッツにライムの果肉とソーダを加えて作るカクテルのスタイルのこと。ライムを潰《つぶ》して酸味を調整しながら飲んでもよい。爽《さわ》やかな喉ごしで、暑い季節に最適な一杯。

Recipe

ウオッカ ―― 45mℓ
ソーダ ―― 適量
カット・ライム ―― 1/2個

タンブラーにライムを搾り入れ、氷を加えてウオッカを注ぎ、冷えたソーダで満たしてマドラーを添える。ライムを入れないとウオッカ・ソーダというカクテルになる。

ウオッカとドライ・シェリーが生み出すスッキリした辛口

オールド・イングランド

Old England

27.5度　辛口　ステア　食前　カクテル・グラス

ウオッカとドライ・シェリーを同量で合わせてすっきりとした辛口に仕上げた、食前酒としても愛飲される一杯。シンプルだが透明感のある見た目が洗練された印象を与える大人のカクテルだ。

Recipe

ウオッカ ―― 30mℓ
ドライ・シェリー ―― 30mℓ

ミキシング・グラスにウオッカとドライ・シェリーを入れて、氷と一緒にバー・スプーンでステアする。これにストレーナーをかぶせ、カクテル・グラスに注ぎ入れる。

吹き抜ける風のようにさっぱりとした辛口カクテル

神風

Kamikaze

26.7度　中辛口　シェーク　オール　オールドファッションド・グラス

辛口のウオッカにホワイト・キュラソーの香味とライム・ジュースの酸味を合わせた、さっぱりとした飲み口のカクテル。その名は太平洋戦争における日本海軍の神風特攻隊に由来するともいわれる。

Recipe

ウオッカ ―― 20mℓ
ホワイト・キュラソー ―― 20mℓ
ライム・ジュース ―― 20mℓ

シェーカーにウオッカ、ホワイト・キュラソー、ライム・ジュースと氷を入れてシェークし、氷を入れたオールドファッションド・グラスにこれを注ぎ入れる。

南国の海に沈む夕日を思わせる色彩とトロピカルな味わい

カリビアン・クルーズ

Caribbean Cruise

19.7度 / 甘口 / シェーク / オール / カクテル・グラス

パイナップルやバナナ、ココナッツなど南国の風味が凝縮されたカクテルで、見た目も海に沈む夕日のように美しくトロピカルムード満載。カリブの海をクルーズしているような気分へと誘《いざな》ってくれる。

Recipe

ウオッカ	20mℓ
ココナッツ・リキュール	10mℓ
グリーン・バナナ・リキュール	10mℓ
パイナップル・ジュース	20mℓ
マラスキーノ・チェリー	1個

マラスキーノ・チェリー以外の材料をシェークしてカクテル・グラスに注ぎ、マラスキーノ・チェリーを沈める。

ジャズの名曲タイトルに由来する魅惑的カクテル

キス・オブ・ファイヤー

Kiss of Fire

25.8度 / 中辛口 / シェーク / オール / カクテル・グラス

1955年、第5回オールジャパン・ドリンクス・コンクールで優勝した石橋賢二氏の作品。スロー・ジンのベリー系の甘酸っぱさとドライ・ベルモットのフレーバー感が、魅惑的な味を醸《かも》し出す。

Recipe

ウオッカ	20mℓ
スロー・ジン	20mℓ
ドライ・ベルモット	20mℓ
レモン・ジュース	1tsp
砂糖	適量

砂糖以外の材料をシェークし、エッジを砂糖でスノー・スタイルにしたカクテル・グラスに注ぎ入れる。

透き通った真っ青な海をイメージさせるその味と香り

グリーン・シー

Green Sea

29.8度 / 中辛口 / ステア / オール / カクテル・グラス

グリーン・ミント・リキュールの放つ鮮やかな色彩と爽《さわ》やかな香りが、真っ青な海を連想させるカクテル。ウオッカとドライ・ベルモットの辛みとミントが調和してライトな飲み口に仕上がっている。

Recipe

ウオッカ	30mℓ
ドライ・ベルモット	15mℓ
グリーン・ミント・リキュール	15mℓ

ミキシング・グラスにウオッカとドライ・ベルモット、グリーン・ミント・リキュールと氷を入れてステアし、これにストレーナーをかぶせてカクテル・グラスに注ぎ入れる。

清涼感と甘みがほどよくマッチしたディジェスティフ

グリーン・スパイダー

Green Spider

35.3度 / 中甘口 / シェーク / 食後 / カクテル・グラス

グリーン・ミント・リキュールは、スッキリした味わいに加えて消化も促進するため、ディジェスティフ(食後酒)として愛飲される。清涼感とウオッカ特有のパンチの効いた風味がマッチした一杯。

Recipe

ウオッカ――45㎖
グリーン・ミント・リキュール――15㎖

シェーカーにウオッカとグリーン・ミント・リキュール、氷を入れてシェークし、これをカクテル・グラスに注ぎ入れる。

イチゴの味わいと鮮やかな色合いを存分に引き出した一杯

ゴーリキー・パーク

Gorky Park

25.7度 / 中甘口 / ブレンド / オール / シャンパン・グラス(ソーサー)

イチゴを丸ごとクラッシュド・アイスとブレンドし、シェークのようにデザート感覚で飲めるカクテル。鮮やかなピンクの色合いと、グラスのエッジに飾ったフレッシュなイチゴの赤色が何とも可愛らしい。

Recipe

ウオッカ――45㎖
グレナデン・シロップ――2tsp.
イチゴ――1個
イチゴ(飾り用)――1個

バー・ブレンダーに飾り用のイチゴ以外の材料とクラッシュド・アイスを入れブレンド。グラスに注ぎ入れ、飾り用のイチゴをエッジに飾る。

無敵を誇ったロシアの騎兵隊をイメージさせる力強さ

コザック

Cossack

30.8度 / 中辛口 / シェーク / オール / カクテル・グラス

コザックとは帝政ロシア時代の騎兵隊のことで、その意味は「豪胆《ごうたん》な者」というトルコ語に由来する。ウオッカとブランデーという強力な辛口の組み合わせは、無敵を誇った騎兵隊をイメージさせる。

Recipe

ウオッカ――30㎖
ブランデー――20㎖
ライム・ジュース――10㎖
シュガー・シロップ――1tsp.

シェーカーに4種類すべての材料と氷を入れてシェークし、これをカクテル・グラスに注ぐ。

果実系リキュールと2種類のフルーツでフルーティーに

コスモポリタン

Cosmopolitan

26.7度 | 中口 | シェーク | オール | カクテル・グラス

果実系リキュールを代表するホワイト・キュラソーのオレンジの香味が、2種類のフルーツの風味とマッチしたフルーティーな味わいのカクテル。名前どおり「全世界」で多くの人に受け入れられる味わい。

Recipe

- ウオッカ ―― 30mℓ
- ホワイト・キュラソー ―― 10mℓ
- ライム・ジュース ―― 10mℓ
- クランベリー・ドリンク ―― 10mℓ

シェーカーに4種類すべての材料と氷を入れてシェークし、これをカクテル・グラスに注ぐ。

辛口ウオッカにアーモンド・フレーバーのほのかな甘み

ゴッドマザー

Godmother

36度 | 甘口 | ビルド | 食後 | オールドファッションド・グラス

辛口のウオッカの中にアーモンド・フレーバーのアマレットのほのかな甘みが感じられるカクテル。ゴッドファーザー（154ページ参照）のバリエーションだが、アマレットの甘みはこちらの方が生きる。

Recipe

- ウオッカ ―― 40mℓ
- アマレット ―― 20mℓ

氷を入れたオールドファッションド・グラスにウオッカ、アマレットを注ぎ入れ、軽くステアする。ベースを替えるとゴッドファーザー（154ページ参照）、フレンチ・コネクション（177ページ参照）などになる。

フルーツ・フレーバーが凝縮された元気の出るカクテル

サザン・バンガー

Southern Banger

11.2度 | 甘口 | ビルド | オール | タンブラー

ウオッカとオレンジ・ジュースの組み合わせに、さまざまなフルーツ・フレーバーとハーブで作られたリキュール、サザン・カンフォートのほのかな甘みが生きた、フルーティーで元気の出るカクテル。

Recipe

- ウオッカ ―― 30mℓ
- サザン・カンフォート ―― 15mℓ
- オレンジ・ジュース ―― 適量

氷を入れたタンブラーにウオッカとオレンジ・ジュースを入れてバー・スプーンでステア、さらにサザン・カンフォートをフロートさせる。

アメリカ西海岸生まれのさっぱりしたフルーツ・カクテル

シー・ブリーズ

Sea Breeze

10度 ／ 中口 ／ シェーク ／ オール ／ コリンズ・グラス

名前は「海のそよ風」の意味。ウオッカとクランベリー・ドリンクで作ったカクテルにケープ・コッダーがあるが、シー・ブリーズはそこにグレープフルーツを加え、さっぱりした味わいになっている。

Recipe

- ウオッカ ―― 30mℓ
- クランベリー・ドリンク ―― 45mℓ
- グレープフルーツ・ジュース ―― 45mℓ

シェーカーにウオッカ、クランベリー・ドリンク、グレープフルーツ・ジュースと氷を入れてシェークし、コリンズ・グラスに注ぐ。好みでランの花を飾ってもよい。

放浪《ほうろう》の民「ジプシー」をイメージした独特の味わい

ジプシー

Gypsy

40.1度 ／ 中辛口 ／ シェーク ／ オール ／ カクテル・グラス

ヨーロッパを放浪する「ジプシー」の名が付いたカクテル。ウオッカに加え甘くスパイシーなベネディクティン・DOMの風味の中に、アンゴスチュラ・ビターズの苦みがアクセントとなっている。

Recipe

- ウオッカ ―― 45mℓ
- ベネディクティン・DOM ―― 15mℓ
- アンゴスチュラ・ビターズ ―― 1dash

シェーカーにウオッカ、ベネディクティン・DOM、アンゴスチュラ・ビターズと氷を入れてシェークし、これをカクテル・グラスに注ぎ入れる。

力強い辛口のアルコールをオレンジの風味がやさしく包む

シルバー・ウィング

Silver Wing

34.5度 ／ 中辛口 ／ ステア ／ 食前 ／ カクテル・グラス

辛口のウオッカとドライ・ベルモットの香味を、オレンジ・リキュールのホワイト・キュラソーがやさしく包み込み、飲みやすい口当たりに仕上げている。その名のとおり銀色に輝く色彩も美しい一杯。

Recipe

- ウオッカ ―― 30mℓ
- ホワイト・キュラソー ―― 15mℓ
- ドライ・ベルモット ―― 15mℓ

ミキシング・グラスにウオッカ、ホワイト・キュラソー、ドライ・ベルモットと氷を入れてステア、これにストレーナーをかぶせ、カクテル・グラスに注ぎ入れる。

油田の作業員が考えたウオッカとオレンジ・ジュースの配合

スクリュードライバー

Screwdriver

13.3度　中口　ビルド　オール　タンブラー

ウオッカをオレンジ・ジュースと混ぜる飲み方を考えたのは、イランの油田で働いていたアメリカ人たちといわれる。彼らが首からねじ回し（スクリュードライバー）をさげていたことから、この名が付いた。

Recipe

ウオッカ —— 45mℓ
オレンジ・ジュース —— 適量
スライス・オレンジ —— 1/2枚

タンブラーに氷を入れ、ウオッカを注いで、オレンジ・ジュースで満たし、ステアしてスライス・オレンジを飾る。さらにマドラーを添えるのは、ねじ回しでカクテルを混ぜていた名残り。

ハンマーで叩かれたようなウオッカのインパクト

スレッジ・ハンマー

Sledge Hammer

27.7度　辛口　シェーク　食前　カクテル・グラス

シンプルなレシピで、ウオッカ本来の味が楽しめる一杯。「スレッジ・ハンマー」とは、両手で振り下ろすような大きな金槌《かなづち》のこと。一口飲むと、まさにこの大槌で叩かれたようなインパクトがある。

Recipe

ウオッカ —— 45mℓ
ライム・ジュース —— 15mℓ
シュガー・シロップ —— 1tsp.

シェーカーにウオッカとライム・ジュース、シュガーシロップと氷を入れてシェークし、これをカクテル・グラスに注ぐ。

映画『カクテル』で有名になった情熱的カクテル

セックス・オン・ザ・ビーチ

Sex on the Beach

9.4度　甘口　シェーク　オール　コリンズ・グラス

映画『カクテル』（主演・トム・クルーズ）に登場し、日本でも有名になったカクテル。果実系リキュールのミドリ、フランボアーズがパイナップル・ジュースとバランスよくミックスされたフルーティーな一杯。

Recipe

ウオッカ —— 15mℓ
ミドリ —— 20mℓ
クレーム・ド・フランボワーズ —— 10mℓ
パイナップル・ジュース —— 80mℓ

シェーカーにすべての材料と氷を入れてシェークし、コリンズ・グラスに注ぐ。シェークせず材料を直接注いでステアしてもよい。

ソルト・スノー・スタイルの美しさを代表するカクテル

ソルティ・ドッグ

Salty Dog

10.9度 / 中口 / ビルド / オール / コリンズ・グラス

ソルティ・ドッグとは、「船の甲板員」を指すスラングで、もともとのレシピはジン・ベースだった。スノー・スタイルがアクセントとなって見た目も美しい。カットしたグレープフルーツを飾ってもよい。

Recipe

ウオッカ	45mℓ
グレープフルーツ・ジュース	適量
塩	適量

グラスのエッジをレモンで塗らし、平らな皿に広げた塩をつけてスノー・スタイルにする。このグラスに氷を入れ、ウオッカ、グレープフルーツ・ジュースを注ぎ入れ、ステアする。

ソルティ・ドッグに炭酸を加えて乾いた喉《のど》に爽《さわ》やか

ソルト・リック

Salt Lick

10度 / 中口 / ビルド / 食前 / コリンズ・グラス

ソルティ・ドッグ（上記参照）と同じ材料に、トニック・ウォーターを注ぎ入れて作るカクテル。炭酸の刺激が喉を心地よく潤し、飲みやすくて飽きのこない爽やかな一杯に仕上がっている。

Recipe

ウオッカ	30mℓ
グレープフルーツ・ジュース	45mℓ
トニック・ウォーター	45mℓ
塩	適量

塩でスノー・スタイルにしたグラスに氷とウオッカ、グレープフルーツ・ジュースを入れステア、トニック・ウォーターを注ぎ軽くステアする。

ともに飲めば友情も深まりそうな「仲間」という名のカクテル

タワリッシ

Tovarich

28度 / 中辛口 / シェーク / オール / カクテル・グラス

タワリッシの意味は、ロシア語で「仲間」。ともに飲めば友情も深まりそうなネーミングだ。ウオッカに甘い香草リキュールのキュンメルを合わせ、ライムの酸味を効かせた爽《さわ》やかな味わいのカクテル。

Recipe

ウオッカ	30mℓ
キュンメル	15mℓ
ライム・ジュース	15mℓ

シェーカーにウオッカ、キュンメル、ライム・ジュースと氷を入れてシェークし、これをカクテル・グラスに注ぎ入れる。

ハワイ生まれの“粋《いき》な”トロピカル・ドリンク

チチ

Chi-Chi

7.7度 | 甘口 | シェーク | オール | ゴブレット

チチとは「粋な」「スタイリッシュな」といった意味のスラング。季節のフルーツを飾ったり、彩りでミント・リーフを飾ったりしてもよい。

Recipe

ウオッカ	30mℓ
パイナップル・ジュース	80mℓ
ココナッツ・ミルク	45mℓ
カット・パイナップル	1枚
スライス・オレンジ	数枚
マラスキーノ・チェリー	1個
ランの花	1個

ココナッツ・ミルクまでの材料をシェークしてクラッシュド・アイスを詰めたグラスに注ぎ、フルーツとランの花を飾って、ストローを添える。

「皇后《こうごう》」という名にふさわしいその味わいと装い

ツアリーヌ

Czarine

30.7度 | 中辛口 | シェーク | オール | カクテル・グラス

ツアリーヌとは帝政ロシア時代の「皇后」のこと。辛口のウオッカとドライ・ベルモットの芳《かぐわ》しい味わいにアプリコットの芳醇《ほうじゅん》な甘さが加わり、その上品な見た目と味わいが高貴な雰囲気を感じさせる。

Recipe

ウオッカ	30mℓ
ドライ・ベルモット	15mℓ
アプリコット・ブランデー	15mℓ
アンゴスチュラ・ビターズ	1dash

ウオッカ、ドライ・ベルモット、アプリコット・ブランデー、アンゴスチュラ・ビターズを氷と一緒にシェークし、グラスに注ぐ。

チョコレートケーキのような味わいが楽しめる甘口の一杯

バーバラ

Barbara

26度 | 甘口 | シェーク | 食後 | カクテル・グラス

バーバラは女性の名前。ルシアン(122ページ参照)をアレンジしたもので、「ルシアン・ベア」とも呼ばれる。クレーム・ド・カカオと生クリームの組み合わせは、チョコレートケーキのような味わいを演出。

Recipe

ウオッカ	30mℓ
クレーム・ド・カカオ	15mℓ
生クリーム	15mℓ

シェーカーにウオッカ、クレーム・ド・カカオ、生クリームと氷を入れて十分にシェークし、これをカクテル・グラスに注ぎ入れる。

ウオッカとフルーツ・ジュースの情熱的組み合わせ

パープル・パッション

Purple Passion

10度　中甘口　ビルド　オール　コリンズ・グラス

ウオッカの刺激とアルコール感は残しつつ、2種類のフルーツ・ジュースを合わせることで、さっぱりとした甘みと酸味も感じられるカクテル。「紫の情熱」という名にふさわしく情熱的な一杯。

Recipe

ウオッカ	40mℓ
グレープ・ジュース	60mℓ
グレープフルーツ・ジュース	60mℓ

氷を入れたコリンズ・グラスにすべての材料（ウオッカ、グレープ・ジュース、グレープフルーツ・ジュース）を入れ、バー・スプーンでステアする。

“壁叩きのハーベイ”と呼ばれたサーファーが好んだ一杯

ハーベイ・ウォールバンガー

Harvey Wallbanger

13.5度　甘口　ビルド　オール　コリンズ・グラス

カリフォルニアのサーファー、ハーベイがサーフィン大会で負けた失意を紛らわすために飲んだというカクテル。彼が酔って壁を叩きながら帰ったことから「壁叩きのハーベイ」という名が付いたとか。

Recipe

ウオッカ	45mℓ
ガリアーノ	2tsp.
オレンジ・ジュース	適量

氷を入れたグラスにウオッカとオレンジ・ジュースを注ぎ、バー・スプーンで軽くステアする（スクリュードライバーのレシピと同じ）。そこにガリアーノを浮かべる。

ウオッカ・ベースの“元祖”パナシェ

パナシェ

Panache

30度　中甘口　シェーク　オール　カクテル・グラス

パナシェはフランス語で「混ぜる」という意味だが、ベルモットとチェリー・ブランデーの風味はしっかり生きている。ビール・ベースの同名カクテルもあるが、ウオッカ・ベースが元祖といわれる。

Recipe

ウオッカ	30mℓ
ドライ・ベルモット	20mℓ
チェリー・ブランデー	10mℓ
マラスキーノ・チェリー	1個

マラスキーノ・チェリー以外の材料を氷と一緒にシェーク、グラスに注ぎ、カクテル・ピンに刺したマラスキーノ・チェリーを沈める。

弦楽器が奏でる音色のような透明感ある口当たり

バラライカ

Balalaika

30度 | 中辛口 | シェーク | オール | カクテル・グラス

バラライカとはギターに似たロシアの民族楽器。ウオッカにホワイト・キュラソーとレモン・ジュースの組み合わせは口当たりがよく切れ味があって、まさにバラライカの涼しい音色をイメージさせる。

Recipe

ウオッカ	30mℓ
ホワイト・キュラソー	15mℓ
レモン・ジュース	15mℓ

すべての材料をシェークしてグラスに注ぐ。ベースを替えると、別のカクテルになる（ラム→エックス・ワイ・ジィ、テキーラ→マルガリータ、ジン→ホワイト・レディ）。

多くのバリエーションをもつコーヒーの香り豊かな一杯

ブラック・ルシアン

Black Russian

33.3度 | 中甘口 | ビルド | オール | オールドファッションド・グラス

ウオッカに香ばしい風味のコーヒー・リキュールを合わせたカクテルで、1950年にベルギーのメトロポール・ホテルで考案された。ダーティー・マザー（172ページ参照）などバリエーションも豊富。

Recipe

ウオッカ	40mℓ
コーヒー・リキュール	20mℓ

氷を入れたグラスにウオッカとコーヒー・リキュールを注ぎ、バー・スプーンで軽くステアする。また、シェーカーにすべての材料と氷を入れてシェークする処方もあり、口当たりがまろやかに仕上がる。

果物や野菜のエキスが豊富で栄養価の高いカクテル

ブラッディー・シーザー

Bloody Cesar

10.9度 | 中口 | ビルド | オール | コリンズ・グラス

ブラッディー・メアリー（117ページ参照）のトマト・ジュースの代わりにクラマト・ジュース（トマト・ジュースにハマグリのエキスを入れたもの）を使用。好みでタバスコ、ウスターソース、塩、コショウを加えてもよい。

Recipe

ウオッカ	45mℓ
クラマト・ジュース	適量
カット・レモン	1個
スティック・セロリ	1本

氷を入れたグラスにウオッカとクラマト・ジュースを入れてステア、エッジにカット・レモンを飾りスティック・セロリを添える。

二日酔いにも効果の高い、ダークな歴史を物語るカクテル

ブラッディー・メアリー

Bloody Mary

10.9度 | 中口 | ビルド | オール | コリンズ・グラス

ブラッディー・メアリー(血まみれのメアリー)の名は16世紀にプロテスタントを迫害したイングランド女王、メアリー1世に由来。好みでタバスコ、ウスターソース、塩、コショウを追加してもよい。

Recipe

- ウオッカ —— 45mℓ
- トマト・ジュース —— 適量
- カット・レモン —— 1個
- スティック・セロリ —— 1本

氷を入れたグラスにウオッカとトマト・ジュースを入れてステア、エッジにカット・レモンを飾りスティック・セロリを添える。

水浴びをするフラミンゴのような優雅さをたたえた一杯

フラミンゴ・レディ

Flamingo Lady

16度 | 中甘口 | シェーク | オール | サワー・グラス

ピーチ・リキュールの豊かな甘みに、果実のフルーティーな香りが爽《さわ》やかなカクテル。グラスを砂糖で飾ったコーラル・スタイルも美しく、サーモン・ピンクの色彩はまさにフラミンゴのような優雅さ。

Recipe

- ウオッカ —— 20mℓ
- ピーチ・リキュール —— 20mℓ
- パイナップル・ジュース —— 20mℓ
- レモン・ジュース —— 10mℓ
- グレナデン・シロップ —— 1tsp.
- 砂糖 —— 適量

グレナデン・シロップと砂糖でコーラル・スタイルにしたグラスに、砂糖以外の材料をシェークして注ぐ。

月曜日の憂うつを吹き飛ばす爽《さわ》やかな色合いと味わい

ブルー・マンデー

Blue Monday

38.8度 | 中辛口 | シェーク | 食前 | カクテル・グラス

青い海と空をイメージさせる鮮やかな色合いと、辛口のウオッカに2種類のオレンジ・リキュールを加えたスッキリした味わい。“憂うつな月曜日”でも気分を晴れやかにしてくれるような爽やかな一杯だ。

Recipe

- ウオッカ —— 45mℓ
- ホワイト・キュラソー —— 15mℓ
- ブルー・キュラソー —— 1tsp.

シェーカーにすべての材料(ウオッカ、ホワイト・キュラソー、ブルー・キュラソー)と氷を入れてシェークし、カクテル・グラスに注ぎ入れる。

南国リゾートの海を思わせる鮮やかで清涼感ある色彩

ブルー・ラグーン

Blue Lagoon

24度 / 中口 / シェーク / オール / ゴブレット

1960年、パリにあるハリーズ・バーのバーテンダー、アンディ・マッケルホーン氏が創案したカクテル。「青く澄んだ入り江」という名のとおり、透明感あるブルーの色味が、心地よい清涼感を誘う。

Recipe

- A ウオッカ ―― 30mℓ
- A ブルー・キュラソー ―― 20mℓ
- A レモン・ジュース ―― 20mℓ
- スライス・オレンジ ―― 1/2枚
- スライス・レモン ―― 1枚
- マラスキーノ・チェリー ―― 1個

材料Aをシェークしてクラッシュド・アイスを入れたゴブレットに注ぎ、果実類を飾ってストローを添える。

レストランの経営者が考案した、スープのような一杯

ブル・ショット

Bull Shot

13.3度 / 中口 / シェーク / オール / オールドファッションド・グラス

1953年にアメリカ、デトロイト在住のグルーバー兄弟が作ったといわれるスープ入りカクテル。禁酒日のある国には、その日にブル・ショットをスープ皿に入れて提供するレストランがあるという。

Recipe

- ウオッカ ―― 30mℓ
- ビーフ・ブイヨン（コンソメ・スープでも可） ―― 60mℓ

あらかじめ冷やしておいたビーフ・ブイヨンとウオッカを氷と一緒にシェークし、グラスに注ぐ。好みで塩、コショウ、ウスターソース、タバスコなどを加えてもよい。

ノン・スノーのソルティ・ドッグは作り方も簡単

ブルドッグ

Bulldog

10.9度 / 中口 / ビルド / オール / コリンズ・グラス

ソルティ・ドッグ（113ページ参照）をスノー・スタイルにせず、ウオッカとグレープフルーツ・ジュースの風味をそのまま味わうカクテル。「テールレス・ドッグ」や「グレイハウンド」とも呼ばれている。

Recipe

- ウオッカ ―― 45mℓ
- グレープフルーツ・ジュース ―― 適量

氷を入れたコリンズ・グラスにウオッカを入れ、グレープフルーツ・ジュースでグラスを満たし、バー・スプーンで軽くステアする。

アメリカで根強い人気を誇るフルーティー・カクテル

ベイ・ブリーズ

Bay Breeze

10度　中甘口　ビルド　オール　コリンズ・グラス

ウオッカにパイナップル・ジュースとクランベリー・ドリンクを合わせたジューシーな風味。同じウオッカ・ベースのシー・ブリーズ（111ページ参照）とともに、アメリカで人気のフルーティーなカクテル。

Recipe

- ウオッカ ―― 40mℓ
- パイナップル・ジュース ―― 60mℓ
- クランベリー・ドリンク ―― 60mℓ

氷を入れたコリンズ・グラスにすべての材料（ウオッカ、パイナップル・ジュース、クランベリー・ドリンク）を注ぎ入れ、バー・スプーンでステアして混ぜ合わせる。

ロシアの大河のように豊かな味わいをたたえる一杯

ボルガ

Volga

24.3度　中甘口　シェーク　オール　カクテル・グラス

液面に浮かぶ黄色いレモン・ピールのコントラストが美しいカクテル。辛口のドライ・ベルモットとチェリー・リキュールの甘みに柑橘系の爽《さわ》やかさが加わって絶妙な飲み口に仕上がっている。

Recipe

- ウオッカ ―― 20mℓ
- チェリー・リキュール ―― 20mℓ
- ドライ・ベルモット ―― 10mℓ
- オレンジ・ジュース ―― 10mℓ
- レモン・ピール ―― 1個

レモン・ピール以外の材料をシェーク、これをカクテル・グラスに注ぎ入れ、レモン・ピールを絞り入れる。

船乗りたちが愛飲した爽《さわ》やかな甘口のカクテル

ボルガ・ボートマン

Volga Boatman

21.3度　中甘口　シェーク　オール　カクテル・グラス

名前のとおりボルガ川の船乗りたちが愛飲したという、オレンジ・ジュースの風味爽やかなカクテル。チェリー・ブランデーの代わりにキルシュヴァッサーを使い、ドライに仕上げたバリエーションもある。

Recipe

- ウオッカ ―― 20mℓ
- チェリー・ブランデー ―― 20mℓ
- オレンジ・ジュース ―― 20mℓ

シェーカーにすべての材料（ウオッカ、チェリー・ブランデー、オレンジ・ジュース）と氷を入れてシェークし、カクテル・グラスに注ぎ入れる。

宮廷舞踊のように上品な味わいと優雅なオレンジの色彩

ポロネーズ

Polonaise

29.7度　中甘口　シェーク　オール　カクテル・グラス

名前の由来はポーランド宮廷の伝統舞踊とその舞曲。辛口のウオッカを芳醇《ほうじゅん》で甘い口当たりのチェリー・ブランデーがやさしく包み込み、さらにレモン・ジュースの酸味が加わった上品な味わい。

Recipe

ウオッカ	40mℓ
チェリー・ブランデー	20mℓ
レモン・ジュース	1tsp.
シュガー・シロップ	1tsp.

シェーカーにすべての材料と氷を入れてシェークし、カクテル・グラスに注ぎ入れる。ウオッカは、ズブロッカを使用するとよい。

“白い蜘蛛《くも》”は魅惑的な容姿と洗練された味わいで人を酔わす

ホワイト・スパイダー

White Spider

34.7度　中甘口　シェーク　オール　カクテル・グラス

別名「ウオッカ・スティンガー」(171ページ「スティンガー」参照)。「白い蜘蛛」という名のとおり透き通った白色の魅惑的な色合いと、ホワイト・ミント・リキュールの洗練された清涼感が特徴的な一杯。

Recipe

ウオッカ	40mℓ
ホワイト・ミント・リキュール	20mℓ

シェーカーに材料と氷を入れてシェークし、これをカクテル・グラスに注ぎ入れる。ベースをブランデーに替えたバリエーションにスティンガー(171ページ参照)、ジンに替えたホワイト・ウィングスなどがある。

ウオッカの刺激をやさしく包み込むコーヒーと生クリームの甘み

ホワイト・ルシアン

White Russian

25度　甘口　ビルド　食後　オールドファッションド・グラス

ブラック・ルシアン(116ページ参照)の表面に生クリームをフロートさせたカクテル。ウオッカの刺激的な口当たりを、甘いコーヒー・リキュールと生クリームで包み込み、飲みやすくなっている。

Recipe

ウオッカ	40mℓ
コーヒー・リキュール	20mℓ
生クリーム	適量

氷を入れたオールドファッションド・グラスにウオッカ、コーヒー・リキュールを入れてステアした「ブラック・ルシアン」に、生クリームをフロートする。

喉《のど》を潤すオレンジとクランベリーのジューシーな爽快感

マドラス

Madras

10度　中甘口　ビルド　オール　コリンズ・グラス

鮮やかなオレンジ色が目を引くカクテル。オレンジ・ジュースとクランベリー・ドリンクがほどよく調和し、甘口だがスッキリとした味わいに仕上がっている。暑い季節に喉を潤してくれる一杯。

Recipe

ウオッカ	40mℓ
オレンジ・ジュース	60mℓ
クランベリー・ドリンク	60mℓ

氷を入れたコリンズ・グラスにすべての材料(ウオッカ、オレンジ・ジュース、クランベリー・ドリンク)を入れ、バー・スプーンで軽くステアする。

セクシーな女性にふさわしい独特の甘みをもったカクテル

マリリン・モンロー

Marilyn Monroe

35.4度　中口　ステア　食前　カクテル・グラス

「アメリカのセックス・シンボル」と呼ばれた伝説の女優、マリリン・モンローをイメージして作られたカクテル。セクシーな赤みを帯びた色彩にスイート・ベルモットの独特の香りと甘味が特徴的。

Recipe

ウオッカ	45mℓ
カンパリ	10mℓ
スイート・ベルモット	5mℓ

ミキシング・グラスにウオッカ、カンパリ、スイート・ベルモットと氷を入れてバー・スプーンでステア、これにストレーナーをかぶせ、カクテル・グラスに注ぎ入れる。

グラスのグラデーションとフルーツが神秘的な太陽をイメージ

ミッドナイト・サン

Midnight Sun

13.3度　中甘口　シェーク　オール　コリンズ・グラス

極地方で見られる「真夜中の太陽」をイメージして作られたカクテル。グレナデン・シロップが効いた、甘酸っぱくフルーティーで爽快《そうかい》な喉《のど》ごし。

Recipe

A	フィンランディア・ウオッカ	40mℓ
A	ミドリ	30mℓ
A	オレンジ・ジュース	20mℓ
A	レモン・ジュース	10mℓ
	グレナデン・シロップ	1tsp.
	ソーダ	適量
	スライス・レモン	1枚
	マラスキーノ・チェリー	1個

シェークした材料Aとソーダをステア。グレナデン・シロップを沈め果実類を飾る。

アメリカで大流行した「モスクワのラバ」は喉《のど》ごしも爽《さわ》やか

モスコー・ミュール

Moscow Mule

10.9度 | 中口 | ビルド | オール | タンブラー

1940年代のアメリカで大流行したカクテル。ラバのひと蹴りのような強いウオッカを使うことから「モスクワのラバ」と呼ばれる。ジンジャー・エールの甘みと炭酸の喉ごしが心地よい一杯。

Recipe

- ウオッカ ―― 45mℓ
- コーディアル・ライム・ジュース ―― 1tsp.
- ジンジャー・エール ―― 適量
- カット・ライム ―― 1/4個分
- スティック・キュウリ ―― 1本

グラスにライムを搾り入れ、ウオッカ、ライム・ジュース、ジンジャー・エールを注ぎ、キュウリを添える。

日本の雪景色をイメージさせる情緒豊かなカクテル

雪国

Yukiguni

30度 | 中辛口 | シェーク | オール | カクテル・グラス

1958年、寿屋《ことぶきや》（現在のサントリー）が主催するカクテル・コンクールで1位になった井山計一氏の作品。井山氏の出身地である山形の雪景色のような情緒あふれる美しさと味わいが印象的な一杯。

Recipe

- A ウオッカ ―― 30mℓ
- A ホワイト・キュラソー ―― 15mℓ
- A コーディアル・ライム・ジュース ―― 15mℓ
- 砂糖 ―― 適量
- ミント・チェリー ―― 1個

材料Aをシェークし、砂糖でスノー・スタイルにしたグラスに注ぎ、ミント・チェリーを沈める。

やさしい口当たりに誘われても女性は飲み過ぎに注意

ルシアン

Russian

37度 | 中辛口 | シェーク | オール | カクテル・グラス

ウオッカとドライ・ジンの組み合わせでアルコール度数の高い辛口を、クレーム・ド・カカオのやさしい甘さが包み込み、飲みやすく仕上がった一杯。「レディーキラー・カクテル」とも呼ばれている。

Recipe

- ウオッカ ―― 20mℓ
- ドライ・ジン ―― 20mℓ
- クレーム・ド・カカオ ―― 20mℓ

シェーカーにすべての材料と氷を入れてシェークし、グラスに注ぐ。この処方にスイート・クリーム2 ～ 3tsp.を加えるとルシアン・ベアというカクテルになる。

アーモンドとココナッツが香ばしいデザート感覚の一杯

ロードランナー

Roadrunner

27度 / 甘口 / シェーク / 食後 / カクテル・グラス

「ロードランナー」とは、アメリカにいるミチバシリというホトトギス科の鳥のこと。アーモンドの香りのアマレットと濃厚なココナッツ・ミルクの組み合わせでクリーミーな甘口に仕上がったカクテル。

Recipe

- ウオッカ ―― 30mℓ
- アマレット ―― 15mℓ
- ココナッツ・ミルク ―― 15mℓ
- ナツメグ・パウダー ―― 適量

シェーカーにナツメグ・パウダー以外の材料と氷を入れ強くシェーク、これをカクテル・グラスに注ぎ、ナツメグ・パウダーを振りかける。

ほのかな甘みと苦みが融合《ゆうごう》した甘やかな香り漂う一杯

ロベルタ

Roberta

27度 / 中甘口 / シェーク / オール / カクテル・グラス

ドライ・ベルモットの香りとチェリー、バナナそれぞれのリキュールの風味に加え、カンパリのほのかな甘みと苦みがうまく溶け合ったカクテル。チェリー・リキュールの色彩も美しい、大人の一杯。

Recipe

- A ウオッカ ―― 20mℓ
- A ドライ・ベルモット ―― 20mℓ
- A チェリー・リキュール ―― 20mℓ
- A カンパリ ―― 1tsp.
- A バナナ・リキュール ―― 1tsp.
- オレンジ・ピール ―― 適量

材料Aと氷をシェーク、グラスに注ぎ入れ、オレンジ・ピールを絞りかける。

cocktail column

5月13日は「カクテルの日」

5.13 カクテルの日

アメリカの週刊新聞『バランス・アンド・コロンビア・リポジトリ』で「カクテル」の言葉が使われたのが1806年5月13日。読者からの問い合わせに対して、初めて「カクテルとは」という定義がされた。アメリカで初めてカクテルが活字として登場したこの日を、2011年に日本国内のバーテンダー4団体（日本ホテルバーメンズ協会、日本バーテンダー協会、プロフェッショナル・バーテンダーズ機構、全日本フレア・バーテンダーズ協会）が「5月13日はカクテルの日」と制定。この5月13日前後を「カクテル・ウィーク」として、全国各地で「5月13日はカクテルの日」にちなんだ催《もよお》しが行われている。

Rum Base
Cocktails
{ラム・ベース}

サトウキビ特有の風味をもつラムは、カクテルにはあまり用いられなかったが、クセを抑えたタイプの登場で人気が高まった。ライトなラムからヘビーなものまで、うまく使い分けてその風味を生かせば、味わい深いカクテルが生まれる。

リゾート都市の名にふさわしい風味豊かな一杯

アカプルコ

Acapulco

27.7度　中辛口　シェーク　オール

カクテル・グラス

ラムにレモンとオレンジの風味が加わり、世界有数のリゾート地の名にふさわしく南国の風味豊かな味わいに。テキーラ・ベースにも同名の別カクテルがある(139ページ参照)。

Recipe

ホワイト・ラム	40mℓ
ホワイト・キュラソー	5mℓ
レモン・ジュース	z 15mℓ
シュガー・シロップ	1tsp.

ホワイト・ラム、ホワイト・キュラソー、レモン・ジュース、シュガー・シロップをシェークし、グラスに注ぐ。

ハワイのビーチで感じる潮風のような爽《さわ》やかさ

アロハ

Aloha

40.1度 ｜ 中辛口 ｜ シェーク ｜ 食前 ｜ カクテル・グラス

「アロハ」は、世界的に有名なリゾート地・ハワイで最高の親しみを表す挨拶《あいさつ》。ラムにホワイト・キュラソーの甘みと香りが加わったこの一杯は、まさに南の島のビーチの潮風を思わせる爽やかさ。

Recipe

- ホワイト・ラム ―― 45mℓ
- ホワイト・キュラソー ―― 15mℓ
- アンゴスチュラ・ビターズ ―― 1dash
- レモン・ピール ―― 適量

ホワイト・ラム、ホワイト・キュラソー、アンゴスチュラ・ビターズをシェークしてグラスに注ぎ入れ、レモン・ピールを絞り入れる。

「これ以上はない」という意味に込められた一杯の誇り

エックス・ワイ・ジィ

X.Y.Z.

30度 ｜ 中辛口 ｜ シェーク ｜ オール ｜ カクテル・グラス

X.Y.Z.はアルファベットの最後、つまり、「最後のカクテル＝これ以上のものはない最高のカクテル」という意味があるという。柑橘系の甘みと酸味が溶け合い、飲みやすい口当たりに仕上がっている。

Recipe

- ホワイト・ラム ―― 30mℓ
- ホワイト・キュラソー ―― 15mℓ
- レモン・ジュース ―― 15mℓ

すべての材料をシェークし、グラスに注ぐ。ベースをブランデーに替えると、サイドカー（169ページ参照）になる。

ホットやノン・アルコールでも飲まれるクリスマスの定番

エッグノッグ

Eggnog

8.6度 ｜ 中口 ｜ シェーク ｜ 食後 ｜ タンブラー

アメリカで愛飲されていたクリスマス・ドリンクだが、現在では季節を問わず世界中で飲まれている。牛乳ベースで栄養価も高く、クリスマス・シーズンにはアルコール抜きのドリンクも販売される。

Recipe

- ラム ―― 30mℓ
- ブランデー ―― 15mℓ
- シュガー・シロップ ―― 15mℓ
- 卵 ―― 1個分
- 牛乳 ―― 90mℓ
- ナツメグ ―― 適量

ナツメグ以外の材料をよくシェークしグラスに注ぎ、ナツメグを振る。

“大統領”のように深みと重厚感を備えたカクテル

エル・プレジデンテ(Ⅱ)

El Presidente (Ⅱ)

33.9度 | 中辛口 | ステア | オール | カクテル・グラス

ラムの風味にベルモットとオレンジ・キュラソーが深みを加えている一杯。カクテル名は「大統領」「社長」の意味だが、メキシコの首都・メキシコシティにある同名のホテルが発祥といわれている。

Recipe

- ホワイト・ラム —— 30mℓ
- ドライ・ベルモット —— 15mℓ
- オレンジ・キュラソー —— 15mℓ
- グレナデン・シロップ —— 1dash

ミキシング・グラスにすべての材料と氷を入れてバー・スプーンでステア。ストレーナーをかぶせてカクテル・グラスに注ぎ入れる。

ラムとコーラのシンプルな組み合わせが奏でる自由の賛歌

キューバ・リバー

Cuba Libre

13.3度 | 中口 | ビルド | オール | タンブラー

カクテル名は、20世紀初頭にキューバがスペインから独立したときの民族闘争の合言葉“Viva Cuba Libre!(自由キューバ万歳!)”から来ている。濃厚なラムと爽《さわ》やかなコーラの相性が抜群の一杯。

Recipe

- ホワイト・ラム —— 45mℓ
- コーラ —— 適量
- ライム —— 1/2個

タンブラーにライムを搾り入れてラムを注ぎ、氷を入れてステア。さらに冷やしたコーラで満たし、軽くステアしてマドラーを添える。ライムは好みで酸味を調整してもよい。

船の甲板で潮風に当たりながら飲みたくなる一杯

クォーター・デッキ

Quater Deck

29.2度 | 辛口 | ステア | オール | カクテル・グラス

クォーター・デッキとは船の「後甲板」のことだが、「士官」「高級船員」の意味もある。ラムとドライ・シェリーの珍しい組み合わせは、潮風に吹かれながら飲みたくなるスッキリした味わい。

Recipe

- ホワイト・ラム —— 40mℓ
- ドライ・シェリー —— 20mℓ
- ライム・ジュース —— 1tsp.

ミキシング・グラスにホワイト・ラム、ドライ・シェリー、ライム・ジュースと氷を入れ、バー・スプーンでステア、これにストレーナーをかぶせてカクテル・グラスに注ぐ。

五輪オフィシャル・ドリンクにもなった格式あるカクテル

グリーン・アイズ

Green Eyes

13.1度 / 甘口 / ブレンド / オール / ゴブレット

1984年のロサンゼルス五輪でオフィシャル・ドリンクにも指定された歴史をもつカクテル。濃厚な飲み口に南国の果実やココナッツなどの材料が溶け合い、爽《さわ》やかなトロピカル風味に仕上がっている。

Recipe

A
- ゴールド・ラム ―― 30mℓ
- メロン・リキュール ―― 25mℓ
- パイナップル・ジュース ―― 45mℓ
- ココナッツ・ミルク ―― 15mℓ
- ライム・ジュース ―― 15mℓ

- スライス・ライム ―― 1枚

ブレンダーに材料Aとクラッシュド・アイスを入れてブレンド、グラスに注ぎ、ライムを飾ってストローを添える。

7つの海を航海するように奥深く冒険心をくすぐられる一杯

コロンブス

Columbus

26度 / 中口 / シェーク / オール / カクテル・グラス

アプリコットの濃厚な味わいとレモン・ジュースの甘酸っぱさの融合《ゆうごう》。大航海時代に新大陸を発見したといわれるコロンブスのように、冒険の旅に出たくなる探求心いっぱいのカクテル。

Recipe

- ゴールド・ラム ―― 30mℓ
- アプリコット・ブランデー ―― 15mℓ
- レモン・ジュース ―― 15mℓ

シェーカーにすべての材料（ゴールド・ラム、アプリコット・ブランデー、レモン・ジュース）と氷を入れてシェークし、これをカクテル・グラスに注ぎ入れる。

ラムの名産地を名乗るカクテルはラム愛好家のために

サンチャゴ

Santiago

33.3度 / 辛口 / シェーク / オール / カクテル・グラス

ピンクで美しい色合いだが、辛口でアルコール度数も高い刺激的な一杯。キューバ・ラムの名産地であるサンチャゴにちなんで名付けられたカクテルというだけあって、ラムの風味をじっくり味わえる。

Recipe

- ホワイト・ラム ―― 50mℓ
- ライム・ジュース ―― 5mℓ
- グレナデン・シロップ ―― 5mℓ

シェーカーにすべての材料（ホワイト・ラム、ライム・ジュース、グレナデン・シロップ）と氷を入れてシェークし、カクテル・グラスに注ぎ入れる。

港町・横浜で生まれたスッキリと爽《さわ》やかな味わい

ジャック・ター

Jack Tar

34.9度 | 中口 | シェーク | オール | オールドファッションド・グラス

横浜の老舗バー、「ウインドジャマー」のオリジナル・カクテル。アルコール度数75.5度の強烈なラムの風味をすっきりと仕上げている。カクテル名は「水夫」という意味で、横浜をはじめ多くのバーで飲まれている。

Recipe

151プルーフ・ラム	30mℓ
サザン・カンフォート	25mℓ
コーディアル・ライム・ジュース	25mℓ
カット・ライム	1個

材料を氷と一緒にシェークしてクラッシュド・アイスを詰めたオールドファッションド・グラスに注ぎ、カット・ライムを飾る。

「魔都」と呼ばれた上海をイメージさせる妖艶《ようえん》な赤色

シャンハイ

Shanghai

23.2度 | 中口 | シェーク | オール | カクテル・グラス

妖艶な赤の色合いが特徴的なカクテル。ダーク・ラムの力強いボディを甘くスパイシーなアニゼットとレモン・ジュースの甘酸っぱさ、シロップが包み込み、すっきりした飲み口に仕上がっている。

Recipe

ダーク・ラム	30mℓ
アニゼット	10mℓ
レモン・ジュース	20mℓ
グレナデン・シロップ	1/2tsp.

シェーカーですべての材料（ダーク・ラム、アニゼット、レモン・ジュース、グレナデン・シロップ）と氷をシェークし、グラスに注ぐ。

グラスの中の青く澄み切った大空を堪能《たんのう》する

スカイ・ダイビング

Sky Diving

28度 | 中辛口 | シェーク | オール | カクテル・グラス

ブルー・キュラソーの澄み切った青色がグラスの中に大空を描き出す一杯。1967年に開催された全日本バーテンダー協会（ANBA）主催のカクテルコンペティションで優勝した渡辺義之氏の作品。

Recipe

ホワイト・ラム	30mℓ
ブルー・キュラソー	20mℓ
コーディアル・ライム・ジュース	10mℓ

シェーカーにすべての材料（ホワイト・ラム、ブルー・キュラソー、コーディアル・ライム・ジュース）と氷を入れてシェークし、これをカクテル・グラスに注ぐ。

ハワイ生まれで甘さを抑えたトロピカル・カクテル

スコーピオン

Scorpion

22.9 度　中甘口　シェーク　オール　ゴブレット

ハワイ生まれの「サソリ」という名のカクテル。トロピカル・テイストだがラムとブランデーの力強い風味も効いて、甘すぎず口当たりがよい。

材料Aをシェーク。クラッシュド・アイスを詰めたグラスに注ぎ、果実類を飾る。

Recipe

A	ホワイト・ラム	40mℓ
A	ブランデー	20mℓ
A	オレンジ・ジュース	20mℓ
A	レモン・ジュース	15mℓ
A	ライム・ジュース	10mℓ
	スライス・レモン	1枚
	スライス・ライム	1枚
	マラスキーノ・チェリー	1個

ラムとフルーツたちの風味が奏でるハーモニー

ソノラ

Sonora

38.9 度　中辛口　シェーク　オール　カクテル・グラス

ソノラ(Sonora)は、「音」「響き」を意味するスペイン語。ホワイト・ラムにアップルとアプリコットの2種類のブランデー、レモン・ジュースというフレッシュな組み合わせが響き合う風味豊かな一杯。

Recipe

ホワイト・ラム	30mℓ
アップル・ブランデー	30mℓ
アプリコット・ブランデー	2dash
レモン・ジュース	1dash

すべての材料（ホワイト・ラム、アップル・ブランデー、アプリコット・ブランデー、レモン・ジュース）をシェークしてグラスに注ぐ。

文豪たちも愛飲したラム・ベース・カクテルの定番

ダイキリ

Daiquiri

27.7 度　中辛口　シェーク　オール　カクテル・グラス

19世紀にキューバのダイキリ鉱山で働く技師たちが疲労回復のために飲んだのが始まりとされ、今ではラム・ベースのカクテルの代表的存在となっている一杯。アメリカの文豪たちも愛飲したという。

Recipe

ホワイト・ラム	45mℓ
ライム・ジュース（またはレモン・ジュース）	15mℓ
シュガー・シロップ	1tsp.

すべての材料(ホワイト・ラム、ライム・ジュース、シュガー・シロップ）を氷とシェークし、グラスに注ぎ入れる。

名バーテンダーが創作したクリスマス用のホット・ドリンク

トム・アンド・ジェリー

Tom & Jerry

7.5度 | 中口 | ビルド | 食後 | タンブラー

欧米でクリスマス・ドリンクとして有名だが、現在ではクリスマスに限らず広く飲まれているホット・ドリンク。ジェリー・トーマスという名バーテンダーが考案したため、この名が付いたという。

Recipe

- ホワイト・ラム ―― 30mℓ
- ブランデー ―― 15mℓ
- 卵 ―― 1個分
- シュガー・シロップ ―― 10mℓ
- 熱湯 ―― 適量
- ナツメグ ―― 適量

卵黄と卵白を別々に泡立て、他の材料と合わせステア。グラスに注ぎ、熱湯を加えステアし、ナツメグを振る。

渇《かわ》いた喉《のど》を潤すラムと柑橘類のマッチング

ネバダ

Nevada

24.9度 | 中辛口 | シェーク | オール | カクテル・グラス

辛口のホワイト・ラムに、グレープフルーツ、ライムといった柑橘類の爽《さわ》やかな酸味がマッチしてフレッシュな口当たりになった一杯。砂漠とカジノで有名なアメリカ西部・ネバダ州が名前の由来。

Recipe

- ホワイト・ラム ―― 40mℓ
- アンゴスチュラ・ビターズ ―― 1dash
- ライム・ジュース ―― 10mℓ
- グレープフルーツ・ジュース ―― 10mℓ
- シュガー・シロップ ―― 1tsp.

シェーカーにすべての材料を氷と一緒に入れてシェークし、カクテル・グラスに注ぐ。

バカルディ＋ガリアーノ＝バカディアーノの美しき公式

バカディアーノ

Bacardiano

27.9度 | 中口 | シェーク | オール | カクテル・グラス

1973年、第2回H.B.A.創作カクテルコンペティションで優勝した若松誠志氏の作品。淡いピンクと真っ赤なチェリーの色合いも美しく、シロップの甘みとレモン・ジュースの酸味で軽やかに仕上がった一杯。

Recipe

- バカルディ・ラム・ホワイト ―― 40mℓ
- ガリアーノ ―― 1tsp.
- レモン・ジュース ―― 10mℓ
- グレナデン・シロップ ―― 10mℓ
- マラスキーノ・チェリー ―― 1個

チェリー以外の材料を氷とシェークしてグラスに注ぎ、カクテル・ピンに刺したチェリーを沈める。

バカルディ・ラム以外は認めないこだわりの一品

バカルディ・カクテル

Bacardi Cocktail

27.7 度　中口　シェーク　オール　カクテル・グラス

バカルディ社が考案したカクテル。1936年にニューヨーク州最高裁判所で行われた裁判の判決により、以後このカクテルを作る場合は必ず「バカルディ・ラム」を使わなければならなくなった。

Recipe
バカルディ・ラム・ホワイト ―― 45mℓ
ライム・ジュース
（またはレモン・ジュース） ―― 15mℓ
グレナデン・シロップ ―― 1tsp.

シェーカーにすべての材料と氷を入れてシェークし、グラスに注ぐ。ライム・ジュースの代わりにレモン・ジュースを使う処方もある。

ハバナの海と砂浜を思い起こさせるトロピカル・テイスト

ハバナ・ビーチ

Habana Beach

18.5 度　中口　シェーク　オール　カクテル・グラス

ラムの産地であるキューバの首都・ハバナの白い砂浜とエメラルドグリーンの海をイメージしたカクテル。パイナップル・ジュースがたっぷりと入り、トロピカルな甘酸っぱさと香りが楽しめる一杯。

Recipe
ホワイト・ラム ―― 30mℓ
パイナップル・ジュース ―― 30mℓ
シュガー・シロップ ―― 1tsp.

シェーカーにすべての材料（ホワイト・ラム、パイナップル・ジュース、シュガー・シロップ）と氷を入れてシェークし、これをカクテル・グラスに注ぐ。

汚れなき純白に彩られたミツバチたちのキス

ビーズ・キッス

Bee's Kiss

26.7 度　甘口　シェーク　食後　カクテル・グラス

「ミツバチのキス」という名前のとおり、蜂蜜を使ったカクテル。ラムの風味に蜂蜜の甘みとコク、濃厚な生クリームの滑《なめ》らかな口当たりが加わり、その純白の色合いと相まって上品な一杯となっている。

Recipe
ホワイト・ラム ―― 40mℓ
蜂蜜 ―― 10mℓ
生クリーム ―― 10mℓ

シェーカーにすべての材料（ホワイト・ラム、蜂蜜、生クリーム）と氷を入れて強めにシェークし、これをカクテル・グラスに注ぐ。

カリブ海で生まれたフルーツ満載のトロピカル・カクテル

ピニャ・カラーダ

Piña Calada

8.6 度 | 甘口 | シェーク | オール | ゴブレット

パイナップルの茂る峠を意味する「Piña Calada」は、カリブ海で生まれ、マイアミからニューヨークで大流行したカクテル。バー・ブレンダーを使ってフローズン・スタイルに仕上げる処方もある。

Recipe

- A ホワイト・ラム ―― 30mℓ
- A パイナップル・ジュース ―― 80mℓ
- A ココナッツ・ミルク ―― 30mℓ
- カット・パイナップル ―― 1個
- スライス・オレンジ ―― 数枚
- マラスキーノ・チェリー ―― 1個
- ランの花 ―― 1個

材料Aをシェーク。クラッシュド・アイスを詰めたグラスに注ぎ、果実等を飾る。

ハリウッド映画女優を思わせる純白の装いと魅惑的味わい

プラチナ・ブロンド

Platinum Blonde

26.7 度 | 甘口 | シェーク | 食後 | カクテル・グラス

ホワイト・ラム、ホワイト・キュラソーに生クリームという組み合わせで、美しいプラチナ・ブロンド・ヘアの女性のように純白の装いをしたカクテル。爽《さわ》やかな香りとクリーミーな口当たりも魅力的。

Recipe

- ホワイト・ラム ―― 20mℓ
- ホワイト・キュラソー ―― 20mℓ
- 生クリーム ―― 20mℓ

シェーカーにすべての材料（ホワイト・ラム、ホワイト・キュラソー、生クリーム）と氷を入れて十分にシェークし、これをカクテル・グラスに注ぐ。

マティーニにもひけをとらない高級感とキレのある辛口

ブラック・デビル

Black Devil

32.7 度 | 辛口 | ステア | 食前 | カクテル・グラス

ラム・ベースだが、オリーブを沈めた高級感ある雰囲気はマティーニにも似ている。キレのある辛口と力強い味わいもマティーニにひけをとらない美味しさで、辛口好きの人におすすめのカクテル。

Recipe

- ホワイト・ラム ―― 40mℓ
- ドライ・ベルモット ―― 20mℓ
- ブラック・オリーブ ―― 1個

ミキシング・グラスにホワイト・ラム、ドライ・ベルモットと氷を入れてステアしたものをグラスに注ぎ入れ、カクテル・ピンに刺したブラック・オリーブを飾る。

農園の恵みをふんだんに盛り込んだジューシーな一杯

プランターズ・カクテル

Planter's Cocktail

20度 / 中口 / シェーク / オール / カクテル・グラス

プランターズとは南国の農園の主人や、そこで働く農夫の意味。オレンジやレモンといった柑橘類のジュースをたっぷり使ったカクテルは、まさに畑の恵みをふんだんに盛り込んだジューシーな味わい。

Recipe

- ホワイト・ラム――30mℓ
- オレンジ・ジュース――20mℓ
- レモン・ジュース――10mℓ

シェーカーにすべての材料（ホワイト・ラム、オレンジ・ジュース、レモン・ジュース）と氷を入れてシェークし、これをカクテル・グラスに注ぐ。

ハワイの青空を描き出したトロピカル・カクテルの王道

ブルー・ハワイ

Blue Hawaii

17.3度 / 甘口 / シェーク / オール / ゴブレット

ブルー・キュラソーが作り出す鮮やかな青色は、澄みわたる青い空を演出。パイナップルやレモンのジュース、グラスに飾られた果実類がトロピカルな雰囲気を醸《かも》し出し、飲む人をハワイの気分へと誘《いざな》う。

Recipe

- A ホワイト・ラム――30mℓ
- A ブルー・キュラソー――15mℓ
- A パイナップル・ジュース――30mℓ
- A レモン・ジュース――15mℓ
- カット・パイナップル――1個
- マラスキーノ・チェリー――1個
- ランの花――1個

材料Aをシェーク。クラッシュド・アイスを詰めたグラスに注ぎ、果実等を飾る。

暑い季節に清涼感を呼ぶダイキリのフローズン・スタイル

フローズン・ダイキリ

Frozen Diquiri

25.7度 / 中口 / ブレンド / オール / シャンパン・グラス（ソーサー型）

雪のようなシャーベット状の見た目が清涼感を誘い、暑い季節には最適の一杯。文豪ヘミングウェイも、ダイキリ（129ページ参照）をフローズン・スタイルにしたこのカクテルを愛飲したといわれている。

Recipe

- ホワイト・ラム――45mℓ
- ライム・ジュース――15mℓ
- シュガー・シロップ――10mℓ

ブレンダーにすべての材料とクラッシュド・アイスを入れ、シャーベット状になるようブレンド、これを大型のシャンパン・グラスにきれいに盛り、ストローを添える。

「北極圏最短コース」の航路開設記念に作られたカクテル

ポーラー・ショート・カット

Polar Short Cut

30.5度　中口　ステア　オール　カクテル・グラス

1957年にSAS（スカンジナビア航空）の協賛で行われた、コペンハーゲン―東京間の北極回り航路開設記念カクテル・コンテストで第1位になった作品。重厚な色合いとほのかな甘みの大人向けカクテル。

Recipe

ゴールド・ラム	15mℓ
ホワイト・キュラソー	15mℓ
チェリー・ブランデー	15mℓ
ドライ・ベルモット	15mℓ

ミキシング・グラスにすべての材料と氷を入れてステアし、これにストレーナーをかぶせてカクテル・グラスに注ぎ入れる。

ラムのキレ味と冷えた炭酸が喉《のど》を潤すシティ・カクテル

ボストン・クーラー

Boston Cooler

13.3度　中口　シェーク　オール　タンブラー

「クーラー」とは、スピリッツにレモンなどのジュースと甘みを加えて炭酸飲料で満たすロング・ドリンクのスタイル。ボストン・クーラーの場合はラムと相性のよいジンジャー・エールと合わせている。

Recipe

ホワイト・ラム	45mℓ
レモン・ジュース	20mℓ
シュガー・シロップ	10mℓ
ジンジャー・エール	適量

ホワイト・ラムとレモン・ジュース、シュガー・シロップをシェークしてグラスに注ぎ、ジンジャー・エールで満たして軽くステアする。

カリブ海のリゾート気分が伝わってくる爽《さわ》やかな一杯

マイアミ

Miami

36.9度　中口　シェーク　オール　カクテル・グラス

マイアミはアメリカでも有数のリゾート地。ラムの産地・キューバにも近く、ラムも長く愛飲されてきた。柑橘系リキュールのホワイト・キュラソーとレモン・ジュースで、さっぱりと仕上がった一杯。

Recipe

ホワイト・ラム	40mℓ
ホワイト・キュラソー	20mℓ
レモン・ジュース	1tsp.

ホワイト・ラム、ホワイト・キュラソー、レモン・ジュースを氷とシェークしてグラスに注ぐ。材料の分量を変えるとエックス・ワイ・ジィ（125ページ参照）になる。

華やかで甘美な味わいの“トロピカル・カクテルの女王”

マイタイ

Mai-Tai

18.2 度 ｜ 中甘口 ｜ ビルド ｜ オール ｜ マイタイ・グラス

マイタイとはポリネシア語で「最高」の意味。甘美な味わいの豪華な人気カクテル。好みのフルーツで華やかに飾りたい。

グレナデン・シロップを入れ、クラッシュド・アイスを詰めたグラスに材料Aを順に注ぎ、好みの果実等を飾る。

Recipe

A	ホワイト・ラム	30mℓ
A	ゴールド・ラム	30mℓ
A	ジャマイカ・ダーク・ラム	15mℓ
A	パイナップル・ジュース	45mℓ
A	オレンジ・ジュース	30mℓ
A	グレナデン・シロップ	15mℓ
	マラスキーノ・チェリー	1個
	カット・パイナップル	1個
	スライス・オレンジ	1枚
	ランの花	1個

「百万長者」の名にふさわしい、ぜいたくな香りと風味

ミリオネーア

Millionaire

22.1 度 ｜ 中甘口 ｜ シェーク ｜ 食後 ｜ カクテル・グラス

ホワイト・ラムにスロー・ジンを合わせ、アプリコット・ブランデーやライム・ジュースなどフルーツの味わいを加えたカクテル。そのぜいたくな香りと風味は、まさに「百万長者」の名にふさわしい。

Recipe

ホワイト・ラム	15mℓ
スロー・ジン	15mℓ
アプリコット・ブランデー	15mℓ
ライム・ジュース	15mℓ
グレナデン・シロップ	1dash

すべての材料をシェークしてグラスに注ぐ。バーボン・ベースの同名カクテルがあるが、レシピは異なる。

サイレント映画時代の大スターとともに愛され続ける一杯

メアリー・ピックフォード

Mary Pickford

18.5 度 ｜ 中甘口 ｜ シェーク ｜ 食後 ｜ カクテル・グラス

メアリー・ピックフォードは、サイレント映画時代に「アメリカの恋人」と呼ばれた女優の名前。彼女にちなんで作られたこのカクテルも、美しいピンクの色彩とジューシーな味わいで広く愛飲されている。

Recipe

ホワイト・ラム	30mℓ
マラスキーノ	1dash
パイナップル・ジュース	30mℓ
グレナデン・シロップ	1tsp.

すべての材料（ホワイト・ラム、マラスキーノ、パイナップル・ジュース、グレナデン・シロップ）をシェークし、グラスに注ぐ。

魔力をもったお守りの異名をもつ"スマッシュ"の代表

モヒート

Mojito

22.5度 | 中口 | ビルド | オール | コリンズ・グラス

ミントの葉を潰《つぶ》して香りを付けたものを「スマッシュ」というが、モヒートはもともとスマッシュにレモンやライムのジュースを加えたミックス・ドリンクのこと。文豪ヘミングウェイも愛飲したという。

Recipe

ホワイト・ラム	45mℓ
ソーダ	少量
シュガー・シロップ	10mℓ
ライム	1/2個分
ミント・リーフ	10～15枚

グラスにソーダを入れミント・リーフをペストルで潰し、他の材料とクラッシュド・アイスを加え、よくステアする。

「最後のキス」はキリッとした口当たりの辛口で

ラスト・キッス

Last Kiss

36.7度 | 中辛口 | シェーク | 食前 | カクテル・グラス

ラムに風味豊かなブランデーとレモン・ジュースの酸味を加え、芳醇《ほうじゅん》で香り高く、キリッとした口当たりに仕上がった一杯。その味わいと「最後のキス」という切ない響きに魅せられる大人の辛口カクテル。

Recipe

ホワイト・ラム	45mℓ
ブランデー	10mℓ
レモン・ジュース	5mℓ

シェーカーにすべての材料（ホワイト・ラム、ブランデー、レモン・ジュース）と氷を入れてシェークし、これをカクテル・グラスに注ぐ。

喉《のど》を潤すラム・ベースの爽《さわ》やかなコリンズ

ラム・コリンズ

Rum Collins

13.3度 | 中辛口 | ビルド | オール | コリンズ・グラス

「コリンズ」の基本はスピリッツにレモン・ジュースとシュガー・シロップ（または砂糖）を加え、プレーン・ソーダで満たすスタイル。ラム・コリンズの場合は、ベースであるラムの名を冠《かん》している。

Recipe

A	ホワイト・ラム	45mℓ
A	レモン・ジュース	20mℓ
A	シュガー・シロップ	10mℓ
	ソーダ	適量
	スライス・レモン	1枚
	マラスキーノ・チェリー	1個

材料Aをグラスに入れステア。ソーダで満たし、軽く混ぜて果実類を飾る。

見た目の透明感とは裏腹な刺激的味わいの「小さな悪魔」

リトル・デビル

Little Devil

43.5度 | 辛口 | シェーク | 食前 | カクテル・グラス

ホワイト・ラムとドライ・ジンを50:50で合わせた、辛口でアルコール度数も高いカクテル。その強烈な味わいは天使のように透明感のある色彩とは対照的で、まさに「小さな悪魔」の名のとおり。

Recipe

ホワイト・ラム —— 30mℓ
ドライ・ジン —— 30mℓ

シェーカーにすべての材料（ホワイト・ラム、ドライ・ジン）と氷を入れてシェークし、これをカクテル・グラスに注ぎ入れる。

上品な外見の中に複雑で奥深い味わいを秘めた“お姫様”

リトル・プリンセス

Little Princess

27.5度 | 中口 | ステア | 食前 | カクテル・グラス

「小さなお姫様」という可愛らしい名のカクテルは、ホワイト・ラムとスイート・ベルモットを50:50で合わせたシンプルなレシピだが、その味わいは複雑で奥深い。別名をポーカー（Poker）ともいう。

Recipe

ホワイト・ラム —— 30mℓ
スイート・ベルモット —— 30mℓ

ミキシング・グラスですべての材料を氷とステアし、グラスに注ぐ。この処方にアプリコット・ブランデーとレモン・ジュース、グレナデン・シロップを加えたネイキッド・レディというカクテルもある。

cocktail column

切っても切れないラムと海賊の関係

ラムといえば、すぐに思い浮かぶのが海賊だ。カリブ海の海賊たちの物語の中に登場する酒は、たいていがラムである。実際、17世紀にカリブ海で活躍したイギリス出身の海賊、ヘンリー・モルガンにちなんだ「キャプテン・モルガン」という銘柄なども実在する。また、映画『パイレーツ・オブ・カリビアン』シリーズの大ヒットによってイギリスではラムが飛ぶように売れ、バーでもモヒート、ピニャ・カラーダ、マイタイ、キューバ・リバーといったラム・ベースのカクテルが多く飲まれるなど、ラムの消費量が大幅に増大したという。海賊効果はラムの製造業者や世界各地のバーに嬉しい効果をもたらしている。

Tequila Base Cocktails

{テキーラ・ベース}

テキーラはアガベと呼ばれる竜舌蘭《りゅうぜつらん》の一種を発酵・蒸留したメキシコの酒。熟成度の新しい順にブランコ（ホワイト）、レポサド（ゴールデン）、アネホに分類され、シャープな味わいや重厚感など風味が変わるので、好みで使い分けたい。

硬い氷を砕くように雰囲気をなごませる爽《さわ》やかさ

アイス・ブレーカー

Ice-Breaker

21.8度 / 中甘口 / シェーク / オール / タンブラー

アイス・ブレーカーは「砕氷船《さいひょうせん》」「砕氷機《さいひょうき》」のことだが、「雰囲気をなごやかにする」という意味もある。テキーラと柑橘系のリキュール・ジュースの組み合わせが爽やかな一杯。

Recipe

テキーラ……40mℓ
ホワイト・キュラソー……20mℓ
グレープフルーツ・ジュース……40mℓ
グレナデン・シロップ……2tsp.

シェーカーにすべての材料と氷を入れてシェークし、氷を入れたタンブラーに注ぎ入れる。

トロピカル感覚いっぱい、テキーラ・ベースのアカプルコ

アカプルコ

Acapulco

15度 | 中口 | シェーク | オール | ゴブレット

テキーラとラムの組み合わせにトロピカル感覚いっぱいのジュースとココナッツ・ミルクも加えたカクテル。ラム・ベースの同名カクテル(124ページ参照)とは、合わせるレシピが変わってくる。

Recipe

A	テキーラ	30mℓ
A	ホワイト・ラム	15mℓ
A	パイナップル・ジュース	15mℓ
A	グレープフルーツ・ジュース	30mℓ
A	ココナッツ・ミルク	30mℓ
	カット・パイナップル	1個
	マラスキーノ・チェリー	1個

材料Aをシェークしてグラスに注ぎ、パイナップルとチェリーを飾る。

世界のカクテルの「大使」であるオレンジへの賛歌

アンバサダー

Ambassador

13.3度 | 中口 | ビルド | オール | タンブラー

アンバサダーとは「大使」「使節」という意味。カクテルに多く使われるオレンジを「大使」に見立て、そのオレンジをふんだんに用いた代表的カクテルとしてアンバサダーという名が付けられた。

Recipe

テキーラ	45mℓ
オレンジ・ジュース	適量
シュガー・シロップ	1tsp.
スライス・オレンジ	1/2枚
マラスキーノ・チェリー	1個

氷を入れたタンブラーにテキーラ、オレンジ・ジュース、シュガー・シロップを入れてステアし、果実類を飾る。

時を経ても色あせない"常緑《じょうりょく》"のカクテル

エバ・グリーン

Ever Green

13.4度 | 中口 | シェーク | オール | ゴブレット

ミントとハーブ系リキュールのガリアーノを合わせて爽《さわ》やかな風味に仕上げた一杯。美しいグリーンと果実類の組み合わせが清涼感を誘う。

Recipe

A	テキーラ	30mℓ
A	グリーン・ミント・リキュール	15mℓ
A	ガリアーノ	10mℓ
A	パイナップル・ジュース	90mℓ
	カット・パイナップル	1個
	ミント・リーフ	適量
	マラスキーノ・チェリー	1個
	ミント・チェリー	1個

材料Aをシェークしクラッシュド・アイスを詰めたグラスに入れ、果実等を飾る。

妖艶《ようえん》な色合いと香り豊かな甘みは悪魔の誘いにも似て

エル・ディアブロ

El Diablo

11.1度　中甘口　ビルド　オール　タンブラー

カシスの妖艶な赤色を呈したエル・ディアブロは、スペイン語で「悪魔」という意味。フルーティーで爽《さわ》やかな飲み口になっているが、その名のとおり悪魔の誘いに乗って飲み過ぎないように注意。

Recipe

テキーラ	30mℓ
クレーム・ド・カシス	15mℓ
ジンジャー・エール	適量
カット・ライム	1個

氷を入れたタンブラーにテキーラ、クレーム・ド・カシスを注ぎステア、ジンジャー・エールで満たして軽くステアして、エッジにライムを飾る。

オレンジ・リキュールの名品を冠《かん》した芳醇《ほうじゅん》な味わい

グラン・マルニエ・マルガリータ

Grand Marnier Margarita

30度　中口　シェーク　オール　カクテル・グラス

マルガリータ（145ページ参照）に使用するホワイト・キュラソーを、オレンジ・リキュールの最高峰といわれる名品グラン・マルニエに替えたカクテル。黄金色に輝く色合いと芳醇な風味が特徴的。

Recipe

テキーラ	30mℓ
グラン・マルニエ	15mℓ
レモン・ジュース	15mℓ
塩	適量

シェーカーにテキーラ、グラン・マルニエ、レモン・ジュースと氷を入れてシェークし、ソルト・スノー・スタイルにしたグラスに注ぐ。

テキーラと相性のいい柑橘系の旨みを堪能《たんのう》する一杯

コンチータ

Conchita

20度　中口　シェーク　オール　カクテル・グラス

テキーラと相性のいい柑橘系のグレープフルーツ・ジュースとレモン・ジュースを合わせたカクテル。シンプルだが飲み口は爽《さわ》やかで、キレ味の中にフルーティーな風味が溶け込んだ情熱的な一杯。

Recipe

テキーラ	30mℓ
グレープフルーツ・ジュース	20mℓ
レモン・ジュース	10mℓ

シェーカーにすべての材料（テキーラ、グレープフルーツ・ジュース、レモン・ジュース）を入れて氷と一緒にシェークし、これをカクテル・グラスに注ぎ入れる。

美しいグラデーションを描いたグラスは上品な花のよう

シクラメン

Cyclamen

24.6度 / 中甘口 / シェーク / オール / カクテル・グラス

橙《だいだい》色から赤へのグラデーションも美しいこの一杯は、その名のとおりシクラメンの花を表現したもの。ホワイト・キュラソーをはじめ、柑橘類の風味をふんだんに盛り込んだフルーティーなカクテル。

Recipe

A	テキーラ	30mℓ
A	ホワイト・キュラソー	10mℓ
A	オレンジ・ジュース	10mℓ
A	レモン・ジュース	10mℓ
	グレナデン・シロップ	1tsp.
	レモン・ピール	1個

材料Aをシェークしてグラスに注ぎ、グレナデン・シロップを静かに落とし、レモン・ピールを絞りかける。

スロー・ベリーの色合いと甘酸っぱさが引き立つ一杯

スロー・テキーラ

Sloe Tequila

26.5度 / 中口 / シェーク / オール / オールドファッションド・グラス

テキーラと相性のよいレモン・ジュースに、スロー・ベリー（西洋スモモ）のリキュールであるスロー・ジンを合わせて、さっぱりした甘酸っぱさの中にほのかな苦みのあるバランスのとれた一杯。

Recipe

テキーラ	30mℓ
スロー・ジン	15mℓ
レモン・ジュース	15mℓ
スティック・キュウリ	1本

シェーカーにスティック・キュウリ以外の材料と氷を入れてシェークし、クラッシュド・アイスを入れたグラスに注いでキュウリを飾る。

テキーラの風味を存分に堪能《たんのう》できるシンプル・カクテル

ソルティ・ブル

Salty Bull

10.9度 / 中口 / ビルド / オール / コリンズ・グラス

テキーラとグレープフルーツ・ジュースのシンプルな組み合わせ。もともとメキシコでは、テキーラを柑橘類と岩塩だけで味わう人もおり、このカクテルもテキーラの風味を存分に堪能できる一杯だ。

Recipe

テキーラ	45mℓ
グレープフルーツ・ジュース	適量
塩	適量

コリンズ・グラスのエッジをレモンで濡らし、塩でスノー・スタイルにする。そこに氷を入れ、テキーラを注ぎ入れ、グレープフルーツ・ジュースで満たしてステアする。

テキーラの本場メキシコで人気の気軽なスタイル

チャロ・ネロ

Charo Nero

10.9 度 | 中口 | ビルド | オール | コリンズ・グラス

テキーラにレモン・ジュースとコーラを組み合わせたシンプルさ。メキシコではテキーラを炭酸で割った気軽なカクテルが好まれるが、チャロ・ネロもソフト・ドリンクのような飲みやすさで人気がある。

Recipe

テキーラ	45mℓ
レモン・ジュース	1tsp.
コーラ	適量

氷を入れたコリンズ・グラスにテキーラとレモン・ジュースを注ぎ入れステア、冷えたコーラで満たして軽くステアする。

材料の頭文字を合わせたユニークなネーミング

T.T.T.

T.T.T.

13.3 度 | 中口 | ビルド | オール | タンブラー

カクテル名のT.T.T.とは、3つの材料の頭文字の「T」を取ったもの。トリプル・セックはフランス語で「3倍辛い」という意味のホワイト・キュラソーだが、実際はほのかな甘みをカクテルに与えている。

Recipe

テキーラ	30mℓ
トリプル・セック	15mℓ
トニック・ウォーター	適量
カット・ライム	1個

氷を入れたタンブラーにテキーラ、トリプル・セックを注ぎステア。これをトニック・ウォーターで満たし軽くステアして、ライムを飾る。

夕暮れを思わせる幻想的な見た目とクールな味わい

テキーラ・サンセット

Tequila Sunset

18.5 度 | 中口 | ブレンド | オール | オールドファッションド・グラス

テキーラ・サンライズ（143ページ参照）に対して作られたこのカクテルは、美しいピンクの夕焼け空にレモンの太陽が沈むような幻想的イメージ。夏の夕暮れに冷たい刺激で渇《かわ》きを潤してくれそうだ。

Recipe

テキーラ	30mℓ
レモン・ジュース	30mℓ
グレナデン・シロップ	1tsp.
スライス・レモン	1枚

バー・ブレンダーにスライス・レモン以外の材料とクラッシュド・アイスを入れブレンド。グラスに注いでスライス・レモンを飾り、ストローを添える。

テキーラの刺激的風味を日の出で表現した情熱のカクテル

テキーラ・サンライズ

Tequila Sunrise

13.3度 ｜ 中甘口 ｜ ビルド ｜ オール ｜ ゴブレット

イギリスのロック・グループ、ローリング・ストーンズのメンバーがその味に惚《ほ》れ込んで世界に広めたというカクテル。暁《あかつき》の空に太陽が昇りつつあるような、情熱的な色合いが印象的な一杯。

Recipe

テキーラ	45mℓ
オレンジ・ジュース	90mℓ
グレナデン・シロップ	2tsp.
スライス・オレンジ	1/2枚
マラスキーノ・チェリー	1個

グラスに氷、テキーラ、オレンジ・ジュースを入れてステア。グレナデン・シロップを沈め、果実類を飾る。

独特の風味をもった「マンハッタン」のテキーラ版

テキーラ・マンハッタン

Tequila Manhattan

33.9度 ｜ 中辛口 ｜ ステア ｜ 食前 ｜ カクテル・グラス

マンハッタン（161ページ参照）のベースをテキーラに替えたカクテル。スイート・ベルモットのもつハーブの風味にアンゴスチュラ・ビターズのほろ苦さが加わり、独特の味わいを醸《かも》し出した一杯。

Recipe

テキーラ	45mℓ
スイート・ベルモット	15mℓ
アンゴスチュラ・ビターズ	1dash
マラスキーノ・チェリー	1個

ミキシング・グラスで氷とテキーラ、スイート・ベルモット、アンゴスチュラ・ビターズをステアしてグラスに注ぎ、マラスキーノ・チェリーを飾る。

コーヒー・リキュールの甘みが生きた一杯

ピカドール

Picador

30度 ｜ 中甘口 ｜ ステア ｜ 食後 ｜ カクテル・グラス

テキーラのキレを甘口のコーヒー・リキュールが包み込み、すっきりと飲みやすく仕上がった一杯。ピカドールとは「馬にまたがり槍《やり》を持って牛と戦う闘牛士」や、「機知に富む人」といった意味をもつ。

Recipe

テキーラ	30mℓ
コーヒー・リキュール	30mℓ
レモン・ピール	1個

ミキシング・グラスに氷とテキーラ、コーヒー・リキュールを入れてバー・スプーンでステア、これにストレーナーをかぶせてグラスに注ぎ、レモン・ピールを絞る。

透き通った海のような美しい青色を呈したマルガリータ

ブルー・マルガリータ

Blue Margarita

26度 | 中口 | シェーク | オール | カクテル・グラス

マルガリータ（145ページ参照）のホワイト・キュラソーをブルー・キュラソーに替えて作ったカクテル。レッド、グリーンなどの同種のリキュールを使ってオリジナルの一杯を作ってみても面白い。

Recipe

テキーラ	30mℓ
ブルー・キュラソー	15mℓ
レモン・ジュース	15mℓ
塩	適量

シェーカーに塩以外の材料と氷を入れてシェークし、グラスのエッジをソルト・スノー・スタイルにしたカクテル・グラスに注ぎ入れる。

シャーベット状にしたマルガリータは暑い夏にぴったり

フローズン・マルガリータ

Frozen Margarita

32.5度 | 中口 | ブレンド | オール | シャンパン・グラス（ソーサー）

マルガリータ（145ページ参照）をクラッシュド・アイスとブレンドし、シャーベット風に作った爽《さわ》やかで清涼感あふれる一杯。文豪ヘミングウェイもこのカクテルをこよなく愛したといわれている。

Recipe

テキーラ	45mℓ
ホワイト・キュラソー	20mℓ
レモン・ジュース	15mℓ
塩	適量

ブレンダーに塩以外の材料とクラッシュド・アイスを入れてブレンドし、エッジをソルト・スノー・スタイルにしたグラスに注ぎ入れる。

ミュージカルの街への憧《あこが》れが詰まった情熱的カクテル

ブロードウェイ・サースト

Broadway Thirst

18.5度 | 中口 | シェーク | オール | カクテル・グラス

サースト（Thirst）は、「渇《かわ》き」「憧れ、熱望」などの意味をもつ。ブロード・ウェイの観劇の興奮で渇いた喉《のど》を潤すか、あるいは自ら舞台に立つ夢を見る情熱的な一杯として飲むか、味わい方は人それぞれ。

Recipe

テキーラ	30mℓ
オレンジ・ジュース	20mℓ
レモン・ジュース	10mℓ
シュガー・シロップ	1tsp.

テキーラ、オレンジ・ジュース、レモン・ジュース、シュガー・シロップを氷と一緒にシェークして、カクテル・グラスに注ぐ。

ギリシャ神話の神を名乗る上品で優雅な一品

ヘルメス

Hermes

25.5度 | 中口 | シェーク | 食前 | カクテル・グラス

ギリシャ神話で神々の伝令役を務め、旅人や商業の守り神ともいわれるヘルメス。その高貴なイメージを表現した一杯は、1971年の国際カクテル・コンペティションで準優勝に輝いた今井清氏の作品。

Recipe

テキーラ	30mℓ
プラム・リキュール(ミラベル)	20mℓ
アニゼット	1tsp.
ライム・ジュース	10mℓ

シェーカーでテキーラ、プラム・リキュール（ミラベル）、アニゼット、ライム・ジュースを氷とシェークし、カクテル・グラスに注ぎ入れる。

闘牛士の闘志をフルーツのマントの中に秘めて

マタドール

Matador

13.3度 | 中甘口 | シェーク | オール | オールドファッションド・グラス

マタドールの意味はスペイン語で「闘牛士」。パンチの効いたテキーラの情熱的な味わいを、パイナップル・ジュースとライム・ジュースのマントで包み込み、爽《さわ》やかで甘酸っぱい風味に仕上がった一杯。

Recipe

テキーラ	30mℓ
パイナップル・ジュース	45mℓ
ライム・ジュース	15mℓ

シェーカーにすべての材料（テキーラ、パイナップル・ジュース、ライム・ジュース）と氷を入れてシェークし、氷を入れたオールドファッションド・グラスに注ぐ。

世界で愛飲されているカクテルに秘められた悲話

マルガリータ

Margarita

30度 | 中辛口 | シェーク | オール | カクテル・グラス

アメリカ、ロサンゼルスのバーテンダー、ジャン・デュレッサー氏が、亡くなった恋人に捧げた一杯。ホワイト・キュラソーの甘みとレモンの酸味がマッチしたテキーラ・ベースのスタンダード・カクテル。

Recipe

テキーラ	30mℓ
ホワイト・キュラソー	15mℓ
レモン・ジュース	15mℓ
塩	適量

テキーラ、ホワイト・キュラソー、レモン・ジュースを氷とシェークし、エッジをソルト・スノー・スタイルにしたグラスに注ぐ。

フルーティーな味覚をソルティーに引き締めた妖艶《ようえん》な味わい

マルガリータ・コスモ

Margarita Cosmo

20度　中甘口　シェーク　オール　カクテル・グラス

テキーラにオレンジ系リキュールのグラン・マルニエの甘みとクランベリー、ライムの2種類の甘酸っぱさ、スノー・スタイルのソルティーな刺激が加わり、妖艶な色彩と風味に仕上がった一杯。

Recipe

テキーラ	20mℓ
グラン・マルニエ	10mℓ
クランベリー・ドリンク	20mℓ
ライム・ジュース	10mℓ
塩	適量

シェーカーで塩以外の材料を氷と一緒にシェークし、ソルト・スノー・スタイルにしたグラスに注ぐ。

テキーラの本場メキシコにちなんだロンドン生まれのカクテル

メキシカン

Mexican

26.2度　中甘口　シェーク　食後　カクテル・グラス

重厚なテキーラにパイナップル・ジュースの爽《さわ》やかな甘酸っぱさとグレナデン・シロップの甘みがマッチしたほどよい飲み口の一杯。ロンドン、サヴォイ・ホテルの名バーテンダーが考案したカクテル。

Recipe

テキーラ	40mℓ
パイナップル・ジュース	20mℓ
グレナデン・シロップ	1dash

シェーカーにすべての材料（テキーラ、パイナップル・ジュース、グレナデン・シロップ）と氷を入れてシェークし、カクテル・グラスに注ぎ入れる。

"ものまね鳥"という名のオリジナル・カクテル

モッキンバード

Mockingbird

25.3度　中口　シェーク　食後　カクテル・グラス

モッキンバードはアメリカ南部からメキシコにかけて生息する「ものまね鳥」のこと。しかし名前に反して、グリーン・ミントの色合いが鮮やかなカクテルは"ものまね"でなくオリジナルそのもの。

Recipe

テキーラ	30mℓ
グリーン・ミント・リキュール	15mℓ
ライム・ジュース	15mℓ

シェーカーにすべての材料（テキーラ、グリーン・ミント・リキュール、ライム・ジュース）と氷を入れてシェークし、カクテル・グラスに注ぎ入れる。

昇る朝日のような美しさと勢いを感じるカクテルの名作

ライジング・サン

Rising Sun

32.8度　中口　シェーク　オール　カクテル・グラス

1963年の調理師法施行10周年記念カクテル・コンペティションで厚生大臣賞を受賞した今井清氏の名作。グラスの底に沈むマラスキーノ・チェリーが、日の出のような美しさをたたえた一杯。

Recipe

A	テキーラ	30mℓ
A	シャルトリューズ(イエロー)	20mℓ
A	コーディアル・ライム・ジュース	10mℓ
	スロー・ジン	1tsp.
	塩	適量
	マラスキーノ・チェリー	1個

材料Aをシェークしてスノー・スタイルのグラスに注ぎ、チェリーを沈めて静かにスロー・ジンを落とす。

美味しい「噂」が広まりそうな魅惑的カクテル

ラ・ルメール

La Rumeur

31.3度　中甘口　シェーク　オール　カクテル・グラス

全国バーテンダー技能競技大会で総合優勝した大槻健二氏の作品。バイオレットの香りも妖艶《ようえん》で、テキーラとフルーツの組み合わせが豊かな風味を醸《かも》し出す。名前のとおり「噂」が広まりそうな一杯だ。

Recipe

テキーラ	25mℓ
レモン・リキュール	15mℓ
パッションフルーツ・リキュール	10mℓ
バイオレット・リキュール	10mℓ
スタッフド・オリーブ	1個
ブラック・オリーブ	1個

オリーブ以外の材料をシェークしてグラスに注ぎ、2種類のオリーブをカクテル・ピンに刺して沈める。

cocktail column

スクリーンを彩った女優たちとカクテル

ジェームズ・ボンドが映画『007カジノ・ロワイヤル』でオリジナルのマティーニを創作したエピソードは紹介したが（103ページ参照）、ボンドはそのマティーニに愛する女性「ヴェスパー」の名を付けた。2006年公開の同映画でヴェスパーを演じたのは、フランスの女優エヴァ・グリーン——つまり、テキーラ・ベースのカクテルと同じ名前だ。このように女優と同名のカクテルは少なくない。本書でいうとマリリン・モンロー（ウオッカ・ベース）、メアリー・ピックフォード（ラム・ベース）、シャーリー・テンプル（ノン・アルコール）など。ただし、カクテルのエバ・グリーンと女優のエヴァ・グリーンは直接の関係はない。

Whisky Base Cocktails

{ウイスキー・ベース}

カクテル・ベースとして不可欠のウイスキーだが、その種類は多種多様。
そこでまずは原料の香味が残るモルト、クセがなくクリアな味わいのグレーン、
この2つを混ぜたブレンデッドの3種類から好みのベースを選んでいきたい。

寒い夜にも体を温めてくれる香り高いカクテル

アイリッシュ・コーヒー

Irish Coffee

5度　中甘口　ビルド　食後

アイリッシュ・コーヒー・グラス

香り高いアイリッシュ・ウイスキーにホット・コーヒーを加え、角砂糖とホイップ・クリームで甘く滑《なめ》らかに仕上げた一杯。冬の寒い夜などにやさしく体を温めてくれるカクテルだ。

Recipe

アイリッシュ・ウイスキー	30mℓ
角砂糖	1個
ホットコーヒー	適量
ホイップ・クリーム	適量

グラスに角砂糖を入れ、ウイスキー、ホット・コーヒーを入れて軽くステア、ホイップ・クリームをフロートする。

美しく甘酸っぱい一杯はアイルランドに咲くバラのよう

アイリッシュ・ローズ

Irish Rose

27.7度　中口　シェーク　オール　カクテル・グラス

ネーミングのとおり、アイルランドのバラのような美しい色合い。アイリッシュ・ウイスキーをたっぷりと使い、レモン・ジュースの酸味とグレナデン・シロップの甘みを効かせた甘酸っぱいカクテル。

Recipe

アイリッシュ・ウイスキー	45mℓ
レモン・ジュース	15mℓ
グレナデン・シロップ	1tsp.

シェーカーにすべての材料（アイリッシュ・ウイスキー、レモン・ジュース、グレナデン・シロップ）と氷を入れてシェークし、これをカクテル・グラスに注ぎ入れる。

ライ・ウイスキーを引き立てるさまざまな素材の競演

アップ・トゥ・デイト

Up-to-Date

31度　中口　ステア　オール　カクテル・グラス

ベルモットのスパイシーな風味、グラン・マルニエの芳醇《ほうじゅん》な味わいにアンゴスチュラ・ビターズのほろ苦さなど、さまざまな素材の持ち味がライ麦の香り豊かなウイスキーの味を引き立てるぜいたくな一杯。

Recipe

ライ・ウイスキー	25mℓ
ドライ・ベルモット	25mℓ
グラン・マルニエ	10mℓ
アンゴスチュラ・ビターズ	1dash
レモン・ピール	1個

ミキシング・グラスでレモン・ピール以外の材料と氷をステア、グラスに注ぎ、レモン・ピールを絞り入れる。

3種のアルコール飲料の「親しい関係」

アフィニティー

Affinity

28.8度　中口　ステア　食前　カクテル・グラス

アフィニティーとは「親しい関係」を示す言葉。このカクテルでは、イギリスのスコッチ、フランスのドライ・ベルモット、イタリアのスイート・ベルモットが親しい関係にあることを表しているという。

Recipe

ウイスキー	30mℓ
ドライ・ベルモット	15mℓ
スイート・ベルモット	15mℓ
アンゴスチュラ・ビターズ	2dash
レモン・ピール	1個

ミキシング・グラスでレモン・ピール以外の材料と氷をステア、グラスに注ぎ、レモン・ピールを絞り入れる。

“皇帝のフィズ”は、意外にも飲みやすい仕上がり

インペリアル・フィズ

Imperial Fizz

11.9度　中口　シェーク　オール　タンブラー

スコッチ・ウイスキーとラムの組み合わせにレモンの酸味とシロップの甘み、ソーダの爽快《そうかい》感が加わった、飲みやすい仕上がりのカクテル。

Recipe

スコッチ・ウイスキー	30mℓ
ラム	10mℓ
レモン・ジュース	15mℓ
シュガー・シロップ	10mℓ
ソーダ	適量
スライス・レモン	1枚
マラスキーノ・チェリー	1個

シュガー・シロップまでの材料を氷と一緒にシェークする。これをタンブラーに注ぎ、ソーダで満たして軽くステアし、レモンとチェリーを飾る。

ウイスキーに柑橘系の酸味と甘みの効いたサワーの代表格

ウイスキー・サワー

Whisky Sour

24度　中辛口　シェーク　オール　サワー・グラス

多数のサワー系ミックス・ドリンクの代表的存在。ウイスキーにレモン・ジュースの酸味とシロップの甘みが加わり、飲みやすい口当たりに仕上がったうえ、レモンとチェリーの装飾も優雅な一杯。

Recipe

ウイスキー	45mℓ
レモン・ジュース	20mℓ
シュガー・シロップ	10mℓ
スライス・レモン	1枚
マラスキーノ・チェリー	1個

ウイスキーとレモン・ジュース、シュガー・シロップをシェークしてグラスに注ぎ、レモンとチェリーを飾る。

ウイスキーをソーダで割った「ハイボール」の原型

ウイスキー・ソーダ（ハイボール）

Whisky Soda

13.3度　辛口　ビルド　オール　タンブラー

ウイスキーをソーダで割っただけという、シンプルで手軽に飲める一杯。最近では「ハイボール」の名でなじみがある。好みでスライス・レモンやレモン・ピールなどを入れる場合もある。

Recipe

ウイスキー	30 ～ 45mℓ
ソーダ	適量

タンブラーに氷を入れてウイスキーを注ぎ、冷えたソーダを8分目まで入れて軽くステアする。別名「ハイボール」。使用するウイスキーによってバーボン・ハイボール、ライ・ハイボールなど呼び方も変わる。

ウイスキーを浮かべた美しい2層の幻想世界

ウイスキー・フロート

Whisky Float

13.3度 / 辛口 / ビルド / オール / タンブラー

グラスの中でウイスキーとミネラル・ウォーターが幻想的な2層を構成するカクテル。重厚なモルト・ウイスキーやモルト・ウイスキーから作られるリキュールの一種、ドランブイなども使われる。

Recipe

ウイスキー ―― 30～45mℓ
ミネラル・ウォーター ―― 適量

氷を入れたタンブラーに冷やしたミネラル・ウォーターを7分目ほど注ぐ。そこに、バー・スプーンの背を伝わせてウイスキーを静かに注ぐ(アルコールの比重が軽いため、ウイスキーがフロートする)。

グラスを覆う白い「霧」が印象的なカクテル

ウイスキー・ミスト

Whisky Mist

40度 / 辛口 / ビルド / オール / オールドファッションド・グラス

ミストとは、グラスの表面が霧で覆われたように白くなることからきた表現。グラスにクラッシュド・アイスを詰め、ウイスキーを注いだスタイルは、水割りとオン・ザ・ロックの中間的な位置づけ。

Recipe

ウイスキー ―― 60mℓ
レモン・ピール ―― 1個

クラッシュド・アイスを詰めたグラスにウイスキーを注ぎ、レモン・ピールを絞り入れる。ステアする処方もあり、その場合はベースのウイスキーによってスコッチ・ミスト、バーボン・ミストなどと呼ぶ。

一口含むと口の中いっぱいに広がる重厚な"ささやき"

ウィスパー

Whisper

24.3度 / 中口 / シェーク / 食前 / カクテル・グラス

ウィスパーは「ささやき」という意味。一口含むとその"ささやき"が口の中いっぱいに広がるが、スコッチ・ウイスキーと辛口、甘口のベルモットの組み合わせなので、名前とは裏腹に重厚な内容だ。

Recipe

スコッチ・ウイスキー ―― 20mℓ
ドライ・ベルモット ―― 20mℓ
スイート・ベルモット ―― 20mℓ

シェーカーにすべての材料（スコッチ・ウイスキー、ドライ・ベルモット、スイート・ベルモット）と氷を入れてシェークし、これをカクテル・グラスに注ぎ入れる。

人々から長く愛飲されてきた"古い仲間"

オールド・パル

Old Pal

27.7 度 | 中口 | ステア | 食前 | カクテル・グラス

風味豊かなウイスキーに、ドライ・ベルモットのほのかな甘みと、カンパリのほろ苦さがミックスされて、重厚な味わいを作り出している。「古い仲間」という意味どおり、長く愛飲されてきた一杯だ。

Recipe

ウイスキー ―― 20mℓ
ドライ・ベルモット ―― 20mℓ
カンパリ ―― 20mℓ

ミキシング・グラスにすべての材料（ウイスキー、ドライ・ベルモット、カンパリ）と氷を入れてステア、これにストレーナーをかぶせ、カクテル・グラスに注ぐ。

ダービーを観戦しながら自分好みの味で楽しむカクテル

オールド・ファッションド

Old-Fashioned

31.3 度 | 中辛口 | ビルド | オール | オールドファッションド・グラス

ケンタッキー・ダービーの開催地、ルイヴィルの町のバーテンダーが作ったカクテル。フルーツや角砂糖を潰《つぶ》しながら、自分好みの味で楽しめる。

Recipe

バーボン・ウイスキー ―― 45mℓ
アンゴスチュラ・ビターズ ―― 1dash
角砂糖 ―― 1個
ソーダ ―― 少量
スライス・オレンジ ―― 1枚
マラスキーノ・チェリー ―― 1個
スライス・レモン ―― 1枚

グラスに入れた角砂糖にアンゴスチュラ・ビターズを染み込ませ、ソーダ、氷とウイスキーを入れてフルーツを飾り、マドラーを添える。

東洋の地での体験にアメリカ人が感謝を込めて贈ったレシピ

オリエンタル

Oriental

29.2 度 | 中甘口 | シェーク | オール | カクテル・グラス

1924年、フィリピンで熱病にかかったアメリカ人エンジニアが、現地の医師の治療によって回復。お礼にこのカクテルのレシピを医師に贈ったという。香草や果実のさまざまな風味が楽しめる一杯。

Recipe

ウイスキー ―― 30mℓ
スイート・ベルモット ―― 10mℓ
ホワイト・キュラソー ―― 10mℓ
ライム・ジュース ―― 10mℓ
マラスキーノ・チェリー ―― 1個

チェリー以外の材料と氷をシェークしてグラスに注ぎ入れ、カクテル・ピンに刺したチェリーを飾る。

明るいカリフォルニアのイメージが詰まったカクテル

カリフォルニア・レモネード

California Lemonade

10.9度 | 中口 | シェーク | オール | コリンズ・グラス

アメリカ・カリフォルニアのビーチと太陽、そしてハリウッドなどの華やかさをイメージさせる、鮮やかな色彩とフルーティーで爽快《そうかい》な飲み口。ウイスキーは主にバーボン、ライ、カナディアンなどを使う。

Recipe

- A ウイスキー ―― 45mℓ
- A レモン・ジュース ―― 20mℓ
- A ライム・ジュース ―― 10mℓ
- A グレナデン・シロップ ―― 1tsp.
- A シュガー・シロップ ―― 10mℓ
- ソーダ ―― 適量
- スライス・レモン ―― 1枚

材料Aをシェークしてグラスに注ぎ、ソーダを加え軽くステア、レモンを飾る。

アイリッシュ・ウイスキーを丸ごと味わうような一杯

グラン・パパ

Grand Papa

38.3度 | 甘口 | ビルド | 食後 | オールドファッションド・グラス

アイリッシュ・ウイスキーと、そこにハーブや蜂蜜を加えたアイリッシュ・ミストの組み合わせは、香り高く芳醇《ほうじゅん》でコクのある味わい。オレンジ・ピールの爽《さわ》やかな風味がアクセントになっている。

Recipe

- アイリッシュ・ウイスキー ―― 40mℓ
- アイリッシュ・ミスト ―― 20mℓ
- オレンジ・ピール ―― 1個

氷を入れたオールドファッションド・グラスにアイリッシュ・ウイスキー、アイリッシュ・ミストを注ぎ軽くステア、オレンジ・ピールを絞り入れる。

ウイスキーとオレンジの意外なマッチング

クロンダイク・クーラー

Klondike Cooler

22度 | 中口 | シェーク | オール | コリンズ・グラス

クロンダイクは19世紀末のゴールド・ラッシュで有名になったカナダの金山の名称。ウイスキーとオレンジ・ジュースの意外なマッチングとグラスに飾ったスパイラル状のオレンジ・ピールが印象的。

Recipe

- A ウイスキー ―― 45mℓ
- A オレンジ・ジュース ―― 15mℓ
- A シュガー・シロップ ―― 1tsp.
- ジンジャー・エール ―― 適量
- スパイラル・オレンジ・ピール ―― 1個

グラスにクラッシュド・アイスを詰めながらオレンジ・ピールを飾り、シェークした材料Aを入れ、ジンジャー・エールで満たし軽くステア。

爽《さわ》やかな飲み心地の中にウイスキーの風味が広がる

ケーブルグラム

Cablegram

13.3 度 / 中口 / シェーク / オール / タンブラー

ケーブルグラムは「海底電線(ケーブル)」や、それを使った電信などの意味がある。レモン・ジュースの甘酸っぱさとジンジャー・エールの爽やかな喉《のど》ごしにウイスキーの風味が広がる一杯。

Recipe

ウイスキー ―― 45mℓ
レモン・ジュース ―― 15mℓ
シュガー・シロップ ―― 1tsp.
ジンジャー・エール ―― 適量

シュガー・シロップまでの材料と氷をシェークして氷を入れたタンブラーに注ぎ、冷えたジンジャー・エールを満たして軽くステアする。

アメリカを代表するウイスキー発祥の地

ケンタッキー

Kentucky

26.7 度 / 中口 / シェーク / オール / カクテル・グラス

バーボン・ウイスキー誕生の地の名前を付けたカクテルだけに、バーボン・ウイスキーのコクと風味が生き、そこにパイナップル・ジュースの酸味、甘みが調和して飲みやすい口当たりに仕上がった一杯。

Recipe

バーボン・ウイスキー ―― 40mℓ
パイナップル・ジュース ―― 20mℓ

シェーカーにすべての材料(バーボン・ウイスキー、パイナップル・ジュース)と氷を入れてシェークし、これをカクテル・グラスに注ぎ入れる。

コッポラ監督の名作にちなんで作られた"男のカクテル"

ゴッドファーザー

Godfather

37 度 / 中甘口 / ビルド / 食後 / オールドファッションド・グラス

フランシス・F・コッポラ監督の名作映画『ゴッドファーザー』にちなみ、この映画(三部作)の第一作目が公開された年に作られた。ウイスキーとアマレットの組み合わせは重厚な男のドラマのよう。

Recipe

ウイスキー ―― 45mℓ
アマレット ―― 15mℓ

氷を入れたオールドファッションド・グラスにすべての材料(ウイスキー、アマレット)を入れてステアする。ベースのウイスキーをウオッカに替えると、ゴッドマザーというカクテルになる。

伝説のバーテンダーが作り出した"コリンズ"の代表作

ジョン・コリンズ

John Collins

10.9度 | 中辛口 | ビルド | オール | コリンズ・グラス

伝説のバーテンダーといわれるロンドンのジョン・コリンズが創作した爽《さわ》やかな飲み口のカクテル。アメリカや日本ではウイスキー・ベースが一般的だが、ジン・ベースのものも同じ名で呼ばれている。

Recipe

- カナディアン・ウイスキー ―― 45mℓ
- レモン・ジュース ―― 20mℓ
- シュガー・シロップ ―― 10mℓ
- ソーダ ―― 適量
- スライス・レモン ―― 1枚
- マラスキーノ・チェリー ―― 1個

氷を入れたグラスにレモンとチェリー以外の材料を注ぎ、軽くステアしてレモンとチェリーを飾る。

名前も中身も"スコッチ"にこだわったカクテル

スコッチ・キルト

Scotch Kilt

40度 | 中甘口 | ステア | 食後 | カクテル・グラス

スコットランドの民族衣装・キルトの名の付いたカクテル。材料もスコットランド産にこだわり、芳香《ほうこう》豊かなスコッチ・ウイスキーと、ドランブイの蜂蜜やハーブの風味がみごとにマッチした一杯。

Recipe

- スコッチ・ウイスキー ―― 40mℓ
- ドランブイ ―― 20mℓ
- オレンジ・ビターズ ―― 2dash

ミキシング・グラスにすべての材料（スコッチ・ウイスキー、ドランブイ、オレンジ・ビターズ）と氷を入れてステア、これにストレーナーをかぶせ、グラスに注ぐ。

ゴルフ発祥の地の名前をもつこだわりのカクテル

セント・アンドリュース

St. Andrews

26.7度 | 中甘口 | シェーク | オール | カクテル・グラス

ゴルフの全英オープンが開催され、「ゴルフの聖地」ともいわれるセント・アンドリュース。そのカクテル名も、スコッチ・ウイスキーとドランブイを使った味わいも、スコットランドにこだわった一杯。

Recipe

- スコッチ・ウイスキー ―― 20mℓ
- ドランブイ ―― 20mℓ
- オレンジ・ジュース ―― 20mℓ

シェーカーにすべての材料（スコッチ・ウイスキー、ドランブイ、オレンジ・ジュース）と氷を入れてシェークし、カクテル・グラスに注ぎ入れる。

躍動感あふれる色合いと優しい味わいが飲む人を応援する

チア・ガール

Cheer Girl

21.9 度 / 中口 / シェーク / オール / カクテル・グラス

第8回H.B.A.創作カクテルコンペティションで入賞した中島輝幸氏（当時・京王プラザホテル）の作品。バーボンの独特な風味をシャルトリューズのまろやかな甘みと卵白でやさしく仕上げた一杯。

Recipe

バーボン・ウイスキー	30mℓ
シャルトリューズ（イエロー）	10mℓ
レモン・ジュース	10mℓ
グレナデン・シロップ	1tsp.
卵白	1/2個分
マラスキーノ・チェリー	1個

卵白までの材料をよくシェークし、グラスに注いでチェリーを飾る。

イギリスの名宰相・チャーチルに敬意を表して

チャーチル

Churchill

29.2 度 / 中口 / シェーク / オール / カクテル・グラス

スコッチ・ウイスキーの風味に爽《さわ》やかな甘みを加えた上品な味わい。イギリス戦時内閣の首相として、第二次世界大戦を勝利に導いたサー・ウィンストン・チャーチルに敬意を表して作られたカクテル。

Recipe

スコッチ・ウイスキー	30mℓ
スイート・ベルモット	10mℓ
ホワイト・キュラソー	10mℓ
レモン・ジュース	10mℓ

シェーカーにウイスキー、スイート・ベルモット、ホワイト・キュラソー、レモン・ジュースと氷を入れてシェークし、グラスに注ぐ。

マンハッタンをより辛口にした硬派な男性向けの一杯

ドライ・マンハッタン

Dry Manhattan

36.5 度 / 辛口 / ステア / 食前 / カクテル・グラス

基本的な処方はマンハッタン（161ページ参照）と同じだが、スイート・ベルモットをドライ・ベルモットに、チェリーをオリーブに替えてより辛口にしたカクテル。黄金色の見た目も硬派な印象だ。

Recipe

ウイスキー	50mℓ
ドライ・ベルモット	10mℓ
アンゴスチュラ・ビターズ	1dash
スタッフド・オリーブ	1個

ミキシング・グラスにスタッフド・オリーブ以外の材料と氷を入れてステア、グラスに注ぎ、カクテル・ピンに刺したオリーブを沈める。

ニューヨークを作るならアメリカ生まれのウイスキーで

ニューヨーク

New York

28.8度 / 中口 / シェーク / オール / カクテル・グラス

カクテル名は、いわずと知れたアメリカの代表的都市。ウイスキーもアメリカ生まれのライ（またはバーボン）・ウイスキーにこだわり、ジュースの酸味とシロップの甘みで飲みやすく仕上がっている。

Recipe

ライ・ウイスキー
（またはバーボン・ウイスキー）――45mℓ
ライム・ジュース――15mℓ
グレナデン・シロップ――1/2tsp
オレンジ・ピール――1個

オレンジ・ピール以外の材料を氷と一緒にシェーク、グラスに注いでオレンジ・ピールを絞り入れる。

ちょっと気取って飲みたくなる美しい色彩と豊かな風味

ハイ・ハット

High Hat

27.3度 / 中口 / シェーク / オール / カクテル・グラス

ハイ・ハットは英国紳士などがかぶる高いシルク・ハットのことだが、「気取り屋」という意味もある。バーボン・ウイスキーの強い風味にフルーティーな材料を合わせ、飲みやすく仕上げた一杯。

Recipe

バーボン・ウイスキー――35mℓ
チェリー・ブランデー――10mℓ
レモン・ジュース――15mℓ

シェーカーにすべての材料（バーボン・ウイスキー、チェリー・ブランデー、レモン・ジュース）と氷を入れてシェークし、これをカクテル・グラスに注ぎ入れる。

スコッチ・ウイスキーの故郷を思いつつグラスを傾ける

ハイランド・クーラー

Highland Cooler

9.7度 / 中口 / シェーク / オール / コリンズ・グラス

スコッチ・ウイスキーの歴史と関わりの深いイギリス北部、ハイランド地方をイメージしたカクテル。スコッチと柑橘系のレモン・ジュースを合わせ、ジンジャー・エールで割った清涼感あふれる一杯。

Recipe

スコッチ・ウイスキー――40mℓ
レモン・ジュース――15mℓ
シュガー・シロップ――10mℓ
ジンジャー・エール――適量

ジンジャー・エール以外の材料を氷と一緒にシェーク。氷を入れたグラスに注ぎ、冷えたジンジャー・エールで満たして軽くステアする。

大嵐のような強い刺激のスピリッツを飲みやすく仕上げた一杯

ハリケーン

Hurricane

27.8 度 / 辛口 / シェーク / オール / カクテル・グラス

ウイスキーとドライ・ジンという辛口の組み合わせはハリケーン（大嵐）のような強い刺激。これをホワイト・ミント・リキュールの爽快《そうかい》感とレモン・ジュースの酸味で飲みやすく仕上げた一杯。

Recipe

- ウイスキー ―― 15mℓ
- ドライ・ジン ―― 15mℓ
- ホワイト・ミント・リキュール ―― 15mℓ
- レモン・ジュース ―― 15mℓ

シェーカーでウイスキー、ドライ・ジン、ホワイト・ミント・リキュール、レモン・ジュースを氷と一緒にシェークし、グラスに注ぐ。

甘美な味わいと情熱的な色合いが飲む人の心を撃ち落とす

ハンター

Hunter

34.7 度 / 中甘口 / ステア / オール / カクテル・グラス

重厚なコクのウイスキーをチェリー・ブランデーの豊かな甘い風味と香りが優しく包み込む。甘美な味わいと情熱的な色合いは、獲物を狙うハンター（狩人）のように、飲む人の心を撃ち落とす。

Recipe

- ウイスキー ―― 40mℓ
- チェリー・ブランデー ―― 20mℓ

ミキシング・グラスにウイスキー、チェリー・ブランデーと氷を入れてバー・スプーンでステア、これにストレーナーをかぶせ、カクテル・グラスに注ぎ入れる。

思わず誘惑されそうになる悪女のような妖艶《ようえん》な味わい

ブラッド・アンド・サンド

Blood & Sand

19.8 度 / 中甘口 / シェーク / オール / カクテル・グラス

『血と砂』は、闘牛士の数奇な人生を描いたスペインの小説。ウイスキーにチェリー・ブランデーやオレンジ・ジュース、香草系のベルモットを加えた妖艶な味わいは、主人公を誘惑する悪女のよう。

Recipe

- ウイスキー ―― 15mℓ
- スイート・ベルモット ―― 15mℓ
- チェリー・ブランデー ―― 15mℓ
- オレンジ・ジュース ―― 15mℓ

シェーカーでウイスキー、スイート・ベルモット、チェリー・ブランデー、オレンジ・ジュースを氷とシェークし、グラスに注ぐ。

古きよき時代のニューヨークに思いをはせて

ブルックリン

Brooklyn

34.1度 / 辛口 / ステア / オール / カクテル・グラス

ブルックリンはニューヨーク市にあり、イースト・リバーを挟んでマンハッタンの隣にある地区。そのためこのカクテルもマンハッタン(161ページ参照)に似ているが、よりドライに仕上げてある。

Recipe

ウイスキー	45mℓ
ドライ・ベルモット	15mℓ
マラスキーノ	1dash
アメール・ピコン	1dash

ミキシング・グラスにウイスキー、ドライ・ベルモット、マラスキーノ、アメール・ピコンと氷を入れてステアし、カクテル・グラスに注ぐ。

ベネディクティンの豊かな味わいを生かしたカクテル

ベネディクト

Benedict

32度 / 中甘口 / ビルド / オール / オールドファッションド・グラス

スコッチ・ウイスキーの芳醇《ほうじゅん》なコクと、多種類のハーブが使われたベネディクティンの組み合わせが織りなす深みのある味わい。そこにジンジャー・エールの爽快《そうかい》感を加え飲みやすく仕上げた一杯。

Recipe

スコッチ・ウイスキー	30mℓ
ベネディクティン	30mℓ
ジンジャー・エール	適量

ロック・アイスを入れたオールドファッションド・グラスにウイスキーとベネディクティンを注ぐ。これをジンジャー・エールで満たし、バー・スプーンで軽くステアする。

ゴルファーの夢を複雑な旨みのカクテルにのせて

ホール・イン・ワン

Hole in One

31.1度 / 中辛口 / シェーク / オール / カクテル・グラス

ホール・イン・ワンはゴルフ競技において1打でカップ・インすること。ウイスキーの風味にベルモットの香味、柑橘系2種類の組み合わせは、カクテルの美味しさの“オール・イン・ワン”ともいえる。

Recipe

ウイスキー	40mℓ
ドライ・ベルモット	20mℓ
レモン・ジュース	2dash
オレンジ・ジュース	1dash

シェーカーにウイスキー、ドライ・ベルモット、レモン・ジュース、オレンジ・ジュースと氷を入れてシェークし、グラスに注ぐ。

寒い季節に体を温めてくれるホット・ウイスキーのカクテル

ホット・ウイスキー・トゥディ

Hot Whisky Toddy

7.5度 / 中口 / ビルド / オール / ホット・グラス

“Toddy”とは好みの酒に砂糖を入れ、お湯か水を注いだスタイルのこと。このカクテルはホットな仕立てにレモンの酸味と健胃《けんい》効果もあるというクローブの香味が効いて、体を芯から温めてくれる。

Recipe

- ウイスキー ―― 45mℓ
- 熱湯 ―― 適量
- 角砂糖 ―― 1個
- スライス・レモン ―― 1枚
- クローブ(丁字《ちょうじ》) ―― 2～3粒

ホット・グラスにウイスキー、角砂糖を入れ、熱湯で満たす。そこにクローブを刺したスライス・レモンを入れる。

スコットランドの国民的詩人が愛したウイスキーのカクテル

ボビー・バーンズ

Bobby Burns

34.2度 / 中辛口 / ステア / オール / カクテル・グラス

スコットランドの詩人ロバート(ボビー)・バーンズにちなんだといわれるカクテル。ウイスキーのベースにスイート・ベルモットのほのかな甘みとベネディクティンの豊かな香りが加わった重厚な一杯。

Recipe

- スコッチ・ウイスキー ―― 45mℓ
- スイート・ベルモット ―― 15mℓ
- ベネディクティン ―― 1tsp.
- レモン・ピール ―― 1個

ミキシング・グラスにウイスキー、ベルモット、ベネディクティンと氷を入れてステア、グラスに注ぎ、レモン・ピールを絞り入れる。

真夏のビーチを吹き抜ける爽《さわ》やかな風のような一杯

マイアミ・ビーチ

Miami Beach

26.3度 / 中口 / シェーク / オール / カクテル・グラス

ウイスキーの豊かな風味とドライ・ベルモットのキリッとした味わいに爽やかなグレープフルーツ・ジュースが加わり、口当たりもよいカクテル。太陽の光が降り注ぐ真夏のビーチで飲みたくなる一杯だ。

Recipe

- ウイスキー ―― 35mℓ
- ドライ・ベルモット ―― 10mℓ
- グレープフルーツ・ジュース ―― 15mℓ

シェーカーにすべての材料（ウイスキー、ドライ・ベルモット、グレープフルーツ・ジュース）と氷を入れてシェークし、これをカクテル・グラスに注ぎ入れる。

“マミー”が仕立てたような爽《さわ》やかなカクテル

マミー・テーラー

Mamie Taylor

10.9 度 | 中口 | ビルド | オール | コリンズ・グラス

“マミー”はアメリカの女性の名称。芳醇《ほうじゅん》なウイスキーにライムの酸味を加え、ジンジャー・エールで爽やかに仕上げた一杯。別名はスコッチ・バックで、ベースをジンに替えるとジン・バックになる。

Recipe

- スコッチ・ウイスキー —— 45mℓ
- ライム・ジュース —— 15mℓ
- ジンジャー・エール —— 適量

氷を入れたコリンズ・グラスにスコッチ・ウイスキーとライム・ジュースを注ぎ入れバー・スプーンでステア、ジンジャー・エールで満たし、軽くステアする。

“女王”の名にふさわしい奥深い味わいと高貴な装い

マンハッタン

Manhattan

31.9 度 | 中辛口 | ステア | 食前 | カクテル・グラス

「カクテルの女王」と呼ばれ19世紀から世界中で愛飲されてきたが、チャーチル英国首相の母親がニューヨークのマンハッタン・クラブで催されたパーティーの席上、提案したものともいわれている。

Recipe

- バーボン・ウイスキー（またはカナディアン・ウイスキー） —— 40mℓ
- スイート・ベルモット —— 20mℓ
- アンゴスチュラ・ビターズ —— 1dash
- マラスキーノ・チェリー —— 1個

ミキシング・グラスでチェリー以外の材料をステア、グラスに注ぎ、カクテル・ピンに刺したチェリーを入れる。

アイリッシュ・ウイスキーと“ミスト”のベスト・マッチ

ミスティー・ネイル

Misty Nail

38.8 度 | 中甘口 | ビルド | 食後 | オールドファッションド・グラス

多数のハーブの抽出エキスと蜂蜜を加えて作られるアイリッシュ・ミストは、アイリッシュ・ウイスキーとの相性も抜群。ラスティ・ネイル（162ページ参照）のバリエーションとも呼べるカクテル。

Recipe

- アイリッシュ・ウイスキー —— 45mℓ
- アイリッシュ・ミスト —— 15mℓ

ロック・アイスを入れたオールドファッションド・グラスにアイリッシュ・ウイスキーとアイリッシュ・ミストを静かに注ぎ入れ、これをバー・スプーンで軽くステアする。

ウイスキーを"飲みやすく"アレンジしたカクテル

ミント・ジュレップ

Mint Julep

29.3度　中辛口　ビルド　オール　コリンズ・グラス

ジュレップとはペルシアで苦い薬を飲みやすくした甘い飲料のことで、それがアメリカで「飲みやすいもの」と解釈されたという。初夏に開かれるケンタッキー・ダービーの名物カクテルでもある。

Recipe

バーボン・ウイスキー	60mℓ
ソーダ	少量
シュガー・シロップ	1tsp.
ミント・リーフ	適量
ミント・リーフ(飾り用)	適量

グラスにミント、ソーダ、シロップを入れペストルで潰《つぶ》し、クラッシュド・アイスを詰め、ウイスキーを注いでよくステア。ミントとストローを添える。

アサガオのような爽《さわ》やかさを誘うサワー・スタイルのフィズ

モーニング・グローリー・フィズ

Morning Glory Fizz

13.9度　中口　シェーク　オール　タンブラー

スコッチ・ウイスキーを爽快《そうかい》な飲み口のサワー・スタイルで仕上げた一杯。ペルノはアニスをはじめ15種類のスパイスやハーブを使って造られたリキュールで、このカクテルの風味を引き立てている。

Recipe

スコッチ・ウイスキー	45mℓ
ペルノ	2dash
レモン・ジュース	15mℓ
卵白	1個分
ソーダ	適量

ソーダ以外の材料を氷と十分にシェークし、タンブラーに注いでソーダで満たし、軽くステアする。

王家の秘酒を使ったぜいたくなスコットランドのカクテル

ラスティ・ネイル

Rusty Nail

40度　甘口　ビルド　食後　オールドファッションド・グラス

ドランブイはかつて王家の秘酒ともいわれ、40種類ものスコッチ・ウイスキーにハーブと蜂蜜を加えたぜいたくなリキュール。その重厚な味わいがスコッチ・ウイスキーと溶け合い、至高の味を作り出す。

Recipe

スコッチ・ウイスキー	40mℓ
ドランブイ	20mℓ

オールドファッションド・グラスにロック・アイスを入れ、ドランブイとスコッチ・ウイスキーを注ぎ、バー・スプーンでステアする。ミキシング・グラスでステアしてからカクテル・グラスに注ぐ処方もある。

義賊《ぎぞく》の名をもつスコットランド風・マンハッタン

ロブ・ロイ

Rob Roy

33.9度 ／ 中辛口 ／ ステア ／ 食前 ／ カクテル・グラス

ロブ・ロイとは「紅毛《こうもう》のロバート」とも呼ばれ、スコットランドで人気があった義賊の名。スコッチを使ったこの“英国版マンハッタン”の作者は、ロンドン、サボイ・ホテルのハリー・クラドック氏。

Recipe

- スコッチ・ウイスキー――45mℓ
- スイート・ベルモット――15mℓ
- アンゴスチュラ・ビターズ――1dash
- マラスキーノ・チェリー――1個

ミキシング・グラスにマラスキーノ・チェリー以外の材料と氷を入れてステアし、グラスに注いで、カクテル・ピンに刺したチェリーを飾る。

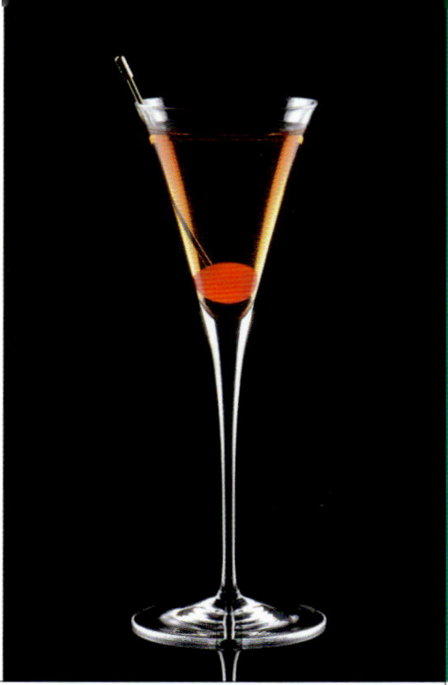

バーボンを爽《さわ》やかな飲み口にした区政開始記念のカクテル

ワード・エイト

Ward Eight

18.5度 ／ 中甘口 ／ シェーク ／ オール ／ カクテル・グラス

オレンジとレモンの2種類のフルーツ・ジュースとグレナデン・シロップがウイスキーの飲み口を爽やかにしたカクテル。ボストン市を8区（Ward Eight）に分けて区政が始まったことを記念して作られた。

Recipe

- バーボン・ウイスキー――30mℓ
- オレンジ・ジュース――15mℓ
- レモン・ジュース――15mℓ
- グレナデン・シロップ――1tsp.

ウイスキー、オレンジ・ジュース、レモン・ジュース、グレナデン・シロップを氷と一緒にシェークし、カクテル・グラスに注ぐ。

cocktail column

アメリカで愛されるバーボンと映画

西部劇をはじめ、バーボンが登場する映画はたくさんあるが、そのひとつに、1992年製作のアメリカ映画『セント・オブ・ウーマン/夢の香り』がある。ストーリーは、人生に悲観してふてくされた盲目の退役軍人フランクが、心優しい青年チャーリーとの交流を通じて新たな希望を見出していくというもの。この中でフランクは、ジャック・ダニエルを「ジョン・ダニエル」と呼ぶ。チャーリーが「ジョンじゃなくて、ジャック・ダニエルでしょ？」と指摘すると、フランクは「俺は付き合いが長いから、ジョンでいいんだ」と言い切る。ジャック・ダニエルを愛する人間ならではの印象的でユニークなセリフだ。

Brandy Base
Cocktails

{ブランデー・ベース}

ブランデーは一般的にブドウが原料の白ワインを蒸留して造られたものだが、
ブドウ以外の果物から造られたフルーツ・ブランデーもある。
生産される国や地域によって異なる、それぞれの特色をカクテルに生かしたい。

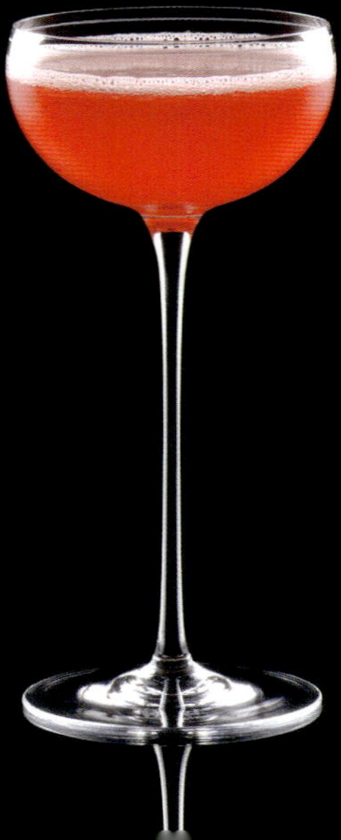

エレガントな女性にぴったりの味わいと彩り

アップル・ジャック

Apple Jack

26.7度　中甘口　シェーク　オール　カクテル・グラス

アップル・ブランデーのエレガントでフルーティーな風味にレモンの酸味が加わり、スッキリとした味わいに仕上がったカクテル。彩りも可愛らしく、女性向けの一杯といえる。

Recipe

- アップル・ブランデー ―― 40mℓ
- レモン・ジュース ―― 10mℓ
- グレナデン・シロップ ―― 10mℓ

シェーカーにブランデー、レモン・ジュース、グレナデン・シロップと氷を入れてシェークし、グラスに注ぐ。

妖艶《ようえん》な容姿とぜいたくな風味が飲む人を虜《とりこ》にする

アメリカン・ビューティー

American Beauty

18.1度 / 中甘口 / シェーク / オール / カクテル・グラス

「アメリカン・ビューティー」とは、アメリカを発祥とする深紅のバラの品種。その妖艶な魅力を表現したような美しい2層の色合いと、ぜいたくな素材が凝縮された味わいは、飲んだ人を虜にする。

Recipe

ブランデー	15mℓ
ドライ・ベルモット	10mℓ
ホワイト・ミント・リキュール	3drop
ポート・ワイン	15mℓ
オレンジ・ジュース	10mℓ
グレナデン・シロップ	10mℓ

ポート・ワイン以外の材料を氷とシェークしてグラスに注ぎ、ポート・ワインをフロートさせる。

美しき王妃に捧げられた、クリーミーで女性向きのカクテル

アレキサンダー

Alexander

26度 / 甘口 / シェーク / 食後 / カクテル・グラス

英国エドワード7世とデンマーク王妃アレクサンドラの婚礼を記念して作られたカクテル。香り高く風味豊かなコニャックとクレーム・ド・カカオの独特な甘みを生クリームでクリーミーに仕上げた一杯。

Recipe

ブランデー(コニャック)	30mℓ
クレーム・ド・カカオ	15mℓ
生クリーム	15mℓ
ナツメグ	適量

シェーカーにブランデー、クレーム・ド・カカオ、生クリームと氷を入れて十分にシェークし、グラスに注いでナツメグを振りかける。

香り高いブランデーとフルーツ・テイストの爽《さわ》やかな融合《ゆうごう》

イースト・インディア

East India

34度 / 中辛口 / シェーク / オール / カクテル・グラス

ブランデーにフルーツの甘みと酸味が溶け合い、ビターズのほのかな苦みがアクセントになった爽やかな一杯。名前の似たカクテルに、イースト・インディアンというシェリー・ベースのカクテルがある。

Recipe

ブランデー	45mℓ
オレンジ・キュラソー	2tsp.
アンゴスチュラ・ビターズ	1dash
パイナップル・ジュース	2tsp.

ブランデー、オレンジ・キュラソー、アンゴスチュラ・ビターズ、パイナップル・ジュースを氷とシェーク、カクテル・グラスに注ぐ。

マラスキーノの繊細な甘みとブランデーの風味を楽しむ

ウィリー・スミス

Willie Smith

32度 | 中口 | シェーク | オール | カクテル・グラス

1本の木からボトル5本分のリキュールしか作れないという貴重で甘みの強いマラスカ種チェリーを原料とするマラスキーノを、豊かな風味のブランデーに加えてレモンの酸味で引き締めたカクテル。

Recipe

- ブランデー ―― 40mℓ
- マラスキーノ ―― 20mℓ
- レモン・ジュース ―― 1tsp.

シェーカーにすべての材料（ブランデー、マラスキーノ、レモン・ジュース）を入れてシェークし、これをカクテル・グラスに注ぎ入れる。

名バーテンダーがオリンピックの記念に考案したカクテル

オリンピック

Olympic

26.7度 | 中甘口 | シェーク | オール | カクテル・グラス

名前のとおり、1924年にパリで開催されたオリンピックを記念して作られたカクテルで、作者はホテル・リッツのF・ヴェルマイヤー氏。ブランデーにオレンジの風味豊かな、元気の出る一杯だ。

Recipe

- ブランデー ―― 20mℓ
- オレンジ・キュラソー ―― 20mℓ
- オレンジ・ジュース ―― 20mℓ

シェーカーにすべての材料（ブランデー、オレンジ・キュラソー、オレンジ・ジュース）と氷を入れてシェークし、カクテル・グラスに注ぎ入れる。

こだわりのブランドで作られた重厚かつ爽《さわ》やかな一杯

カルバドス・カクテル

Calvados Cocktail

26.7度 | 中甘口 | シェーク | オール | カクテル・グラス

カルバドスはフランスのノルマンディー地方で造られる、リンゴ原料の蒸留酒。アップル・ブランデーの一種だが、この地域以外で造られる同様の蒸留酒はカルバドスを名乗れないというこだわり。

Recipe

- カルバドス ―― 20mℓ
- ホワイト・キュラソー ―― 20mℓ
- オレンジ・ジュース ―― 20mℓ

シェーカーにすべての材料（カルバドス、ホワイト・キュラソー、オレンジ・ジュース）と氷を入れてシェークし、カクテル・グラスに注ぎ入れる。

重厚な香りの組み合わせをブランデーの風味が包み込む

キッス・フロム・ヘブン

Kiss from Heaven

32.7度｜中口｜ステア｜オール｜カクテル・グラス

40種類ものスコッチ・ウイスキーにハーブと蜂蜜を加えたドランブイ。その重厚な香りと味わいがベルモットの香りと溶け合い、ブランデーの風味に包まれて豊かな味わいに仕上がっている。

Recipe

ブランデー ―― 20mℓ
ドランブイ ―― 20mℓ
ドライ・ベルモット ―― 20mℓ

ミキシング・グラスにすべての材料（ブランデー、ドランブイ、ドライ・ベルモット）と氷を入れてステア、これにストレーナーをかぶせ、グラスに注ぎ入れる。

カクテルを讃《たた》え、それを味わう喜びを歌い上げたような一杯

キャロル

Carol

31.7度｜中口｜ステア｜食後｜カクテル・グラス

キャロルの意味は「賛歌」。風味豊かなブランデーとスイート・ベルモットの組み合わせは、コクと深みのある味わいを実現。その色彩も美しく、まさにカクテルを味わう喜びを歌い上げたような一杯。

Recipe

ブランデー ―― 40mℓ
スイート・ベルモット ―― 20mℓ
パール・オニオン ―― 1個

ミキシング・グラスにブランデー、スイート・ベルモットと氷を入れてステア、ストレーナーをかぶせてグラスに注ぎ、カクテル・ピンに刺したパール・オニオンを飾る。

豪華客船にちなんだ見た目も味わいも高貴なカクテル

クイーン・エリザベス

Queen Elizabeth

27.7度｜中口｜ステア｜食後｜カクテル・グラス

クイーン・エリザベスは、イギリスの豪華客船にちなんだ名前。香り高く奥深い味わいの熟成したコニャックに、ベルモットの高貴な香りとオレンジ・キュラソーの甘美な風味がマッチした豪華な一杯。

Recipe

ブランデー（コニャック） ―― 30mℓ
スイート・ベルモット ―― 30mℓ
オレンジ・キュラソー ―― 1dash

ミキシング・グラスにすべての材料（ブランデー〈コニャック〉、スイート・ベルモット、オレンジ・キュラソー）と氷を入れてバー・スプーンでステアし、グラスに注ぎ入れる。

クラシックという名のポップで軽快なカクテル

クラシック

Classic

24度　中口　シェーク　オール　カクテル・グラス

ブランデーの芳醇《ほうじゅん》な風味に濃厚な甘みのマラスキーノと2種類の柑橘系ジュースの爽《さわ》やかな甘酸っぱさが加わって、クラシック(古典的な)という名前とは裏腹に粋《いき》で軽快な味わいに仕上がった一杯。

Recipe

- ブランデー ―― 30mℓ
- マラスキーノ ―― 10mℓ
- オレンジ・ジュース ―― 10mℓ
- レモン・ジュース ―― 10mℓ
- 砂糖 ―― 適量

砂糖以外の材料を氷と一緒にシェークし、砂糖でスノー・スタイルにしたカクテル・グラスに注ぎ入れる。

“二日酔い”からよみがえらせるような活力の出る一杯

コープス・リバイバー

Corpse Reviver

35.8度　中口　ステア　食後　カクテル・グラス

コープス・リバイバーには「死者をよみがえらせる」の意味があり、また“Reviver”は「迎え酒」のこと。ただし2種のブランデーとベルモットの組み合わせは濃厚で、アルコール度数も高い。

Recipe

- ブランデー ―― 40mℓ
- カルバドス ―― 10mℓ
- スイート・ベルモット ―― 10mℓ
- レモン・ピール ―― 1個

ミキシング・グラスにブランデー、カルバドス、スイート・ベルモットと氷を入れステア、グラスに注ぎレモン・ピールを絞りかける。

ブランデーが創り出す大人の雰囲気の中に一服の清涼感

コールド・デック

Cold Deck

29.8度　中口　ステア　食後　カクテル・グラス

ブランデーとスイート・ベルモットの香り高く風味豊かな組み合わせに、琥珀《こはく》色の色彩は大人の雰囲気を漂わせる。そこにホワイト・ミント・リキュールの清涼感が加わり、飲みやすく仕上がった一杯。

Recipe

- ブランデー ―― 30mℓ
- ホワイト・ミント・リキュール ―― 15mℓ
- スイート・ベルモット ―― 15mℓ

ミキシング・グラスにすべての材料(ブランデー、ホワイト・ミント・リキュール、スイート・ベルモット)と氷を入れてステアし、これをカクテル・グラスに注ぐ。

柑橘系のリキュールやジュースとブランデーが抜群の相性

サイドカー

Sidecar

30 度｜中辛口｜シェーク｜オール｜カクテル・グラス

ブランデー・ベースの定番ともいえるカクテル。考案者については、パリにある「ハリーズ・バー」のハリー・マッケルホーン氏など諸説ある。近年の処方はブランデーの風味をより引き立てる傾向にある。

Recipe

- ブランデー ── 30mℓ
- ホワイト・キュラソー ── 15mℓ
- レモン・ジュース ── 15mℓ

シェーカーにすべての材料と氷を入れてシェークし、これをカクテル・グラスに注ぐ。シェーカーにスライス・オレンジを入れ、味わいをよりマイルドに仕上げる方法もある。

濃厚な風味と甘みと酸味が三位一体となった旨み

サラトガ

Saratoga

30.7 度｜中口｜シェーク｜オール｜カクテル・グラス

サラトガは、アメリカのニューヨーク州にある町。アメリカ独立戦争の古戦場で、勝利への転機となった象徴的存在だ。ブランデー、マラスキーノの濃厚な風味、パインの甘酸っぱさが三位一体となった複雑な味わい。

Recipe

- ブランデー ── 40mℓ
- マラスキーノ ── 10mℓ
- パイナップル・ジュース ── 10mℓ

シェーカーにすべての材料（ブランデー、マラスキーノ、パイナップル・ジュース）と氷を入れてシェークし、カクテル・グラスに注ぎ入れる。

おしゃれで高級感漂うアメリカのシティ・カクテル

シカゴ

Chicago

22.3 度｜中口｜シェーク｜オール｜シャンパン・グラス（ソーサー）

アメリカ北部の大都市、シカゴの名前を付けた都市型カクテル。琥珀《こはく》色の色彩とスノー・スタイルのグラスも美しく、ブランデー・ベースの処方にシャンパンを加えたおしゃれで高級感漂う一杯。

Recipe

- A ブランデー ── 45mℓ
- A オレンジ・キュラソー ── 2drop
- A アンゴスチュラ・ビターズ ── 1dash
- シャンパン ── 適量
- 砂糖 ── 適量

材料Aを氷とシェーク、砂糖でスノー・スタイルにしたグラスに注ぎ、冷やしたシャンパンを満たす。

最高格のアップル・ブランデーを用いるこだわり

ジャック・ローズ

Jack Rose

20度 中甘口 シェーク オール カクテル・グラス

ジャック・ローズの名前は、アメリカ産のアップル・ブランデー、アップル・ジャックからきている。しかしこのカクテルに使う場合は、アップル・ブランデーの最高格であるカルバドスを使うのが定石。

Recipe

カルバドス	30mℓ
ライム・ジュース	20mℓ
グレナデン・シロップ	10mℓ

シェーカーにすべての材料（カルバドス、ライム・ジュース、グレナデン・シロップ）を入れてシェークし、これをカクテル・グラスに注ぎ入れる。

シャンゼリゼ通りを眺めながら飲みたいおしゃれな一杯

シャンゼリゼ

Champs-Élysées

33.5度 中辛口 シェーク 食前 カクテル・グラス

熟成されたブランデー（コニャック）に、ハーブの香りと蜂蜜の甘み豊かなシャルトリューズ（イエロー）を加えた、上品で繊細な風味。パリのシャンゼリゼ通りをイメージして作られたおしゃれな一杯。

Recipe

ブランデー（コニャック）	40mℓ
シャルトリューズ（イエロー）	10mℓ
アンゴスチュラ・ビターズ	1dash
レモン・ジュース	10mℓ

シェーカーでブランデー、シャルトリューズ（イエロー）、アンゴスチュラ・ビターズ、レモン・ジュースを氷とシェークし、グラスに注ぎ入れる。

ミツバチが運んできた甘くて滑《なめ》らかな口当たりのカクテル

ズーム・カクテル

Zoom Cocktail

20度 甘口 シェーク 食後 カクテル・グラス

ズームとは、ミツバチの羽音など「ブーン」という音の擬声語。蜂蜜をたっぷり使っていることからその名が付いたと思われる。生クリームの口当たりも滑らかで栄養もあり、元気の出るカクテル。

Recipe

ブランデー	30mℓ
蜂蜜	15mℓ
生クリーム	15mℓ

シェーカーにすべての材料（ブランデー、蜂蜜、生クリーム）と氷を入れ、蜂蜜や生クリームが混ざるよう十分にシェークしてから、カクテル・グラスに注ぎ入れる。

豊かな風味の中に感じる針のようなシャープさと清涼感

スティンガー

Stinger

36度 / 中辛口 / シェーク / オール / カクテル・グラス

スティンガーとは「針」または「皮肉屋」のこと。20世紀初頭に、ニューヨークの「コロニー・レストラン」で人気のあったオリジナル・カクテルといわれている。ブランデーにミントの清涼感を感じる一杯。

Recipe

ブランデー ―― 45mℓ
ホワイト・ミント・リキュール ―― 15mℓ

すべての材料を氷とシェークし、グラスに注ぐ。ベースをウオッカに替えるとホワイト・スパーダー（別名ウオッカ・スティンガー、120ページ参照）になるほか、ジンに替えたカクテルなどもある。

蜘蛛《くも》の巣に絡《から》め取られたような魅惑的な一杯

スパイダー・キッス

Spider Kiss

20度 / 甘口 / シェーク / 食後 / カクテル・グラス

香り高く味わい深いコニャックに甘みのあるコーヒー・リキュールと濃厚な生クリームを加え、滑《なめ》らかな口当たりに仕上げたカクテル。蜘蛛の巣に絡め取られたような、魅力的な味わいの一杯だ。

Recipe

ブランデー（コニャック） ―― 20mℓ
コーヒー・リキュール ―― 20mℓ
生クリーム ―― 20mℓ

シェーカーにすべての材料（ブランデー〈コニャック〉、コーヒー・リキュール、生クリーム）と氷を入れてシェークし、これをカクテル・グラスに注ぎ入れる。

アルコール度数ちょっと高め、格調高い大人の味わい

スリー・ミラーズ

Three Millers

36.4度 / 中辛口 / シェーク / オール / カクテル・グラス

ブランデーとホワイト・ラムの組み合わせに、レモンの風味とグレナデン・シロップの甘みを加え、色付けしたカクテル。赤褐色の格調高い色彩でアルコール度数も少し高めの、大人のための一杯。

Recipe

ブランデー ―― 40mℓ
ホワイト・ラム ―― 20mℓ
レモン・ジュース ―― 1dash
グレナデン・シロップ ―― 1tsp.

シェーカーにブランデー、ホワイト・ラム、レモン・ジュース、グレナデン・シロップと氷を入れてシェークし、グラスに注ぐ。

ブランデーとコーヒー・リキュールの意外なマッチング

ダーティー・マザー

Dirty Mother

33.3度 | 甘口 | ビルド | 食後 | オールドファッションド・グラス

ブランデーとコーヒー・リキュールだけのシンプルな組み合わせは、一見、不釣り合いに見えるが、ブランデーの樽《たる》熟成由来の風味とコーヒー・リキュールの甘みは相性がよく、絶妙な味わいを醸《かも》し出す。

Recipe

ブランデー ―― 40mℓ
コーヒー・リキュール ―― 20mℓ

氷を入れたオールドファッションド・グラスにブランデーとコーヒー・リキュールを入れ、バー・スプーンで軽くステアする。ベースをウオッカに替えるとブラック・ルシアン(116ページ参照)になる。

"悪魔"の誘いに乗って飲み過ぎないよう注意

デビル

Devil

33.7度 | 中辛口 | シェーク | オール | カクテル・グラス

芳醇《ほうじゅん》な香りと味わいのブランデーにグリーン・ミントの爽快《そうかい》感が加わり、清涼感あふれる味わいに仕上がった一杯。アルコール度数は高めなので、悪魔のささやきに乗って飲み過ぎないよう注意。

Recipe

ブランデー ―― 40mℓ
グリーン・ミント・リキュール ―― 20mℓ

シェーカーにブランデー、グリーン・ミント・リキュールと氷を入れてシェーク、これをカクテル・グラスに注ぎ入れる。最後にレッド・ペッパーを振りかける処方もある。

チョコレートの後に滑《なめ》らかな口当たりの甘さが広がる

トランタン

Trentaine

22.7度 | 甘口 | シェーク | 食後 | カクテル・グラス

スノー・スタイルにしたチョコレートの後にブランデーの深い味わいが広がる甘口のカクテル。1993年、第18回H.B.A.創作カクテルコンペティションのスイート部門で準優勝した長島茂敏氏の作品。

Recipe

A ブランデー ―― 20mℓ
A アマレット ―― 20mℓ
A 生クリーム ―― 10mℓ
A 卵黄 ―― 10mℓ
チョコレート・パウダー ―― 適量

材料Aを氷と一緒にシェークし、チョコレート・パウダーでスノー・スタイルにしたグラスに注ぐ。

一口飲めば夢見るような深い味わいと甘みが広がる

ドリーム

Dream

40度 ｜ 中辛口 ｜ シェーク ｜ 食前 ｜ カクテル・グラス

オレンジ・キュラソーはオレンジの果皮をスピリッツに浸し、熟成させたまろやかな味わい。これをブランデーに加えることで風味を高め、ペルノがもつ爽《さわ》やかなアニスのアクセントを効かせたカクテル。

Recipe

- ブランデー ―― 45mℓ
- オレンジ・キュラソー ―― 15mℓ
- ペルノ ―― 1dash

シェーカーにすべての材料（ブランデー、オレンジ・キュラソー、ペルノ）と氷を入れてシェークし、これをカクテル・グラスに注ぐ。

就寝前に飲めば心地よい眠りへと誘《いざな》ってくれる一杯

ナイト・キャップ

Night Cap

26.9度 ｜ 甘口 ｜ シェーク ｜ 食後 ｜ カクテル・グラス

ブランデーにオレンジや香草の香り豊かなキュラソー、アニゼットの2種類のリキュールを加え、卵黄でコクを出したカクテル。ナイト・キャップという名のとおり、心地よい眠りに誘ってくれる一杯だ。

Recipe

- ブランデー ―― 20mℓ
- オレンジ・キュラソー ―― 20mℓ
- アニゼット ―― 20mℓ
- 卵黄 ―― 1個分

シェーカーにすべての材料（ブランデー、オレンジ・キュラソー、アニゼット、卵黄）と氷を入れてよくシェークし、カクテル・グラスに注ぐ。

口の中で材料を混ぜ合わせて完成する珍しいカクテル

ニコラシカ

Nikolaschka

36.9度 ｜ 中口 ｜ ビルド ｜ 食後 ｜ リキュール・グラス

飲む際にまず砂糖ごとレモンを口に含み、噛んで酸味と甘みが口中に広がってからブランデーを流し込む珍しいスタイルのカクテル。20世紀の初めにドイツのハンブルクで生まれたといわれる。

Recipe

- ブランデー ―― 1glass
- 砂糖 ―― 1tsp.
- スライス・レモン ―― 1枚

スライス・レモンの上に砂糖をのせ、ブランデーを注いだリキュール・グラスの上に置く。砂糖はスプーンの背で固めるなどして見た目が美しくなるよう整える。

個性的な材料が織りなす重層で深い味わい

ハーバード

Harvard

27.6度　中口　ステア　オール　カクテル・グラス

芳醇《ほうじゅん》なブランデーの風味に、スイート・ベルモットのスパイシーな風味と、アンゴスチュラ・ビターズのほろ苦さ、シュガー・シロップの甘さが溶け合って重層な味を織りなす、味わい深いカクテル。

Recipe

ブランデー	30mℓ
スイート・ベルモット	30mℓ
アンゴスチュラ・ビターズ	2dash
シュガー・シロップ	1dash

ミキシング・グラスにすべての材料と氷を入れてバー・スプーンでステアし、ストレーナーをかぶせてカクテル・グラスに注ぎ入れる。

アップル・ブランデーの名品をクーラー・スタイルで

ハーバード・クーラー

Harvard Cooler

10.9度　中口　シェーク　オール　コリンズ・グラス

アップル・ブランデーの名品カルバドスを使用したぜいたくなベースに、レモン・ジュースの酸味とシュガー・シロップの甘みを加え、ソーダの炭酸で満たして喉《のど》ごしも爽《さわ》やかに仕上げたカクテル。

Recipe

カルバドス	45mℓ
レモン・ジュース	15mℓ
シュガー・シロップ	10mℓ
ソーダ	適量

ソーダ以外の材料と氷を一緒にシェーク、氷を入れたコリンズ・グラスに注ぎ入れ、冷えたソーダで満たして軽くステアする。

バナナの凝縮した旨みとブランデーの風味で至福の味わい

バナナ・ブリス

Banana Bliss

28.5度　甘口　ビルド　食後　オールドファッションド・グラス

完熟した甘みの強いバナナからじっくり時間をかけて作られたクレーム・ド・バナーヌを、風味豊かなブランデーに加えたカクテル。"Bliss"という名前のとおり、"至高の喜び"が口の中いっぱいに広がる。

Recipe

ブランデー	30mℓ
クレーム・ド・バナーヌ	30mℓ

氷を入れたオールドファッションド・グラスにブランデーとクレーム・ド・バナーヌを入れ、バー・スプーンで軽くステアする。

カップルのこれからの人生をグラスの中に凝縮

ハネムーン

Honeymoon

30度 ｜ 中口 ｜ シェーク ｜ オール ｜ カクテル・グラス

アップル・ブランデーのふくよかな甘みとベネディクティン・DOMのほろ苦さ、レモン・ジュースの甘酸っぱさは、新婚を迎えた2人のこれからの人生のよう。別名をファーマーズ・ドーターともいう。

Recipe

- アップル・ブランデー ―― 30mℓ
- ベネディクティン・DOM ―― 10mℓ
- オレンジ・キュラソー ―― 5mℓ
- レモン・ジュース ―― 15mℓ
- マラスキーノ・チェリー ―― 1個

マラスキーノ・チェリー以外の材料をシェークしてグラスに注ぎ、マラスキーノ・チェリーを沈める。

ブランデー・ベースのリキュールとブランデーの濃厚な出会い

ビー・アンド・ビー

B&B

40度 ｜ 中甘口 ｜ ビルド ｜ 食後 ｜ リキュール・グラス

B&Bはベネディクティンとブランデーの頭文字を取った名前。プース・カフェ・スタイルのこの処方で作ると、比重の違いで2つの酒は二層になる。ブランデーにコニャックを使うと"B&C"になる。

Recipe

- ブランデー ―― 1/2glass
- ベネディクティン・DOM ―― 1/2glass

ベネディクティン・DOM、ブランデーの順番で、バー・スプーンの背を伝わせ、リキュール・グラスに静かに注ぎ、プース・カフェ・スタイルにする。オン・ザ・ロック・スタイルや、ミックスする処方もある。

寝酒にもセクシーな意味にもとれるネーミングの一杯

ビトウィン・ザ・シーツ

Between the Sheets

36.9度 ｜ 甘口 ｜ シェーク ｜ 食後 ｜ カクテル・グラス

シーツの間、つまり「ベッドに入って」という艶《つや》っぽいネーミング。ブランデーとラム、ホワイト・キュラソーという3種のアルコールの組み合わせで、アルコール度数もちょっと高めの大人のドリンク。

Recipe

- ブランデー ―― 20mℓ
- ホワイト・ラム ―― 20mℓ
- ホワイト・キュラソー ―― 20mℓ
- レモン・ジュース ―― 1tsp.

シェーカーにブランデー、ホワイト・ラム、ホワイト・キュラソー、レモン・ジュースと氷を入れてシェークし、グラスに注ぐ。

コールドでもホットでも美味しいクリスマスの定番

ブランデー・エッグノッグ

Brandy Eggnog

8.6 度 | 甘口 | シェーク | 食後 | タンブラー

香り高く口当たりもまろやかなエッグノッグ・スタイルの代表格。もとはアメリカ南部でクリスマス・ドリンクとして愛飲されていたらしく、牛乳を温めてホット・ドリンクとして飲む場合もある。

Recipe

A
- ブランデー ―― 30mℓ
- ホワイト・ラム ―― 15mℓ
- 卵 ―― 1個分
- シュガー・シロップ ―― 15mℓ
- 牛乳 ―― 90mℓ

- ナツメグ ―― 適量

材料Aをシェークして氷を入れたグラスに注ぎ、ナツメグを振りかける。

フルーティーな味と香りに大胆なレモン・ピールの装飾

ブランデー・クラスタ

Brandy Crusta

34.2 度 | 中口 | シェーク | オール | ワイン・グラス

クラスタとは「皮」の意味で、らせん状にむいたレモン・ピールで飾ったスノー・スタイルのカクテルの総称ともなっている。ウイスキー・クラスタのほか、ジン、ラムなど、さまざまなクラスタがある。

Recipe

A
- ブランデー ―― 45mℓ
- マラスキーノ ―― 10mℓ
- アンゴスチュラ・ビターズ ―― 1dash
- レモン・ジュース ―― 5mℓ

- 砂糖 ―― 適量
- スパイラル・レモン・ピール ―― 1個

材料Aをシェークしてスノー・スタイルのグラスに注ぎ、レモン・ピールを飾る。

フルーティーな甘酸っぱさが印象的なブランデーのサワー

ブランデー・サワー

Brandy Sour

22.9 度 | 中口 | シェーク | オール | サワー・グラス

ブランデーを甘酸っぱいレモン・ジュースで割った爽《さわ》やかな飲み口にシュガー・シロップの甘みが加わり、飲みやすく仕上がった一杯。フルーツ類の可愛らしい見た目も手伝って、女性にも人気。

Recipe

- ブランデー ―― 40mℓ
- レモン・ジュース ―― 20mℓ
- シュガー・シロップ ―― 10mℓ
- スライス・レモン ―― 1枚
- マラスキーノ・チェリー ―― 1個

シュガー・シロップまでの材料を氷と一緒にシェーク、グラスに注ぎ、レモンとチェリーを沈める。

ブランデーとチェリー・ブランデーの二重奏

ブランデー・フィックス

Brandy Fix

21.3度 | 中口 | ビルド | オール | オールドファッションド・グラス

風味豊かなブランデーに、チェリーの味わいを生かしたチェリー・ブランデーを合わせたブランデーの濃厚な二重奏。レモンの酸味とシュガー・シロップの甘みを加えることで飲みやすく仕上がっている。

Recipe

- ブランデー ―― 30mℓ
- チェリー・ブランデー ―― 30mℓ
- レモン・ジュース ―― 20mℓ
- シュガー・シロップ ―― 10mℓ
- スライス・レモン ―― 1枚

グラスに氷を入れ、スライス・レモン以外の材料を入れて軽くステアし、スライス・レモンを飾る。

フランスを代表する銘酒コニャックとエメラルドの色彩

フレンチ・エメラルド

French Emerald

8.7度 | 中口 | ビルド | オール | コリンズ・グラス

しっかりと熟成させた香り高いブランデー（コニャック）に、オレンジのフルーティーさとほろ苦さをもつブルー・キュラソーの組み合わせは、深い味わいと同時に美しいエメラルド色の色彩が特徴的。

Recipe

- ブランデー（コニャック） ―― 30mℓ
- ブルー・キュラソー ―― 10mℓ
- トニック・ウォーター ―― 適量

氷を入れたコリンズ・グラスに、ブランデー（コニャック）とブルー・キュラソーを注いでステアする。そこに冷やしたトニック・ウォーターを注ぎ入れ、軽くステアする。

ブランデーとアマレットの相性抜群なシネマ・カクテル

フレンチ・コネクション

French Connection

36度 | 甘口 | ビルド | 食後 | オールドファッションド・グラス

1970年代に封切られたジーン・ハックマン主演の映画『フレンチ・コネクション』にちなんで命名されたカクテル。ブランデーの芳醇《ほうじゅん》な風味とアマレットのもつアーモンド香の甘い味わいは相性も抜群。

Recipe

- ブランデー ―― 40mℓ
- アマレット ―― 20mℓ

氷を入れたオールドファッションド・グラスにすべての材料（ブランデー、アマレット）を注ぎ入れ、バー・スプーンで軽くステアする。日本での処方は比較的ブランデーの比重が高いといわれる。

伝統の香草系リキュールの味わいを存分に生かした一杯

ベネディクティン・カクテル

Benedictine Cocktail

30度 | 中口 | シェーク | オール | カクテル・グラス

クローブやコリアンダーなど27種の香草を原料に、複雑な工程を経て造られるベネディクティンは、ブランデーとの相性がよい。その深い味わいにレモンの酸味を効かせて飲みやすく仕上げた一杯。

Recipe

ブランデー——30mℓ
ベネディクティン——15mℓ
レモン・ジュース——15mℓ

シェーカーにすべての材料（ブランデー、ベネディクティン、レモン・ジュース）と氷を入れてシェークし、カクテル・グラスに注ぐ。

アメリカ大統領も愛飲した「馬の首」という名のカクテル

ホーセズ・ネック

Horse's Neck

13.3度 | 中口 | ビルド | オール | タンブラー

グラスを飾るレモンの皮が“馬の首”のように見える楽しいカクテル。ブランデーとジンジャー・エールを合わせた爽《さわ》やかな飲み口は、アメリカのセオドア・ルーズベルト大統領も愛飲したという。

Recipe

ブランデー——45mℓ
ジンジャー・エール——適量
レモンの皮——1個分

レモンの皮をらせん状にむき、グラスのエッジにかけ内側に垂らす。レモンの皮の間に入れ込むように氷を入れ、ブランデーを注ぎ、ジンジャー・エールを満たして軽くステアする。

チェリーで飾った赤い風車はムーラン・ルージュのシンボル

ムーラン・ルージュ

Moulin Rouge

16.4度 | 中口 | ビルド | オール | コリンズ・グラス

ムーラン・ルージュとは、その名が意味する「赤い風車」が目印のパリの有名なナイト・クラブの名前。これはトロピカルなロング・カクテルだが、スロー・ジンを使った同名のショート・カクテルもある。

Recipe

ブランデー——30mℓ
シャンパン——適量
パイナップル・ジュース——20mℓ
カット・パイナップル——1個
マラスキーノ・チェリー——1個

グラスに氷、ブランデーとパイナップル・ジュースを注いでステア、冷えたシャンパンで満たし、果実類を飾る。

「旅立つためにもう一杯」という曲にちなんだ元気の出る一杯

ワン・モア・フォー・ザ・ロード

One More for the Road

19.1 度 ／ 甘口 ／ シェーク ／ 食後 ／ カクテル・グラス

ブランデーにコーヒー・リキュールの甘みを加え、牛乳、卵白で滑《なめ》らかに仕上げた、飲みやすくて元気の出る一杯。第8回H.B.A.創作カクテルコンペティションで準優勝した今村博明氏の作品。

Recipe

ブランデー	25mℓ
コーヒー・リキュール	15mℓ
牛乳	10mℓ
卵白	1/2個分

シェーカーですべての材料（ブランデー、コーヒー・リキュール、牛乳、卵白）を氷と一緒によくシェークし、カクテル・グラスに注ぐ。

“田舎のお嬢さん”という名の爽《さわ》やかなカクテル

カイピリーニャ

Caipirinha

36 度 ／ 中口 ／ ビルド ／ オール ／ オールドファッションド・グラス

ピンガ（別名・カシャーサ）は、サトウキビを使ったブラジルの地酒。そこにたっぷりのライムとシュガーを加えただけのシンプルなレシピは、酸味が効いて暑い季節にぴったりの爽やかな味わい。

Recipe

ピンガ	45mℓ
ライム	1/2個分
パウダー・シュガー	1tsp.

グラスに、やや厚めの輪切りを1/4にカットしたライムとパウダー・シュガーを入れ、ペストルで潰《つぶ》す。そこにクラッシュド・アイスを入れ、ピンガを注いでペストルを添える。

cocktail column

芸術の相乗効果“シネマ・カクテル”

ブランデー・ベースのフレンチ・コネクションは、同名の映画タイトルにちなんで名付けられた、いわゆる“シネマ・カクテル”だが、やはり映画にちなんで名付けられた『ゴッドファーザー』のバリエーションでもある。また、映画との関連性はわからないが映画タイトルと同名のカクテルには、『セブンス・ヘブン』『トッティー』『テキーラ・サンライズ』『アメリカン・ビューティー』『グラン・ブルー』などがあり、『カジノ』や『ハリケーン』などの単純な固有名詞まで含めると、たいへんな数になる。これはカクテルも映画と同様に、それぞれがストーリーをもった“芸術作品”であるからともいえるだろう。

Liqueur Base
Cocktails

{リキュール・ベース}

リキュールは、材料の薬効とその美しさから“液体の宝石”ともいわれてきた。
種類は非常に多いが、使用する材料により「フルーツ系」「ハーブ＆スパイス系」
「ナッツ・ビーン・カーネル系」「スペシャリティーズ系」の4つに分類される。

リキュールとブランデーが織りなすカラフルな5層

プース・カフェ

Pousse-Café

25度　甘口　ビルド　食後

プース・カフェ・グラス

カクテル名は「コーヒーを押しのける」＝食後のコーヒーの後に飲むものという意味。5層は比重の重い酒から積み上げて作る。飲む際はストローを差し入れると、好みの層から楽しめる。

Recipe

グレナデン・シロップ ―― 1/5glass
グリーン・ミント・リキュール ―― 1/5glass
マラスキーノ ―― 1/5glass
シャルトリューズ（イエロー） ―― 1/5glass
ブランデー ―― 1/5glass

グレナデン・シロップから順に、バー・スプーンの背を使い、グラスの内側を通して混ざり合わないよう静かに注ぐ。

シンプルな3層のプース・スタイル・カクテル

ユニオン・ジャック

Union Jack

21.3度　甘口　ビルド　食後　ポニー・グラス

ユニオン・ジャックとはイギリス国旗のこと。カラフルな層をなすプース・カフェ・スタイルのカクテルだが、プース・カフェと違い、ユニオン・ジャックの場合は3つの材料だけでシンプルに仕上げている。

Recipe

グレナデン・シロップ ―― 1/3glass
マラスキーノ ―― 1/3glass
シャルトリューズ(イエロー) ―― 1/3glass

ポニーグラスにグレナデン・シロップ、マラスキーノ、シャルトリューズ（イエロー）の順に、バー・スプーンの背を伝うように静かに注ぎ入れて、3層に積み上げる。

フルーティーな甘酸っぱさが女性に人気の一杯

アドバンテージ

Advantage

12.7度　中甘口　シェーク　食後　カクテル・グラス

豊かな風味をもつチェリー・ブランデーと、アンズの実をまるごと漬け込んで造られた杏露酒《シンルチュウ》、甘酸っぱいグレープフルーツ・ジュースを同量で組み合わせた、ほんのり甘口の飲みやすいカクテル。

Recipe

チェリー・ブランデー ―― 20mℓ
杏露酒 ―― 20mℓ
グレープフルーツ・ジュース ―― 20mℓ

シェーカーにすべての材料（チェリー・ブランデー、杏露酒、グレープフルーツ・ジュース）と氷を入れてシェークし、これをカクテル・グラスに注ぎ入れる。

ネーミングどおり食後にふさわしい爽《さわ》やかな飲み口

アフター・ディナー

After Dinner

28.7度　中甘口　シェーク　食後　カクテル・グラス

アプリコット・ブランデーとフルーツ系リキュールの代表格オレンジ・キュラソーの組み合わせに、ライム・ジュースの酸味が加わり、爽やかな飲み口に仕上げられたカクテル。食後にふさわしい一杯だ。

Recipe

アプリコット・ブランデー ―― 30mℓ
オレンジ・キュラソー ―― 25mℓ
ライム・ジュース ―― 5mℓ

シェーカーにすべての材料（アプリコット・ブランデー、オレンジ・キュラソー、ライム・ジュース）と氷を入れてシェークし、これをカクテル・グラスに注ぎ入れる。

フルーティーな味覚いっぱいの"アフリカの女王"

アフリカン・クイーン

African Queen

19度 | 甘口 | シェーク | オール | オールドファッションド・グラス

"アフリカの女王"というネーミングどおり、バナナとオレンジの野趣《やしゅ》あふれる風味が暑いサバンナを思い起こさせるカクテル。オレンジのデコレーションも"女王"の名にふさわしい女性向けの一杯だ。

Recipe

- クレーム・ド・バナーヌ ―― 20ml
- ホワイト・キュラソー ―― 20ml
- オレンジ・ジュース ―― 20ml
- カット・オレンジ ―― 1個

カット・オレンジ以外の材料を氷と一緒にシェーク、氷を入れたオールドファッションド・グラスに注ぎ、カット・オレンジを飾る。

アプリコット・ブランデーを使ったカクテルの代表格

アプリコット

Apricot

19.8度 | 中甘口 | シェーク | オール | カクテル・グラス

さまざまなカクテルに合うアプリコット・ブランデーだが、ドライ・ジンのキレ味とレモン、オレンジの2種類のジュースを合わせたこのカクテルは、名前どおりアプリコット・ブランデーの代表格。

Recipe

- アプリコット・ブランデー ―― 30ml
- ドライ・ジン ―― 10ml
- レモン・ジュース ―― 10ml
- オレンジ・ジュース ―― 10ml

シェーカーにすべての材料と氷を入れてシェークし、これをカクテル・グラスに注ぎ入れる。

アプリコット・ブランデーがベースのクーラー・スタイル

アプリコット・クーラー

Apricot Cooler

4.4度 | 中甘口 | シェーク | オール | コリンズ・グラス

アプリコット・ブランデーをベースにしたフルーツ感覚いっぱいのロング・ドリンク。グラスにクラッシュド・アイスを詰める処方もある。

Recipe

- アプリコット・ブランデー ―― 30ml
- レモン・ジュース ―― 15ml
- グレナデン・シロップ ―― 10ml
- ソーダ ―― 適量
- スライス・レモン ―― 1枚
- スライス・オレンジ ―― 1/2枚
- マラスキーノ・チェリー ―― 1個

グレナデン・シロップまでの材料をシェークして氷を入れたグラスに注ぎ、ソーダで満たして軽くステア。カクテル・ピンに刺したフルーツ類を飾る。

飲んだ人をオウムのように饒舌《じょうぜつ》にする黄色い魔力

イエロー・パロット

Yellow Parrot

34.7度 | 中甘口 | ステア | 食後 | カクテル・グラス

アプリコット・ブランデーとペルノ、シャルトリューズという3種のリキュールの組み合わせでアルコール度数も高く、飲むとオウムのように饒舌になることから“黄色いオウム”と名付けられたカクテル。

Recipe

- アプリコット・ブランデー —— 20mℓ
- ペルノ —— 20mℓ
- シャルトリューズ（イエロー） —— 20mℓ

ミキシング・グラスにすべての材料（アプリコット・ブランデー、ペルノ、シャルトリューズ〈イエロー〉）と氷を入れてステアし、カクテル・グラスに注ぎ入れる。

ふくよかな甘みとジューシーな風味で勝利を呼び込む一杯

ウイニング・ラン

Winning Run

9.5度 | 甘口 | シェーク | オール | コリンズ・グラス

ふくよかな味わいのピーチ・リキュールにグレープフルーツ、レモンの2種類のジュースを合わせ、シロップの甘みを加えた元気の出るカクテル。ミントの香りも心地よく、勝利を呼びそうな一杯だ。

Recipe

- ピーチ・リキュール —— 45mℓ
- グレープフルーツ・ジュース —— 30mℓ
- レモン・ジュース —— 15mℓ
- グレナデン・シロップ —— 1tsp.
- ミント・リーフ —— 適量

ミント・リーフ以外の材料をシェーク、クラッシュド・アイスを入れたグラスに注ぎ、ミント・リーフを飾る。

チェリーとカシスのリキュールが紡ぎ出す上品な甘さ

キルシュ・カシス

Kirsch Cassis

13.3度 | 中甘口 | ビルド | オール | タンブラー

キルシュとは、ドイツ語でチェリーのこと。そのチェリーとカシスから造った2種類のリキュールにソーダを加えたシンプルなレシピだが、クレーム・ド・カシスを生んだフランスでは人気のカクテル。

Recipe

- キルシュ・リキュール —— 30mℓ
- クレーム・ド・カシス —— 30mℓ
- ソーダ —— 適量

タンブラーに氷を入れ、キルシュ・リキュールとクレーム・ド・カシスを注ぎステア、冷えたソーダで満たして軽くステアする。

バナナの滑《なめ》らかな舌ざわりと甘さをデザート感覚で

クール・バナナ

Cool Banana

19度 / 甘口 / シェーク / 食後 / カクテル・グラス

コクのある甘さのクレーム・ド・バナーヌを使い、バナナの香りをたっぷり詰め込んだカクテル。卵白と生クリームによって濃厚でクリーミーな仕上がりになっており、デザート感覚で味わえる一杯。

Recipe

- クレーム・ド・バナーヌ ―― 25mℓ
- ホワイト・キュラソー ―― 25mℓ
- 生クリーム ―― 15mℓ
- 卵白 ―― 2tsp.
- マラスキーノ・チェリー ―― 1個

シェーカーにチェリー以外の材料と氷を入れてシェーク、カクテル・グラスに注ぎ、エッジにチェリーを飾る。

蒼海《そうかい》のような美しさとオレンジ&パイナップルのジューシーさ

グラン・ブルー

Grand Blue

11.5度 / 中甘口 / シェーク / オール / カクテル・グラス

フランス語で「雄大な青」を意味するネーミングどおりの美しい色彩。2種類のオレンジ・リキュールに、パイナップルのリキュールであるアナナスとジュースを加えたジューシーで甘酸っぱい味わい。

Recipe

- マンダリン ―― 20mℓ
- アナナス ―― 10mℓ
- ブルー・キュラソー ―― 1tsp.
- パイナップル・ジュース ―― 30mℓ

シェーカーにマンダリン、アナナス、ブルー・キュラソー、パイナップル・ジュースと氷を入れてシェークし、カクテル・グラスに注ぐ。

緑色の美しい色彩から生まれる“感動”の美味しさ

グリーン・エモーション

Green Emotion

9度 / 甘口 / シェーク / 食後 / シャンパン・グラス(フルート)

甘みと酸味のバランスがよいキウイ・リキュールと、軽い口当たりでどんな材料とも相性のよいココナッツ・リキュールに、ライムの爽《さわ》やかさ、バニラと生クリームの滑《なめ》らかさが加わった“感動”の一杯。

Recipe

- キウイ・リキュール ―― 30mℓ
- ココナッツ・リキュール ―― 20mℓ
- コーディアル・ライム・ジュース ―― 20mℓ
- 生クリーム ―― 20mℓ
- バニラ・シロップ ―― 1tsp.

シェーカーにすべての材料と氷を入れてシェークし、フルート型のシャンパン・グラスに注ぐ。

フルーティーな味わいが引き立つコリンズ・カクテル

ジョージア・コリンズ

Georgia Collins

5.1 度 | 中甘口 | ビルド | オール | コリンズ・グラス

ピーチやオレンジなど数十種類のフルーツとハーブを使って作られたほのかな甘みのサザン・カンフォートをフルーティーに仕立て、7upで割った、トム・コリンズ（97ページ参照）の変形版カクテル。

Recipe

A	サザン・カンフォート	40mℓ
A	レモン・ジュース	20mℓ
	7up	適量
	スライス・レモン	1枚
	スライス・オレンジ	1/2枚
	マラスキーノ・チェリー	1個

グラスに氷と材料Aを入れステア、7upを注ぎ軽くステアし、果実類を飾る。

フルーツ・ジュースのように軽やかでジューシーな飲み口

スウィート・メモリー

Sweet Memory

9.3 度 | 中甘口 | シェーク | 食後 | カクテル・グラス

アンズのフルーティーな味わいいっぱいの杏露酒《シンルチュウ》と、アーモンド・フレーバーのアマレット、爽《さわ》やかな酸味のグレープフルーツ・ジュースの組み合わせは、軽やかでジューシーな飲み口を演出している。

Recipe

- 杏露酒 ―― 20mℓ
- アマレット ―― 10mℓ
- グレープフルーツ・ジュース ―― 30mℓ

シェーカーにすべての材料（杏露酒、アマレット、グレープフルーツ・ジュース）と氷を入れてシェークし、カクテル・グラスに注ぐ。

アメリカ南部産のリキュールを使いヒロインの生涯を演出

スカーレット・オハラ

Scarlett Ohara

10.5 度 | 中甘口 | シェーク | オール | カクテル・グラス

カクテル名は、映画『風と共に去りぬ』のヒロインの名前。物語の舞台にもなったアメリカ南部産のサザン・カンフォートを使い、ヒロインの波乱の生涯を表現したようなドラマチックな風味が人気。

Recipe

- サザン・カンフォート ―― 30mℓ
- クランベリー・ドリンク ―― 20mℓ
- レモン・ジュース ―― 10mℓ

シェーカーにすべての材料（サザン・カンフォート、クランベリー・ドリンク、レモン・ジュース）と氷を入れてシェークし、カクテル・グラスに注ぐ。

グラスの中の"イチゴ畑"をぞんぶんに味わう

ストロベリー・フィールド

Strawberry Field

22.3 度 ／ 中甘口 ／ シェーク ／ オール ／ カクテル・グラス

イチゴの風味と鮮やかな紅色が特徴のストロベリー・リキュールは、まさに"イチゴ畑"をグラスの中に再現。さらに風味豊かなウオッカと柑橘系のリキュール、ジュースの酸味が味わいを引き立てている。

Recipe

- ストロベリー・リキュール ―― 30mℓ
- ウオッカ ―― 10mℓ
- ホワイト・キュラソー ―― 10mℓ
- レモン・ジュース ―― 10mℓ

シェーカーにすべての材料（ストロベリー・リキュール、ウオッカ、ホワイト・キュラソー、レモン・ジュース）と氷を入れてシェークし、グラスに注ぐ。

スロー・ジンとベルモットが生み出す上品な甘酸っぱさ

スロー・ジン・カクテル

Sloe Gin Cocktail

21.3 度 ／ 中甘口 ／ ステア ／ オール ／ カクテル・グラス

スロー・ベリーの甘酸っぱさにジンのほろ苦さが加わったイギリス生まれのスロー・ジン。これにドライ、スイート両方のベルモットを合わせ、レモンの酸味を効かせた上品な味わいのカクテル。

Recipe

- スロー・ジン ―― 30mℓ
- ドライ・ベルモット ―― 15mℓ
- スイート・ベルモット ―― 15mℓ
- レモン・ピール ―― 1個

ミキシング・グラスにレモン・ピール以外の材料と氷を入れてステア、カクテル・グラスに注ぎ、レモン・ピールを絞り入れる。

フィズ・スタイルがスロー・ジンの美味しさを引き出す

スロー・ジン・フィズ

Sloe Gin Fizz

5.8 度 ／ 中口 ／ シェーク ／ オール ／ タンブラー

フルーツ・ジュースや炭酸と相性のいいスロー・ジンの持ち味を生かしたカクテル。そのほのかな苦みと甘酸っぱさにレモン・ジュースとソーダを加え、フルーツを添えた爽《さわ》やかな装いと風味が特徴。

Recipe

- A スロー・ジン ―― 30mℓ
- A レモン・ジュース ―― 15mℓ
- A シュガー・シロップ ―― 1tsp.
- ソーダ ―― 適量
- スライス・レモン ―― 1枚
- マラスキーノ・チェリー ―― 1個

グラスに氷とシェークした材料A、ソーダを注ぎ軽く混ぜ、果実類を飾る。

日本生まれの“桜の花”は、いまや世界でも大人気

チェリー・ブロッサム

Cherry Blossom

30.3 度 ｜ 中口 ｜ シェーク ｜ オール ｜ カクテル・グラス

ネーミングどおり「桜の花」をイメージさせる美しい色合いのカクテルは、横浜にあるバー「パリ」の田尾多三郎氏の創作。フルーティーでコクのある豊かな香りと味わいは、今や世界でも人気の一杯。

Recipe

- チェリー・ブランデー ―― 30mℓ
- ブランデー ―― 30mℓ
- オレンジ・キュラソー ―― 2dash
- レモン・ジュース ―― 2dash
- グレナデン・シロップ ―― 2dash
- マラスキーノ・チェリー ―― 1個

チェリー以外の材料をシェークしてグラスに注ぎ、チェリーを沈める。

チャップリンの喜劇のように華やかで軽快な一杯

チャーリー・チャップリン

Charlie Chaplin

16.7 度 ｜ 中甘口 ｜ シェーク ｜ オール ｜ オールドファッションド・グラス

喜劇王チャップリンにちなんで名付けられたこのカクテルは、芳醇《ほうじゅん》なアプリコット・ブランデーと甘酸っぱいスロー・ジン、レモン・ジュースの酸味が一体となった、華やかな香りと軽快な味わい。

Recipe

- アプリコット・ブランデー ―― 20mℓ
- スロー・ジン ―― 20mℓ
- レモン・ジュース ―― 20mℓ

シェーカーにすべての材料（アプリコット・ブランデー、スロー・ジン、レモン・ジュース）と氷を入れてシェーク、オールドファッションド・グラスに注ぎ入れる。

ブルーの色合いも美しい東洋的な甘口カクテル

チャイナ・ブルー

China Blue

11.3 度 ｜ 甘口 ｜ シェーク ｜ オール ｜ シャンパン・グラス（フルート）

絶世の美女とうたわれた楊《よう》貴《き》妃《ひ》が愛したというライチ。そのライチのリキュールであるディタを使ったカクテルは、日本や欧米でも人気がある。柑橘系のジュースとの相性もよく、飲み口も爽《さわ》やか。

Recipe

- ディタ ―― 30mℓ
- ブルー・キュラソー ―― 10mℓ
- グレープフルーツ・ジュース ―― 45mℓ

シェーカーにすべての材料（ディタ、ブルー・キュラソー、グレープフルーツ・ジュース）と氷を入れてシェークし、フルート型のシャンパン・グラスに注ぎ入れる。

ライチの味わいを喉《のど》ごしも爽《さわ》やかに仕上げた一杯

ディタモーニ

Ditamoni

4.4度 | 中甘口 | ビルド | オール | コリンズ・グラス

チャイナ・ブルー（187ページ参照）と処方は似ているが、こちらはトニック・ウォーターで割って喉ごしも爽やかに仕上げた一杯。ライチのオリエンタルな色合いと味わいは女性に人気が高い。

Recipe

- ディタ —— 30mℓ
- グレープフルーツ・ジュース —— 30mℓ
- トニック・ウォーター —— 適量

氷を入れたコリンズ・グラスにディタとグレープフルーツ・ジュースを注ぎステア。さらに冷やしたトニック・ウォーターで満たし、軽くステアする。

グラスの中はエメラルドグリーンの海のような美しさ

パール・ハーバー

Pearl Harbor

20度 | 中甘口 | シェーク | オール | カクテル・グラス

パール・ハーバーとは、太平洋戦争の口火を切った日本の奇襲攻撃の舞台となった「真珠湾」のこと。戦争の悲劇とは裏腹に、グラスの中はエメラルドグリーンの海のような美しさをたたえている。

Recipe

- メロン・リキュール —— 30mℓ
- ウオッカ —— 15mℓ
- パイナップル・ジュース —— 15mℓ

シェーカーにすべての材料（メロン・リキュール、ウオッカ、パイナップル・ジュース）と氷を入れてシェークし、カクテル・グラスに注ぎ入れる。

オレンジの風味たっぷりのジューシーな味わい

バレンシア

Valencia

15.5度 | 中甘口 | シェーク | オール | カクテル・グラス

オレンジの産地、スペインのバレンシア地方にちなんで名付けられたカクテルだけに、オレンジの風味と酸味の効いたジューシーな味わい。芳《ほう》醇《じゅん》なアプリコット・ブランデーが絶妙にマッチしている。

Recipe

- アプリコット・ブランデー —— 40mℓ
- オレンジ・ビターズ —— 2dash
- オレンジ・ジュース —— 20mℓ

シェーカーにすべての材料（アプリコット・ブランデー、オレンジ・ビターズ、オレンジ・ジュース）と氷を入れてシェークし、カクテル・グラスに注ぎ入れる。

ふくよかなピーチの味と香りが口の中いっぱいに広がる

ピーチ・ブロッサム

Peach Blossom

8.6度 | 中甘口 | シェーク | オール | カクテル・グラス

ネーミングどおり、桃の花の芳《かぐわ》しい香りが漂ってきそうなこのカクテルは、ふくよかな風味のピーチ・リキュールに、酸味の効いた2種類の柑橘系ジュースを加え、シロップで味付けした飲みやすい一杯。

Recipe

ピーチ・リキュール	30mℓ
オレンジ・ジュース	30mℓ
レモン・ジュース	1tsp.
グレナデン・シロップ	1tsp.

すべての材料（ピーチ・リキュール、オレンジ・ジュース、レモン・ジュース、グレナデン・シロップ）を氷とシェークし、グラスに注ぐ。

甘酸っぱいスロー・ジンとスミレの香りが印象的なカクテル

ピンポン

Ping-pong

23.1度 | 甘口 | シェーク | 食後 | カクテル・グラス

パルフェ・タムールは、独特の香りをもつスイート・バイオレット（ニオイスミレ）と柑橘系の果皮、香草などから造られる香り高いリキュール。甘くてさっぱりとしたスロー・ジンとの相性も絶妙。

Recipe

スロー・ジン	30mℓ
パルフェ・タムール	30mℓ
レモン・ジュース	1tsp.

シェーカーにすべての材料（スロー・ジン、パルフェ・タムール、レモン・ジュース）と氷を入れてシェークし、これをカクテル・グラスに注ぐ。

ピーチとオレンジが爽《さわ》やかに融合《ゆうごう》したジュース感覚の一杯

ファジー・ネーブル

Fuzzy Navel

5度 | 甘口 | ビルド | オール | オールドファッションド・グラス

ピーチ・リキュールをオレンジ・ジュースで割った、ほどよい甘みと酸味の効いたやわらかな口当たりのカクテル。グラスの中に飾られた果実類もみずみずしく、アルコール度数も控えめで女性に好まれる。

Recipe

ピーチ・リキュール	30mℓ
オレンジ・ジュース	適量
スライス・オレンジ	1/2枚
マラスキーノ・チェリー	1個

氷を入れたグラスにピーチ・リキュールとオレンジ・ジュースを注ぎ、カクテル・ピンに刺したチェリーとスライス・オレンジを飾る。

ブルー・キュラソーの美しい色合いと味わいが生きる

ブルー・レディ

Blue Lady

14.8度 ｜ 中口 ｜ シェーク ｜ オール ｜ カクテル・グラス

ジン・ベースのピンク・レディ(99ページ参照)と処方が似ているが、こちらはブルー・キュラソーの効果による透き通った海のような青さが美しい一杯。卵白を使い、口当たりも滑《なめ》らかな仕上がり。

Recipe

- ブルー・キュラソー ―― 30mℓ
- ドライ・ジン ―― 15mℓ
- レモン・ジュース ―― 15mℓ
- 卵白 ―― 1個分

シェーカーにすべての材料(ブルー・キュラソー、ドライ・ジン、レモン・ジュース、卵白)と氷を入れて十分にシェークし、グラスに注ぐ。

濃厚な旨みのカクテルは"脳内出血"という刺激的なネーミング

ブレイン・ヘモレージ

Brain Hemorrhage

17.8度 ｜ 甘口 ｜ ビルド ｜ 食後 ｜ シェリー・グラス

ベイリーズはアイルランドの蒸留酒とクリームを一体にしたリキュール。これをピーチ・リキュールの上に浮かべ、シロップをドロップすることで、ユニークな見た目をもつ濃厚な旨みの一杯になる。

Recipe

- ピーチ・リキュール ―― 45mℓ
- ベイリーズ・オリジナル・アイリッシュ・クリーム ―― 15mℓ
- グレナデン・シロップ ―― 1tsp.

冷やしたピーチ・リキュールをシェリー・グラスに注いでその上にベイリーズを浮かべ、グレナデン・シロップをドロップ(自然に落とす)する。

恋人にプロポーズするときにオーダーしたい祝福の一杯

プロポーズ

Propose

13.2度 ｜ 中甘口 ｜ シェーク ｜ オール ｜ カクテル・グラス

第20回H.B.A.創作カクテルコンペティションで優勝した、京王プラザホテル鈴木克昌氏の作品。トロピカルな果実味満載の華やかな一杯だ。

Recipe

- A
  - パッションフルーツ・リキュール ―― 20mℓ
  - アマレット ―― 15mℓ
  - ライチ・リキュール ―― 5mℓ
  - パイナップル・ジュース ―― 20mℓ
  - グレナデン・シロップ ―― 1tsp.
- レモン・ピール ―― 1個
- ベルローズ ―― 1個
- マラスキーノ・チェリー ―― 1個

材料Aをシェークしてグラスに注ぎ、レモン・ピールをリボン状にカクテル・ピンに通し、さらにベルローズを刺したチェリーを通したものを飾る。

ベルベットの滑《なめ》らかな肌ざわりのような甘口カクテル

ベルベット・ハンマー

Velvet Hammer

22.2度 / 甘口 / シェーク / 食後 / カクテル・グラス

オレンジ風味のホワイト・キュラソーに、ジャマイカ産ブルーマウンテンから作られた穏やかな甘みのコーヒー・リキュールであるティア・マリアを合わせ、生クリームで滑らかに仕上げた甘口の一杯。

Recipe

- ホワイト・キュラソー —— 20mℓ
- ティア・マリア —— 20mℓ
- 生クリーム —— 20mℓ

シェーカーにすべての材料（ホワイト・キュラソー、ティア・マリア、生クリーム）と氷を入れて十分にシェークし、カクテル・グラスに注ぐ。

サルも飲みたくなるようなフルーツの風味が満載

モンキー・ミックス

Monkey Mix

2.1度 / 中甘口 / シェーク / オール / オールドファッションド・グラス

ネーミングどおり、サルの大好きなバナナとオレンジをミックスした、フルーティーでライトな口当たりのカクテル。アルコール度数も控えめで、お酒が苦手な人でも飲みやすいジュース感覚の一杯だ。

Recipe

- クレーム・ド・バナーヌ —— 15mℓ
- オレンジ・ジュース —— 15mℓ
- トニック・ウォーター —— 適量
- スライス・オレンジ —— 1枚

クレーム・ド・バナーヌ、オレンジ・ジュースと氷をシェーク、グラスに注いでトニック・ウォーターで満たし軽くステア、スライス・オレンジを飾る。

祝福のパレードのような楽しい装飾とジューシーな味わい

ラ・フェスタ　〜祝祭〜

La Festa

16.3度 / 中甘口 / シェーク / オール / カクテル・グラス

フルーティーで見た目にも楽しいこのカクテルは、第22回H.B.A.創作カクテルコンペティションで優勝した、京王プラザホテル髙野勝矢氏の作品。

Recipe

- A マンゴスティン・リキュール —— 20mℓ
- A グラッパ —— 10mℓ
- A ブルーベリー・リキュール —— 10mℓ
- A グレープフルーツ・ジュース —— 20mℓ
- A グレナデン・シロップ —— 1tsp.
- レインボー・シュガー —— 適量
- スパイラル・ライム・ピール —— 1個
- スパイラル・レモン・ピール —— 1個
- マラスキーノ・チェリー —— 1個

グラスの側面をレモンで濡らし、シュガーを振りかける。材料Aをシェークしてグラスに注ぎ、果実類を飾る。

宝石のように輝く色合いと、爽《さわ》やかで滑《なめ》らかな喉《のど》ごし

ルビー・フィズ

Ruby Fizz

4.7度 | 甘口 | シェーク | オール | コリンズ・グラス

ネーミングのとおり淡いルビー色に輝く色合いが美しい一杯。スロー・ジンと相性のよいレモン・ジュースの組み合わせに、ソーダの心地よい喉ごし、さらに卵白で口当たりも滑らかに仕上がっている。

Recipe

A ┌ スロー・ジン ―― 30mℓ
A │ レモン・ジュース ―― 15mℓ
A │ シュガー・シロップ ―― 15mℓ
A └ 卵白 ―― 1/2個分

ソーダ ―― 適量
スライス・レモン ―― 1枚
マラスキーノ・チェリー ―― 1個

グラスに氷、よくシェークした材料A、ソーダを注ぎ軽くステア、果実類を飾る。

柑橘類の爽《さわ》やかさとリンゴの甘みが美味しく溶け合う

レディー・ジョーカー

Lady Joker

11.8度 | 中甘口 | シェーク | オール | カクテル・グラス

柑橘系のジュースと相性のいいレモン・リキュールの酸味をグレープフルーツ・ジュースと組み合わせ、爽やかな香りのグリーン・アップル・リキュールを加えた、甘酸っぱくて飲みやすいカクテル。

Recipe

レモン・リキュール ―― 15mℓ
グリーン・アップル・リキュール ―― 15mℓ
グレープフルーツ・ジュース ―― 30mℓ

シェーカーにすべての材料（レモン・リキュール、グリーン・アップル・リキュール、グレープフルーツ・ジュース）と氷を入れてシェークし、グラスに注ぎ入れる。

豪華な材料をぜいたくに使った優雅なカクテル

ロイヤル・カルテット

Royal Quartet

18.2度 | 中甘口 | シェーク | オール | シャンパン・グラス（ソーサー）

ルジェ・クレーム・カルテットは、甘酸っぱい4種のベリーが"カルテット（四重奏）"を奏でるようなリキュール。これにブランデーやシャンパンを加えた豪華で優雅なカクテル。

Recipe

A ┌ ルジェ・クレーム・カルテット ―― 20mℓ
A │ クルボアジェ V.S.O.P.ルージュ ―― 10mℓ
A └ レモン・ジュース ―― 1tsp.

ランソン・シャンパン・ブラックラベル・ブリュット ―― 15mℓ
マラスキーノ・チェリー ―― 1個
カット・パイナップル ―― 1個
ミント・リーフ ―― 2枚

グラスに冷えたシャンパン、シェークした材料Aを注ぎ、果実類を飾る。

個性的なリキュールの風味が生きるハイボール

アメール・ピコン・ハイボール

Amer Picon Highball

6度　中口　ビルド　食前　タンブラー

アメール・ピコンはゲンチアナ（リンドウの一種）、オレンジ果皮、キナ樹皮、砂糖などを配合して造られたリキュール。炭酸飲料とよく合うので、ハイボールはこのリキュールの特徴が生きる飲み方。

Recipe

- アメール・ピコン ―― 45mℓ
- グレナデン・シロップ ―― 3dash
- ソーダ ―― 適量
- レモン・ピール ―― 1個

氷を入れたグラスにアメール・ピコンとグレナデン・シロップを注いでステア。これをソーダで満たし軽くステアして、レモン・ピールを絞り入れる。

独特のビターな風味を爽《さわ》やかに仕上げたアペリティフ

アメール・モーニ

Amer Moni

3.3度　中口　ビルド　食前　コリンズ・グラス

独特のビターな風味をもったアメール・ピコンに甘酸っぱいグレープフルーツ・ジュースを加え、トニック・ウォーターで爽やかに仕上げた一杯。アルコール度数も控えめで、食前にふさわしいカクテル。

Recipe

- アメール・ピコン ―― 30mℓ
- グレープフルーツ・ジュース ―― 30mℓ
- トニック・ウォーター ―― 適量

氷を入れたコリンズ・グラスにアメール・ピコンとグレープフルーツ・ジュースを入れステア、そこにトニック・ウォーターを注ぎ入れ、軽くステアする。

イタリア産の材料を使った"アメリカ人"という名の一杯

アメリカーノ

Americano

15度　中口　ビルド　食前　オールドファッションド・グラス

香り高いスイート・ベルモットに、ほろ苦いカンパリと甘酸っぱいグレープフルーツ・ジュースを加えたアペリティフ。名前はイタリア語で「アメリカ人」の意味だが、使っている材料はイタリア産。

Recipe

- カンパリ ―― 30mℓ
- スイート・ベルモット ―― 30mℓ
- ソーダ ―― 適量
- レモン・ピール ―― 1個

氷を入れたグラスにカンパリとスイート・ベルモットを注いでステア。これを冷えたソーダで満たして軽くステアし、レモン・ピールを絞り入れる。

伝統のリキュールの風味を滑《なめ》らかな口当たりで味わう

ウイドゥズ・ドリーム

Widow's Dream

17.1 度　中甘口　シェーク　食後　シャンパン・グラス（ソーサー）

ベネディクティンは16世紀にフランスのベネディクト派修道院で作られたという古い歴史をもつリキュール。たくさんのハーブを使ったそのコクのある風味を、卵と生クリームで滑らかに仕上げた一杯。

Recipe

ベネディクティン	60mℓ
卵	1個分
生クリーム	適量

シェーカーに生クリーム以外の材料（ベネディクティン、卵）と氷を入れて十分にシェーク、ソーサー型のシャンパン・グラスに注ぎ入れ、生クリームをフロートさせる。

カンパリのほろ苦さとオレンジの酸味は相性もぴったり

カンパリ・オレンジ

Campari & Orange

8.3 度　中口　ビルド　オール　タンブラー

カンパリ・ソーダと並び、カンパリを使ったカクテルの代表格。カンパリは柑橘系のフルーツ・ジュースとも相性がよい。イタリアでは「ガリバルディ」と呼ばれ、少量のオレンジ・キュラソーも加える。

Recipe

カンパリ	45mℓ
オレンジ・ジュース	適量
スライス・オレンジ	1/2枚

氷を入れたタンブラーにカンパリを注ぎ、冷やしたオレンジ・ジュースで満たしてバー・スプーンで軽くステア。スライス・オレンジを入れる。

世界中で愛飲されているカンパリの定番カクテル

カンパリ・ソーダ

Campari & Soda

8.3 度　中口　ビルド　食前　タンブラー

世界中で愛飲されているリキュール・カクテルの定番。オレンジ果皮から抽出したカンパリは、冷えたソーダで割るとほどよい苦みと甘みが引き立ち、オレンジを加えることで風味が増す。

Recipe

カンパリ	45mℓ
ソーダ	適量
スライス・オレンジ	1/2枚
（またはオレンジ・ピール	1個）

氷を入れたタンブラーにカンパリを注ぎ、冷やしたソーダで満たして軽くステア。スライス・オレンジ（またはオレンジ・ピール）を飾る。

香り高くほろ苦いキスのような大人のカクテル

キス・ミー・クイック

Kiss Me Quick

19.3度　中口　シェーク　オール　タンブラー

十数種類のスパイスやハーブを使った豊かな香りのペルノをベースにしたこのカクテルは、オレンジ・キュラソーの風味とアンゴスチュラ・ビターズの苦みを加えた、ほろ苦いキスのような大人の味わい。

Recipe

- ペルノ ―― 60mℓ
- オレンジ・キュラソー ―― 3dash
- アンゴスチュラ・ビターズ ―― 2dash
- ソーダ ―― 適量

ペルノ、オレンジ・キュラソー、アンゴスチュラ・ビターズと氷をシェーク。氷を入れたタンブラーに注ぎ、冷えたソーダで満たして軽くステアする。

草原を跳ねるバッタのような色合いが印象的な食後酒の定番

グラスホッパー

Grasshopper

15度　甘口　シェーク　食後　カクテル・グラス

ミントの香りが爽《さわ》やかな食後カクテルの定番。名前のとおり、「バッタ」のようなグリーンの色合いが印象的だが、ブラウンのクレーム・ド・カカオを使うと「茶バッタ」という意味のカクテルになる。

Recipe

- グリーン・ミント・リキュール ―― 20mℓ
- クレーム・ド・カカオ（ホワイト） ―― 20mℓ
- 生クリーム ―― 20mℓ

シェーカーにすべての材料（グリーン・ミント・リキュール、クレーム・ド・カカオ〈ホワイト〉、生クリーム）と氷を入れて十分にシェークし、グラスに注ぎ入れる。

誘惑されてしまいそうな刺激的彩りと味わい

グラッド・アイ

Glad Eye

33.7度　中甘口　シェーク　食後　カクテル・グラス

“グラッド・アイ” とは、「色目を使う」の “色目” のこと。まさに誘惑されてしまいそうな淡いグリーンの美しい色彩とミントの刺激的な味わいで、アルコール度数も高めの大人のカクテルだ。

Recipe

- ペルノ ―― 40mℓ
- グリーン・ミント・リキュール ―― 20mℓ

シェーカーにすべての材料（ペルノ、グリーン・ミント・リキュール）と氷を入れてシェークし、カクテル・グラスに注ぎ入れる。

金色に輝く高級車のように美しく甘く華やかな味わい

ゴールデン・キャデラック

Golden Cadillac

22.1 度 / 甘口 / シェーク / 食後 / カクテル・グラス

ガリアーノは40種類以上の薬草・香草類を配合した、黄金色でとろけるような甘い口当たりのリキュール。カクテルにする場合はカカオ・リキュールや生クリームと合わせるのが定石とされている。

Recipe

- ガリアーノ ―― 20mℓ
- クレーム・ド・カカオ（ホワイト） ―― 20mℓ
- 生クリーム ―― 20mℓ

シェーカーにすべての材料（ガリアーノ、クレーム・ド・カカオ〈ホワイト〉、生クリーム）と氷を入れて十分にシェークし、これをカクテル・グラスに注ぎ入れる。

“リキュールの女王”とブランデーのゴージャス・カクテル

ゴールデン・スリッパー

Golden Slipper

24.6 度 / 甘口 / シェーク / 食後 / カクテル・グラス

蜂蜜の風味豊かなシャルトリューズ（イエロー）に、甘酸っぱいアプリコット・ブランデーを加え卵黄でまろやかに仕上げたカクテル。1969年にカナダで開催されたカクテル・コンクールの優勝作品。

Recipe

- シャルトリューズ（イエロー） ―― 30mℓ
- アプリコット・ブランデー ―― 30mℓ
- 卵黄 ―― 1個分

シェーカーにすべての材料（シャルトリューズ〈イエロー〉、アプリコット・ブランデー、卵黄）と氷を入れて十分にシェークし、これをカクテル・グラスに注ぎ入れる。

とろけるような甘い口当たりに黄金色の夢を見る

ゴールデン・ドリーム

Golden Dream

20.6 度 / 甘口 / シェーク / 食後 / カクテル・グラス

ガリアーノはカカオ・リキュールや生クリームのほか、フレッシュなオレンジ・ジュースとも相性がよい。黄金色のガリアーノをベースに作られるこのカクテルは、名前どおり夢見るような甘い味わい。

Recipe

- ガリアーノ ―― 15mℓ
- ホワイト・キュラソー ―― 15mℓ
- オレンジ・ジュース ―― 15mℓ
- 生クリーム ―― 15mℓ

シェーカーにすべての材料と氷を入れて十分にシェークし、カクテル・グラスに注ぎ入れる。

ピカソも魅了されたリキュールをシンプルかつ爽《さわ》やかに

スーズ・トニック

Suze Tonic

5度　中口　ビルド　オール　タンブラー

スーズは、薬草のゲンチアナ（リンドウの一種）の苦みを配合してフランスで開発されたリキュール。ほろ苦さにバニラの甘い香りが調和し、その美味しさには芸術家のピカソも魅了されたという。

Recipe

スーズ――45mℓ
トニック・ウォーター――適量

氷を入れたタンブラーにスーズを注ぎ入れ、冷えたトニック・ウォーターでこれを満たし、バー・スプーンで軽くステアする。

カンパリのほろ苦さを爽《さわ》やかに味わうイタリア生まれの一杯

スプモーニ

Spumoni

5.6度　中口　ビルド　オール　タンブラー

スプモーニの名は、イタリア語で「泡立つ」という意味の“Spumare（スプマーレ）”から来ている。カンパリ・ソーダ、カンパリ・オレンジなどと並び、カンパリの風味を堪能できる人気の一杯。

Recipe

カンパリ――30mℓ
グレープフルーツ・ジュース――45mℓ
トニック・ウォーター――適量

氷を入れたタンブラーにカンパリとグレープフルーツ・ジュースを注ぎステア。さらに冷えたトニック・ウォーターで満たし、軽くステアする。

リカールのスパイシーな風味を存分に味わう

パスティス・ウォーター

Pastis Water

10度　中口　ビルド　オール　タンブラー

スター・アニスやフェンネルなどのスパイスを使った爽《さわ》やかな味わいのリキュールであるリカールは、このカクテルのようにシンプルに水割りやソーダ割りにすると、その力強い風味を存分に楽しめる。

Recipe

リカール――30mℓ
ミネラル・ウォーター――適量

氷を入れたタンブラーに冷えたリカールを注ぎ入れ、冷えたミネラル・ウォーターで満たし、バー・スプーンで軽くステアする。

ネーミングどおりの組み合わせは、ほろ苦い大人の味わい

ピコン&グレナデン

Picon & Grenadin

6度 / 中甘口 / ビルド / オール / タンブラー

独特の苦みと甘みをもつアメール・ピコンとグレナデン・シロップを合わせた、ネーミングどおりのカクテル。アルコール度数は控えめだがレモンのアクセントも効いて、大人の味わいに仕上がっている。

Recipe

アメール・ピコン ―― 45mℓ
グレナデン・シロップ ―― 10mℓ
ソーダ ―― 適量
レモン・ピール ―― 1個

氷を入れたグラスにアメール・ピコンとグレナデン・シロップを入れステア、ソーダで満たして軽くステアし、レモン・ピールを絞り入れる。

"第一級の"という意味のカンパリ・ベースのカクテル

プリメーラ

Primera

9.6度 / 中甘口 / シェーク / オール / ワイン・グラス

ソーダや柑橘系ジュースとの相性がいいカンパリだが、スパークリング・ワインで割ったこの一杯でも、そのほろ苦さにオレンジの酸味、スパークリング・ワインの爽快《そうかい》さが加わって美味しく変身する。

Recipe

カンパリ ―― 20mℓ
スパークリング・ワイン ―― 適量
オレンジ・ジュース ―― 30mℓ
グレナデン・シロップ ―― 10mℓ

スパークリング・ワイン以外の材料をシェーク、クラッシュド・アイスを入れたグラスに注ぎ、スパークリング・ワインで満たして軽くステアする。

清涼感と爽快《そうかい》感にあふれる夏向けのカクテル

ミント・フラッペ

Mint Frappé

21度 / 甘口 / ビルド / 食後 / シャンパン・グラス(ソーサー)

フラッペは「氷で冷やした」という意味のフランス語。クラッシュド・アイスを山盛りにしたグラスには、鮮やかな色のリキュールが映える。その清涼感がミントの爽快な香りと相まって、暑い夏に最適。

Recipe

グリーン・ミント・リキュール ―― 30mℓ
ミント・リーフ ―― 適量

ソーサー型のシャンパン・グラスにクラッシュド・アイスを山盛りにする。そこにグリーン・ミント・リキュールを注ぎ、ミント・リーフを飾ってストローを2本添える。

愛する人に捧げたい濃厚な甘みをたたえた一杯

アモーレ ～愛しい人～

Amore

20.3 度 | 中甘口 | シェーク | オール | カクテル・グラス

アマレットの濃厚な甘みと香ばしい香りの中に、カンパリのほろ苦さとサンブーカの甘くてスパイシーな風味が溶け込んだ一杯。グラスのエッジに添えたベルローズも美しく、愛する人に勧めたい一杯だ。

Recipe

- アマレット ―― 15mℓ
- カンパリ ―― 15mℓ
- サンブーカ ―― 10mℓ
- オレンジ・ジュース ―― 20mℓ
- ベルローズ ―― 1個

ベルローズ以外の材料をシェークしてカクテル・グラスに注ぎ、グラスのエッジにベルローズを飾る。

アマレットの濃厚な風味を幻想的にアレンジ

ヴェルジーネ

Vergine

29.4 度 | 甘口 | シェーク | オール | カクテル・グラス

“天女”をイメージしたというこのカクテルは、濃厚な甘みと香ばしさのアマレットに、カシス・リキュールの甘酸っぱさ、ブランデーの芳醇《ほうじゅん》さ、ビターズのほろ苦さが加わり、まさに幻想的な味わい。

Recipe

- アマレット ―― 30mℓ
- ブランデー ―― 15mℓ
- カシス・リキュール ―― 15mℓ
- オレンジ・ビターズ ―― 2dash

シェーカーにすべての材料と氷を入れてシェークし、これをカクテル・グラスに注ぎ入れる。

“天使の翼”はチョコレート・ケーキのような甘い組み合わせ

エンジェル・ウィング

Angel's Wing

16.7 度 | 中甘口 | ビルド | 食後 | リキュール・グラス

カカオとバニラの風味をバランスのよく仕上げたクレーム・ド・カカオと、香り豊かなプルネル・ブランデー、生クリームの滑《なめ》らかさを3層に収めた、デザートのように甘く味わい豊かなカクテル。

Recipe

- クレーム・ド・カカオ ―― 30mℓ
- プルネル・ブランデー ―― 30mℓ
- 生クリーム ―― 適量

リキュール・グラスに、クレーム・ド・カカオ、プルネル・ブランデーの順で、バー・スプーンの背を使って混ざり合わないよう注ぎ入れ、生クリームをフロートさせる。

“天使の口づけ”はデザート・カクテルのまさに王道

エンジェル・キッス

Angel's Kiss

18度　甘口　ビルド　食後　リキュール・グラス

デザート・カクテルの王道ともいえる一杯。「天使の口づけ」という名前にふさわしく、チェリーの装飾も可愛らしい。アメリカなどでは、Angel's Tip（エンジェルズ・ティップ）と呼ばれる。

Recipe

クレーム・ド・カカオ――3/4glass
生クリーム――1/4glass
マラスキーノ・チェリー――1個

冷えたグラスにクレーム・ド・カカオを入れ、バー・スプーンの背を伝うように生クリームを静かに注ぎ、グラス上にカクテル・ピンに刺したマラスキーノ・チェリーをのせる。

リキュール・ベースのフィズの定番カクテル

カカオ・フィズ

Cacao Fizz

8度　中甘口　シェーク　オール　タンブラー

日本で人気のあるリキュール・ベースのフィズ・スタイル・カクテルの代表格。カカオ・リキュールの香ばしさとレモン・ジュースの酸味に、ソーダの炭酸が加わって爽《さわ》やかな飲み口に仕上がっている。

Recipe

A ┌カカオ・リキュール――45mℓ
A │レモン・ジュース――20mℓ
A └シュガー・シロップ――10mℓ
ソーダ――適量
スライス・レモン――1枚
マラスキーノ・チェリー――1個

グラスに氷、シェークした材料A、ソーダを注ぎ軽くステア、果実類を飾る。

ミルクの下にコーヒーとバニラの風味を閉じこめた一杯

カルーア・ミルク

Kahlua & Milk

12度　甘口　ビルド　食後　オールドファッションド・グラス

カルーア・コーヒー・リキュールは、メキシコ高原で採れるアラビカ種のコーヒー豆の風味に、バニラの甘みも豊かな名品。ミルクを加えただけのこのシンプルなカクテルも、世界中で愛飲されている。

Recipe

カルーア・コーヒー・リキュール――45mℓ
牛乳――適量

氷を入れたオールドファッションド・グラスにカルーア・コーヒー・リキュールを注ぎ、牛乳をフロートさせて、マドラーを添える。

カカオと生クリームの融合で口の中に広がる無上の美味しさ

キング・アルフォンソ

King Alfonso

18度 / 甘口 / ビルド / 食後 / シェリー・グラス

“キング・アルフォンソ”とは、スペイン国王アルフォンソ13世のこと。カカオとバニラの風味豊かなクレーム・ド・カカオと、生クリームが口の中で出会うときに、えもいわれぬ美味しさが広がる。

Recipe

- クレーム・ド・カカオ —— 45mℓ
- 生クリーム —— 15mℓ

シェリー・グラスにクレームド・カカオを注ぎ、その上にバー・スプーンの背を伝うように生クリームを静かに注いでフロートさせ、プース・カフェ・スタイルにする。

香ばしさいっぱいの材料をクールに仕上げたカクテル

クラッシュ・コーヒー

Crush Coffee

10度 / 甘口 / ビルド / オール / ゴブレット

ヘーゼルナッツから造るリキュールのフランジェリコに、ラムの風味と牛乳のまろやかさが加わった甘口の一杯。飲むときにはコーヒー・リキュールとコーヒー豆が混ざり合って香ばしさも倍増。

Recipe

- フランジェリコ —— 15mℓ
- ジャマイカ・ラム —— 10mℓ
- 牛乳 —— 適量
- コーヒー・リキュール —— 10mℓ
- コーヒー豆 —— 少量

クラッシュド・アイスを入れたグラスに牛乳までの材料を注ぎステア、コーヒー・リキュールを静かに注いで底に沈め、コーヒー豆を浮かべる。

鮮やかな色合いに秘められた香ばしさと甘酸っぱさ

クランベリー・クーラー

Cranberry Cooler

7.6度 / 甘口 / ビルド / オール / コリンズ・グラス

アマレットの甘く香ばしい風味にクランベリー、オレンジの2種類のフルーツのそれぞれの甘酸っぱさがマッチした甘口のカクテル。アルコール度数も控えめで、色合いの美しさから女性にも人気の一杯。

Recipe

- アマレット —— 45mℓ
- クランベリー・ドリンク —— 90mℓ
- オレンジ・ジュース —— 30mℓ

氷を入れたコリンズ・グラスにすべての材料（アマレット、クランベリー・ドリンク、オレンジ・ジュース）を注ぎ入れ、バー・スプーンでステアする。

ふくよかな香ばしさの中にほのかなミントの刺激

ピンキー・スクァーレル

Pinky Squirrel

14度　甘口　シェーク　食後　カクテル・グラス

クルミのリキュールであるノチェロと、ミント・リキュールの爽《さわ》やかな味わいを、生クリームで滑《なめ》らかに仕上げた甘口カクテル。淡いピンクの色合いとナッツの香ばしさは、まるでデザートのよう。

Recipe

- ノチェロ ―― 30mℓ
- ホワイト・ミント・リキュール ―― 5mℓ
- グレナデン・シロップ ―― 5mℓ
- 生クリーム ―― 20mℓ
- ナッツ(砕いたもの) ―― 適量

ナッツ以外の材料と氷をシェーク、カクテル・グラスに注ぎ入れ、その上に砕いたナッツを浮かべる。

見た目も味もチョコレート・ケーキのようなカクテル

フィフス・アヴェニュー

Fifth Avenue

16度　甘口　ビルド　食後　ポニー・グラス

3層の組み合わせが、見た目も味もチョコレート・ケーキのようなデザート感覚のカクテル。"フィフス・アヴェニュー"はニューヨーク市を南北に縦断し、世界的な高級商店街などがある「五番街」のこと。

Recipe

- クレーム・ド・カカオ ―― 1/3glass
- アプリコット・ブランデー ―― 1/3glass
- 生クリーム ―― 1/3glass

ポニーグラスに、クレーム・ド・カカオ、アプリコット・ブランデー、生クリームの順に、バー・スプーンの背を伝うように注ぎ、プース・カフェ・スタイルにする。

アーモンドとオレンジの風味が溶け合ったロング・カクテル

ボッチ・ボール

Boccie Ball

6.2度　中甘口　ビルド　オール　コリンズ・グラス

濃厚なアーモンド・フレーバーのアマレットにオレンジ・ジュースのフレッシュな甘みと風味を加え、冷えたソーダで喉《のど》ごしも爽《さわ》やかに仕上げた、ジュース感覚でごくごく飲めてしまうカクテル。

Recipe

- アマレット ―― 30mℓ
- オレンジ・ジュース ―― 30mℓ
- ソーダ ―― 適量

氷を入れたコリンズ・グラスでアマレットとオレンジ・ジュースを混ぜ、冷えたソーダで満たして、バー・スプーンで軽くステアする。

オレンジとアマレットの甘い組み合わせをホットで楽しむ

ホット・イタリアン

Hot Italian

5.6度 / 甘口 / ビルド / オール / ホット・グラス

ジューシーなオレンジ・ジュースを温めて、香ばしいアーモンド・フレーバーのアマレットに加えた珍しい処方のカクテル。ホット・イタリアン・スクリュードライバー（Hot Italian Screwdriver）とも呼ばれる。

Recipe

アマレット	40mℓ
オレンジ・ジュース	160mℓ
シナモン・スティック	1本

ホット・グラスにアマレットを注ぎ入れ、温めたオレンジ・ジュースを注いで、バー・スプーンでステア。マドラーのようにシナモン・スティックを添える。

サテンのように滑《なめ》らかな甘さが口の中いっぱいに広がる

ホワイト・サテン

White Satin

20.8度 / 甘口 / シェーク / 食後 / カクテル・グラス

香ばしい風味のコーヒー・リキュールに、40数種類の薬草・香草を配合したガリアーノを加えた深い味わいを、生クリームで滑らかな口当たりに仕上げたカクテル。デザート感覚で食後に飲みたい一杯。

Recipe

コーヒー・リキュール	20mℓ
ガリアーノ	20mℓ
生クリーム	20mℓ

シェーカーにすべての材料（コーヒー・リキュール、ガリアーノ、生クリーム）と氷を入れて十分にシェークし、カクテル・グラスに注ぎ入れる。

“母の愛”に包まれているような、ふくよかな甘さのカクテル

マザーズ・ラブ

Mother's Love

5.3度 / 甘口 / ビルド / 食後 / ホット・グラス

ヘーゼルナッツ・リキュールのフランジェリコは、熟成させたブランデーと相性がよい。さらにホット・ミルクで仕上げたこの一杯は、“母の愛”に包まれているような、ふくよかな味わいに満たされる。

Recipe

フランジェリコ	50mℓ
ブランデー	10mℓ
キャラメル・シロップ	20mℓ
ホット・ミルク	適量
ココア・パウダー	適量

グラスでキャラメル・シロップまでの材料をステア、ホット・ミルクで満たしココア・パウダーを振りかける。

"飲むチョコレート"の香りとまろやかな甘さを堪能《たんのう》する

ル・ロワイヤル

Le Royale

14.7度 | 甘口 | シェーク | 食後 | カクテル・グラス

果実系リキュールと合わせることでその香りが引き立ち、生クリームと合わせることでまろやかな甘さになるチョコレート・リキュールだが、これはその両方の味わいを兼ね備えたぜいたくなカクテル。

Recipe

- チョコレート・リキュール ―― 25mℓ
- クレーム・ド・バナナ ―― 15mℓ
- ホワイト・キュラソー ―― 5mℓ
- 生クリーム ―― 15mℓ

チョコレート・リキュール、クレーム・ド・バナナ、ホワイト・キュラソー、生クリームを氷と一緒に十分シェークし、グラスに注ぐ。

チョコレートと卵の風味がマッチした甘口カクテル

イースター・エッグ

Easter Egg

17度 | 甘口 | ビルド | 食後 | オールドファッションド・グラス

名前は「イースター(復活祭)の卵」という意味。モーツァルト・チョコレートクリーム・リキュールと、エッグ・リキュールのアドヴォカートは相性も抜群で、コクのある甘みの味わい深いカクテルを作り出す。

Recipe

- モーツァルト・チョコレートクリーム・リキュール ―― 30mℓ
- アドヴォカート ―― 30mℓ

氷を入れたオールドファッションド・グラスにモーツァルト・チョコレートクリーム・リキュールとアドヴォカートを注ぎ入れ、バー・スプーンでステアする。

"純愛"の名にふさわしい清らかな色彩と優しい甘み

イノセント・ラブ

Innocent Love

26.2度 | 甘口 | シェーク | オール | カクテル・グラス

生乳の旨みと甘み、濃厚なコクのミルク・リキュールは、力強い風味のラムとの相性もよい。さらにピーチ、レモンのリキュールの甘みがマッチして、優しい愛に包まれているような美味しさを実現する。

Recipe

- ミルク・リキュール ―― 20mℓ
- ホワイト・ラム ―― 20mℓ
- ピーチ・リキュール ―― 20mℓ
- レモン・リキュール ―― 1tsp.
- ベルローズ ―― 1個

ベルローズ以外の材料を氷と一緒にシェーク、グラスに注ぎ、エッジにベルローズを飾る。

濃厚なエッグ・リキュールと炭酸の“意外な”マッチング

スノー・ボール

Snow Ball

3.8 度 | 甘口 | ビルド | オール | タンブラー

ブランデーに卵黄、バニラ、糖分を加えて熟成させた濃厚な旨みのエッグ・リキュールであるアドヴォカートは、一見ミス・マッチに思える炭酸飲料の7upとの組み合わせで、思わぬ旨さを発揮する。

Recipe

- アドヴォカート ―― 30mℓ
- 7up ―― 適量

氷を入れたタンブラーにアドヴォカートを注ぎ、冷えた7upで満たしてステアする。7upの代わりに他のレモン系炭酸飲料を使う場合や、オレンジやチェリーを飾る処方もある。

ひんやりとした口当たりに隠されたスピリッツの熱い口づけ

チャーリーズ・キッス

Charley's Kiss

23.5 度 | 甘口 | ブレンド | 食後 | シャンパン・グラス（ソーサー）

“チャーリーのキス”と名付けられたこのカクテルは、冷たいアイスクリームのように白く滑《なめ》らかな外見とは裏腹に、口に入れるとしっかりとしたアルコールの味わいが、熱いキスのように伝わってくる。

Recipe

- クリーム・リキュール ―― 30mℓ
- ブランデー ―― 10mℓ
- アプリコット・ブランデー ―― 10mℓ
- スロー・ジン ―― 10mℓ
- ベルローズ ―― 1個

ベルローズ以外の材料とクラッシュド・アイスをブレンド。グラスに注ぎ、ベルローズを飾ってストローを添える。

濃厚で香ばしい材料の組み合わせが楽しめる涼やかな一杯

ドルチェ・アンド・バナーナ

Dolce & Banana

11.6 度 | 甘口 | ブレンド | 食後 | シャンパン・グラス（ソーサー）

クッキーやキャラメル風味のビスコタに、ココナッツ、カカオの香ばしいリキュールとバナナの濃厚な甘みが加わったデザート感覚の一杯。フローズン・スタイルの清涼感で暑い夏にもぴったり。

Recipe

- クリーム・リキュール（ビスコタ） ―― 30mℓ
- ココナッツ・リキュール ―― 15mℓ
- ホワイト・カカオ・リキュール ―― 15mℓ
- バナナ ―― 1/3本
- カット・バナナ（飾り用） ―― 1個

カット・バナナ以外の材料とクラッシュド・アイスをブレンド。グラスに注いでバナナを飾り、ストローを添える。

モーツァルトにちなんだ濃厚なチョコレートの味わい

パパゲーナ

Papagena

18.5度 / 甘口 / シェーク / 食後 / カクテル・グラス

パパゲーナとは、モーツァルトが残した最後のオペラ『魔《ま》笛《てき》』に登場する人物。そのため、このカクテルを作るときは、モーツァルト・チョコレートクリーム・リキュールが、こだわって使われる。

Recipe

- モーツァルト・チョコレートクリーム・リキュール ―― 30mℓ
- ブランデー ―― 15mℓ
- 生クリーム ―― 15mℓ

シェーカーにすべての材料と氷を入れて十分にシェークし、これをカクテル・グラスに注ぎ入れる。

濃厚なアイスクリームのようにデザート感覚で味わいたい

ビー52

B-52

11.8度 / 甘口 / ブレンド / 食後 / シャンパン・グラス（ソーサー）

濃厚なクリームの味わいのベイリーズに、香ばしいコーヒー・リキュール、オレンジの甘さとほろ苦さをもつグラン・マルニエを加え、バニラアイスで冷たく滑《なめ》らかな口当たりにした爽《さわ》やかなカクテル。

Recipe

- ベイリーズ・オリジナル・アイリッシュ・クリーム ―― 20mℓ
- コーヒー・リキュール ―― 20mℓ
- グラン・マルニエ ―― 20mℓ
- バニラアイス ―― 1ディッシャー

すべての材料をブレンド、グラスに注ぐ。1ディッシャーは、アイスをディッシャーですくった1盛り分で約70mℓ。

ペシェ（桃）＋ヨーグルト＝ペシェグルト

ペシェグルト

Pecheghurt

11.4度 / 甘口 / ブレンド / 食後 / シャンパン・グラス（ソーサー）

“ペシェ”とはフランス語で「桃」のこと。「桃＋ヨーグルト」というネーミングどおり、桃のヨーグルトのような甘くて滑《なめ》らかな味わいは、まさに食後のデザートとしていただきたい一杯だ。

Recipe

- A ヨーグルト・リキュール ―― 30mℓ
- A ピーチ・リキュール ―― 30mℓ
- A 牛乳 ―― 15mℓ
- A グレープフルーツ・ジュース ―― 15mℓ
- A グレナデン・シロップ ―― 1tsp.
- 桃（スライス） ―― 適量
- ミント・リーフ ―― 適量

材料Aをブレンドしてグラスに注ぎ、桃を浮かべミント・リーフを飾る。

母の手のようにやわらかくケーキのように甘い一杯

マザーズ・タッチ

Mother's Touch

8.8度 ／ 甘口 ／ ビルド ／ 食後 ／ ホット・グラス

イチゴミルクの甘酸っぱさをそのまま閉じ込めたようなストロベリー・クリーム・リキュールにさまざまな甘みを加えた、ケーキ感覚のカクテル。

Recipe

A	ストロベリー・クリーム・リキュール	30mℓ
A	クレーム・ド・カカオ	20mℓ
A	クレーム・ド・カフェ	10mℓ
	お湯	適量
	生クリーム	適量
	チョコレート(砕いたもの)	適量
	ビスケット(砕いたもの)	適量

ホット・グラスに材料Aを入れ、バー・スプーンでステアしながらお湯を注ぎ入れる。さらに生クリームをフロートさせ、チョコレートとビスケットを浮かべる。

“マミー（母）”の愛のようなやさしい甘さに癒《いや》される一杯

マミー

Mommy

17.7度 ／ 甘口 ／ シェーク ／ 食後 ／ カクテル・グラス

濃厚でクリーミーな味わいのベイリーズに、香り豊かなシナモンやカカオのリキュールを加え、生クリームで滑《なめ》らかに仕上げたカクテル。名前のとおり母の愛に包まれているようなやさしい甘さの一杯だ。

Recipe

A	ベイリーズ・オリジナル・アイリッシュ・クリーム	20mℓ
A	シナモン・リキュール	20mℓ
A	カカオ・リキュール	10mℓ
A	生クリーム	10mℓ
	チョコレート(みじん切り)	少量

材料Aと氷をシェーク、グラスに注ぎ、上からチョコレートを振りかける。

cocktail column

アメリカを代表するリキュール

トム・クルーズ主演の映画『カクテル』(1989年)には多くのカクテルが登場する。有名なのはウオッカ・ベースの「セックス・オン・ザ・ビーチ(112ページ参照)」だが、リキュール・ベースでは「アラバマ・スラマー」が登場する。サザン・カンフォートとアマレットという2種類のリキュールをミックスしたものだが、とくにサザン・カンフォートは、スカーレット・オハラ(185ページ参照)のベースにもなっており、歌手のジャニス・ジョプリンが愛飲していたことでも有名な、アメリカを代表するリキュールのひとつ。発祥の地であるニューオリンズ周辺では、遠方からの来客を歓迎する際、サザン・カンフォートが飲まれていたという。

Wine Base
Cocktails

{ワイン・ベース}

ジンやウオッカなどの蒸留酒と違い繊細な香味のワインをカクテルに使う場合は、製造法や原料ブドウによる違い、甘辛の差など、特徴をつかんで使いたい。シャンパンは、製造分類で分けるとスパークリング・ワインに入る。

甘口、辛口のベルモットのバランスが絶妙な一杯

アディントン

Addington

13.2度 / 中口 / ビルド / 食前

オールドファッションド・グラス

辛口のドライ・ベルモットと甘口のスイート・ベルモットという2種類のフレーバード・ワインをソーダで割って爽快《そうかい》な飲み心地にし、オレンジ・ピールのアクセントを加えた一杯。

Recipe

ドライ・ベルモット ―― 30 ㎖
スイート・ベルモット ―― 30 ㎖
ソーダ ―― 15㎖
オレンジ・ピール ―― 1個

氷を入れたグラスに2種類のベルモットを入れ軽くステア、冷えたソーダで満たし、オレンジ・ピールを絞り入れる。

キリリとした味わいの中に甘い香りの“美少年”カクテル

アドニス

Adonis

15.4度 / 中口 / ステア / 食前 / カクテル・グラス

アドニスはギリシャ神話でアフロディーテに愛された美少年のこと。ドライ・シェリーのキリッとした味わいに甘い香りのスイート・ベルモットを加えたこの一杯も、美少年を表現しているかのようだ。

Recipe

ドライ・シェリー	40mℓ
スイート・ベルモット	20mℓ
オレンジ・ビターズ	1dash

ミキシング・グラスにすべての材料(ドライ・シェリー、スイート・ベルモット、オレンジ・ビターズ)を入れて軽くステアし、ストレーナーをかぶせてグラスに注ぐ。

アメリカン・レモネード

American Lemonade

2.9度 / 中口 / ビルド / オール / タンブラー

レモネードの上に赤ワインをフロートさせた、爽《さわ》やかな味わいのカクテル。二層の色合いも美しく、赤ワインが徐々に浸透していく様は幻想的。アルコール度数も控えめで、女性に人気の一杯。

Recipe

赤ワイン	30mℓ
レモン・ジュース	40mℓ
シュガー・シロップ	15mℓ
ミネラル・ウォーター	適量

タンブラーにレモン・ジュースとシュガー・シロップを入れ、冷やしたミネラル・ウォーターで満たしてステア、冷やした赤ワインをフロートさせる。

赤ワインとカシス・リキュールが織りなす“深紅色”の味わい

カーディナル

Cardinal

14.4度 / 中甘口 / ビルド / オール / ワイン・グラス

カーディナルには「深紅色」という意味があるが、そのネーミングどおりの落ち着いた、上品な色合いのカクテル。風味豊かな赤ワインに、ジューシーな甘みと酸味のカシス・リキュールがマッチしている。

Recipe

赤ワイン	120mℓ
カシス・リキュール	30mℓ

ワイン・グラスに赤ワインとカシス・リキュールを注ぎ、バー・スプーンで軽くステア。温めたワインで作り、ホット・スタイルにしても美味しい。

食通の市長が考案したといわれる香り高いカクテル

キール

Kir

12.6度　中口　ビルド　食前　ワイン・グラス

ワインの名産地、フランスはブルゴーニュのディジョン市で1945年、第二次世界大戦後初の市長となったキャノン・フェリックス・キール氏にちなんで作られた、香り高くフルーティーな風味のカクテル。

Recipe

白ワイン ── 120mℓ
クレーム・ド・カシス ── 10mℓ

冷やしたワイン・グラスに冷やしたクレーム・ド・カシスを注ぎ、さらに冷やした白ワインを注いで、バー・スプーンでステアする。白ワインをシャンパンに変えるとキール・ロワイヤル（以下参照）になる。

カシスとシャンパンが融合《ゆうごう》した高貴な色合いと味わい

キール・ロワイヤル

Kir Royal

12.6度　中口　ビルド　食前　シャンパン・グラス（フルート）

キールの白ワインをシャンパンに替えた、高貴な風味のカクテル。シャンパンはフランスのスパークリング・ワインだが、カジュアルに楽しむ場合は、他の地域のスパークリング・ワインを使ってもいい。

Recipe

シャンパン ── 120mℓ
クレーム・ド・カシス ── 10mℓ

グラスに冷やしたクレーム・ド・カシスと冷やしたシャンパンを入れ、軽くステアする。クレーム・ド・カシスをクレーム・ド・フランボワーズに替えると、キール・アンペリアル（Kir Imperial）というカクテルになる。

バーグマンの瞳に乾杯した有名なカクテル

シャンパン・カクテル

Champagne Cocktail

12度　中口　ビルド　オール　シャンパン・グラス（ソーサー）

名画『カサブランカ』でハンフリー・ボガードがイングリット・バーグマンに有名な「君の瞳に乾杯」というセリフを言ったときのカクテル。気泡とともに角砂糖から染み出す旨みがシャンパンに溶けて絶品。

Recipe

シャンパン ── 適量
アンゴスチュラ・ビターズ ── 1dash
角砂糖 ── 1個
スパイラル・レモン・ピール ── 1個

グラスに角砂糖を入れ、アンゴスチュラ・ビターズを染み込ませる。さらにスパイラル・レモン・ピールを入れ、冷えたシャンパンを注ぐ。

シンプルだが爽快《そうかい》な味わいの“弾ける”カクテル

スプリッツァー

Spritzer

4.4度 ／ 中辛口 ／ ビルド ／ 食前 ／ コリンズ・グラス

辛口白ワインをソーダで割った、シンプルだが爽快な味わいのカクテル。オーストリアで生まれ、スプリッツァーという名前は、ドイツ語で「弾《はじ》ける」という意味の“シュプリッツェン（Spritzen）”に由来する。

Recipe

辛口白ワイン	60mℓ
ソーダ	適量
スライス・ライム	1枚

コリンズ・グラスによく冷えた辛口白ワインを注ぎ、冷えたソーダを加えて軽くステア、最後にスライス・ライムを入れる。ドイツ系の甘口ワインを使うこともある。

お祝いの席にふさわしい、豪華で気品ある一杯

セレブレーション

Celebration

17.2度 ／ 中口 ／ シェーク ／ オール ／ カクテル・グラス

シャンパン、コニャックの風味に甘酸っぱさが見事に融合《ゆうごう》。京王プラザホテル渡邉一也氏の第15回H.B.A.創作カクテルコンペティション優勝作品。シャンパンとシェークした材料を合わせるカクテルのはしり。

Recipe

シャンパン	30mℓ
クレーム・ド・フランボワーズ	20mℓ
コニャック	10mℓ
コーディアル・ライム・ジュース	1tsp.

冷えたシャンパンをあらかじめカクテル・グラスに注いでおき、シャンパン以外の材料をシェークしてそこに加える。

クセのない味わいで世界に広まった日本生まれの味

バンブー

Bamboo

16.4度 ／ 中辛口 ／ ステア ／ 食前 ／ カクテル・グラス

クセのない味わいから“バンブー（＝竹）”と名付けられたというこのカクテルは、明治期に横浜の現ホテルニューグランドでチーフ・バーテンダーをしていたルイス・エッピンガー氏の作品。

Recipe

ドライ・シェリー	40mℓ
ドライ・ベルモット	20mℓ
オレンジ・ビターズ	1dash

ドライ・シェリー、ドライ・ベルモット、オレンジ・ビターズを氷と一緒にステアし、カクテル・グラスに注ぐ。アドニス（209ページ参照）のスイート・ベルモットをドライに替えたスタイル。

ピーチ・ネクターとスパークリング・ワインの甘い爽快感

ベリーニ

Bellini

7.9 度 ｜ 中甘口 ｜ ビルド ｜ オール ｜ シャンパン・グラス（フルート）

1948年にイタリアの「ハリーズ・バー」のオーナー、ジュセッペ・チプリアーニ氏が考案したカクテル。当時開かれていたルネッサンス時代の画家ベリーニの展覧会を記念して創作したという。

Recipe

スパークリング・ワイン	2/3glass
ピーチ・ネクター	1/3glass
グレナデン・シロップ	1dash

フルート型のシャンパン・グラスに冷やしたピーチ・ネクターとグレナデン・シロップを入れ、冷やしたスパークリング・ワインを注いで、バー・スプーンでステアする。

ベルモットとカシスの、軽快で爽快《そうかい》な組み合わせ

ベルモット・アンド・カシス

Vermouth & Cassis

10.4 度 ｜ 中口 ｜ ビルド ｜ オール ｜ タンブラー

名前どおり、甘酸っぱいクレーム・ド・カシスと、ほのかな甘さのドライ・ベルモットをソーダで割った、軽快な飲み口のカクテル。フランスでは“ポンピエ（＝大酒飲み）”とも呼ばれている。

Recipe

ドライ・ベルモット	45mℓ
クレーム・ド・カシス	30mℓ
ソーダ	適量

氷を入れたタンブラーにドライ・ベルモットとクレーム・ド・カシスを入れステア、冷やしたソーダで満たし、軽くステアする。

初夏に咲くミモザの花から名の付いた可憐《かれん》なカクテル

ミモザ

Mimosa

6 度 ｜ 中口 ｜ ビルド ｜ オール ｜ シャンパン・グラス（フルート）

フランスで上流階級の人々を中心に愛飲されてきたシャンパン・ア・ロランジュ（Champagne a L'orange）というカクテル。ミモザの花に色彩が似ていることから現在の愛称が付いた。

Recipe

シャンパン	1/2glass
オレンジ・ジュース	1/2glass

シャンパン・グラスに冷やしたオレンジ・ジュースを注ぎ、冷やしたシャンパンを加える。これにシュガー・シロップを加えると、バックス・フィズというカクテルになる。

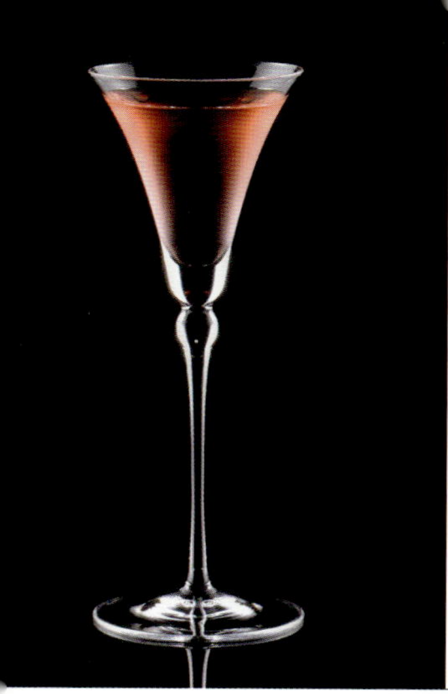

「サクランボの水」を使った、バラのように気品ある一杯

ローズ

Rose

26.6度 / 中口 / ステア / オール / カクテル・グラス

ドライ・ベルモットと、「サクランボの水」と呼ばれるブランデーのキルシュヴァッサーを組み合わせたカクテル。1920年代にパリのバーテンダー、ジョン・ミルタ氏が考案したといわれている。

Recipe

ドライ・ベルモット――40mℓ
キルシュヴァッサー――20mℓ
グレナデン・シロップ――1dash

ミキシング・グラスに氷を入れ、すべての材料（ドライ・ベルモット、キルシュヴァッサー、グレナデン・シロップ）を加えて軽くステアし、ストレーナーをかぶせてカクテル・グラスに注ぐ。

好みのワインに果汁や清涼飲料水を加えて楽しむ

ワイン・クーラー

Wine Cooler

10.5度 / 中口 / ビルド / オール / コリンズ・グラス

ワイン・クーラーは、好みのワインに果汁や清涼飲料水を加えた、清涼感あるカクテル。とくに一定の処方はなく、ベースのワインも赤だけでなく白、ロゼも使われる。

Recipe

A ┌ 赤ワイン――45mℓ
A │ ホワイト・キュラソー――1tsp.
A │ レモン・ジュース――15mℓ
A └ シュガー・シロップ――10mℓ
ソーダ――適量
スライス・レモン――1枚
スライス・オレンジ――1/2枚
マラスキーノ・チェリー――1個

グラスに氷と材料Aを注ぎステア、ソーダを注ぎ軽く混ぜ、果実類を飾る。

cocktail column

映画を彩ったシャンパン&ワイン

映画『カサブランカ』の「君の瞳に乾杯」という名セリフの際のシャンパン・カクテルを紹介したが（210ページ参照）、実際に画面の中では“マム・コルドン・ルージュ”というシャンパンが出てくる。これは2000年からFIの公式シャンパンに指定されたもので、それ以前の公式シャンパンは“モエ・エ・シャンドン”といい、こちらは『昼下がりの情事』や、『プリティ・ウーマン』『セックス・アンド・ザ・シティ 2』などに登場する。また、007シリーズのジェームズ・ボンドのお気に入りのワインは、シャガールやピカソなど著名画家のラベルで知られる“シャトー・ムートン・ロートシルト”であったという。

Beer Base
Cocktails

{ビール・ベース}

ビールは発酵方法の違いで上面発酵と下面発酵の2タイプに分けられる。
カクテルには、まろやかですっきりした味わいの下面発酵タイプがよく使われるが、
香りや味わいの濃い上面発酵タイプを使って個性的な味わいを出すのもよい。

ビールとカンパリによるほろ苦さの美しき競演

カンパリ・ビア

Campari Beer

7.3度　中口　ビルド　食前

ピルスナー・グラス

オレンジやコリアンダーなど30種類以上の原料が使われているカンパリのほろ苦さが、ビールのもつほろ苦さと溶け合い、爽快《そうかい》な喉《のど》ごしとともに新たな味わいを生み出す。

Recipe

ビール――――適量
カンパリ――――30mℓ

ピルスナー・グラスにカンパリを注ぎ入れ、冷えたビールで満たして、バー・スプーンで軽くステアする。

ビールとジンジャー・エールのW炭酸で喉《のど》ごし爽快《そうかい》

シャンディー・ガフ

Shandy Gaff

2.5度 | 中口 | ビルド | オール | ピルスナー・グラス

イギリスのパブから生まれたという、ビールとジンジャー・エールを混ぜたシンプルなカクテル。爽《さわ》やかな喉ごしに、ほのかな苦みと甘みが加わった、ビール・ベースのカクテルの中でも人気の一杯。

Recipe

ビール——1/2glass
ジンジャー・エール——1/2glass

ピルスナー・グラスを冷やしておき、冷やしたビールを2回に分けて注ぐ。これを冷やしたジンジャー・エールで満たし（ビールの泡を崩さないように、2回くらいにわけて注ぐ）、軽くステアする。

アルコール度少し高め、苦みの効いた大人のカクテル

ドッグズ・ノーズ

Dog's Nose

12.2度 | 中辛口 | ビルド | オール | ピルスナー・グラス

普通のビールのような見た目だが、ジンがたくさん入っているためビール・ベースのカクテルとしてはアルコール度数も少し高め。ビールのほのかな苦みとジンの風味を感じる大人のカクテル。

Recipe

ビール——適量
ドライ・ジン——45mℓ

ピルスナー・グラスにドライ・ジンを注ぎ、これを冷やしたビールで満たし、バー・スプーンで軽くステアする。ドライ・ジンの代わりにテキーラを使うと、ミチュラーダというカクテルになる。

白ワインとビールの組み合わせが生み出す意外な美味しさ

ビア・スプリッツァー

Beer Spritzer

8.5度 | 中辛口 | ビルド | 食前 | ワイン・グラス

“スプリッツァー”は、ドイツ語で「弾《はじ》ける」という意味の“シュプリッツェン”に由来する。シンプルなレシピだが、白ワインの酸味や果実味がビールのほろ苦さと混ざって思いがけない美味しさを発揮する。

Recipe

ビール——1/2glass
白ワイン——1/2glass

ワイン・グラスに冷やした白ワインを注ぎ、これを冷やしたビールで満たし、バー・スプーンで軽くステアする。グラスのエッジにカット・レモンを飾る処方もある。

ほろ苦さと酸味を爽《さわ》やかに組み合わせたカクテル

ビアモーニ

Beermoni

7.3度　中甘口　ビルド　オール　ピルスナー・グラス

カンパリ・ベースのスプモーニ（197ページ参照）に似た爽やかな苦みのカクテルだが、トニック・ウォーターの代わりにビールを使っている分、苦みが増して大人向けの味わいに仕上がっている。

Recipe

ビール――適量
カンパリ――30mℓ
グレープフルーツ・ジュース――30mℓ

ピルスナー・グラスにすべての材料（カンパリ、グレープフルーツ・ジュース、ビール）を注ぎ入れ、バー・スプーンで軽くステアする。

上品な味わいと舌ざわりの"黒いベルベット"

ブラック・ベルベット

Black Velvet

8.5度　中口　ビルド　オール　シャンパン・グラス（フルート）

麦芽の香味が高く、カラメルのような苦みと甘みをもつイギリスの濃色ビール・スタウトは、シャンパンとの相性もよく、ベルベットの手触りのように上品な味わいと滑《なめ》らかな泡の口当たりを演出。

Recipe

スタウト・ビール――1/2glass
シャンパン――1/2glass

スタウト・ビールとシャンパンをあらかじめよく冷やしておく。シャンパン・グラス（フルート）の両サイドから同時にビールとシャンパンを静かに注ぐ。注ぐ際には、泡の盛り上がりが強いので注意する。

"お弁当箱"の中身は、お菓子のような甘さとほろ苦さ

ランチ・ボックス

Lunch Box

6.2度　中甘口　ビルド　オール　ピルスナー・グラス

黄色の見た目も可愛らしい、やや甘口の「お弁当箱」という名前のカクテル。アーモンド・フレーバーのアマレットとオレンジ・ジュースの甘酸っぱさをビールの苦みと爽《さわ》やかな喉《のど》ごしが引き締める。

Recipe

ビール――適量
アマレット――20mℓ
オレンジ・ジュース――30mℓ

ピルスナー・グラスにアマレットとオレンジ・ジュースを注ぎ、これを冷えたビールで満たす。

飲み過ぎた翌朝に最適の、すがすがしい一杯

レッド・アイ

Red Eye

2.5 度 / 中口 / ビルド / オール / ピルスナー・グラス

レッド・アイとは、お酒を飲み過ぎて目が赤く充血したような状態のこと。ビールの風味にトマトの酸味が効いた爽《さわ》やかな味わいのこの一杯は、そんな状態から体を気持ちよく回復させてくれそうだ。

Recipe

ビール	1/2glass
トマト・ジュース	1/2glass

冷やしておいたピルスナー・グラスに、冷やしたビールを2回に分けて注ぎ入れる。さらに冷やしたトマト・ジュースを注ぎ、軽くステアする。基本は1:1の配分だが、好みでアレンジしてもよい。

トマトの風味とビールのほろ苦さが溶け合った大人の味

レッド・バード

Red Bird

9.8 度 / 中口 / ビルド / オール / タンブラー

トマト・ジュースの酸味とビールの苦みがキレ味のあるウオッカと混ざり合い、炭酸も効いて、さっぱりした味わい。レッド・アイ(上記参照)と同じく、二日酔いの迎え酒としても効果があるといわれているカクテル。

Recipe

ビール	適量
ウオッカ	45mℓ
トマト・ジュース	60mℓ

タンブラーに冷やしたウオッカとトマト・ジュースを注ぐ。さらに冷やしたビールを静かに注ぎ入れ、軽くステア。ブラッディー・メアリー(117ページ参照)のビール割りと考えるとわかりやすい。

cocktail column

ビールが美味そうな映画

映画に出てくる、思わずビールが飲みたくなるようなシーンを挙げてみよう。①『ロード・オブ・ザ・リング』シリーズの中で、ホビットたちが村の酒場や戦勝祝いの席で、ジョッキから浴びるように飲むビールが、実に美味そう。②『ショーシャンクの空に』の中で、主人公・アンディの囚人仲間が、作業を終えた後、刑務所の屋上の青空の下で飲む冷えたビールがいかにも美味そう。③デイヴィッド・リンチ監督の『ブルーベルベット』。主人公・ジェフリーがやたらとハイネケンを美味そうに飲むので、つられて飲みたくなった人は少なくないと思う。映画は時にビールの売り上げに大きく貢献しているようだ。

Sake and Shochu Base
Cocktails

{日本酒・焼酎ベース}

日本酒は、大きく分けると特定名称酒と普通酒に分類できる。
さらに特定名称酒には、純米酒や本醸造酒、吟醸酒など8つの種類がある。
焼酎は蒸留の方法によって単式蒸留焼酎と連続式蒸留焼酎に分けられる。

日本酒とベルモットを合わせた和風マティーニ

サケティーニ

Saketini

16.3 度 | 中口 | ステア | 食前
カクテル・グラス

マティーニ（103ページ参照）のドライ・ジンを日本酒に替えたカクテル。ベルモットのふくよかな風味と合わせることで、日本酒のやさしく豊かな風味が十分に引き出されている。

Recipe

日本酒 ―――― 50 mℓ
ドライ・ベルモット ―――― 10mℓ
パール・オニオン ―――― 1個
レモン・ピール ―――― 1個

ベルモットまでの材料をステア。グラスに注ぎ、カクテル・ピンに刺したパール・オニオンを入れレモン・ピールを絞る。

日本酒の風味はそのままに、爽《さわ》やかに仕上がった一杯

サムライ

Samurai

11.1度 / 中口 / シェーク / オール / カクテル・グラス

日本酒にライム・ジュースとレモン・ジュースという酸味の効いた2種類の柑橘系ジュースを加え、フルーティーに仕上げたカクテル。日本酒のもつコクと切れ味はそのままに、爽やかに飲める一杯。

Recipe

日本酒	45mℓ
ライム・ジュース	15mℓ
レモン・ジュース	1tsp.

シェーカーに日本酒、ライム・ジュース、レモン・ジュースと氷を入れてシェークし、グラスに注ぎ入れる。甘口が好みの人は、グレナデン・シロップを加えてもよい。

日本酒をライムの風味だけで味わう"サムライ的"カクテル

サムライ・ロック

Samurai Rock

16度 / 中辛口 / ビルド / オール / オールドファッションド・グラス

日本酒にライムで風味を付けただけのシンプルな一杯。ライムが酒の香りを抑えて味わいも飲みやすく仕上げているため、日本酒独特の香りが苦手な人でも飲みやすく、海外でも人気があるという。

Recipe

日本酒	45mℓ
カット・ライム	1個

氷を入れたオールドファッションド・グラスに日本酒を入れ、バー・スプーンで軽くステア、そこにカット・ライムを搾ってそのまま入れ、さらに軽くステアする。

大和撫子《やまとなでしこ》のように美しく、すっきりと上品な味わい

撫子(なでしこ)

Nadeshiko

7.8度 / 中口 / シェーク / オール / カクテル・グラス

ピンクの上に卵白による泡が浮かび、その彩りが美しいナデシコの花をイメージさせるカクテル。味わいもすっきりと上品に仕上がっており、まさに「大和撫子」のような気品を備えた一杯といえる。

Recipe

日本酒	40mℓ
卵白	1/3個分
グレナデン・シロップ	2tsp.
レモン・ジュース	3tsp.
シュガー・シロップ	1tsp.

すべての材料を氷と一緒に卵白が混ざるよう十分シェークし、カクテル・グラスに注ぎ入れる。

芋《いも》焼酎が活きる、薩摩小町のように小粋な一杯

薩摩小町

Satsuma Komachi

22.5度 ｜ 中口 ｜ シェーク ｜ オール ｜ カクテル・グラス

芋焼酎の力強い風味が、ホワイト・キュラソーの柑橘系の風味、レモンの酸味とマッチして、絶妙な味わいに仕上がった一杯。スノー・スタイルの塩が見た目にも味付けにもアクセントとして効いている。

Recipe

- 芋焼酎 ―― 30mℓ
- ホワイト・キュラソー ―― 15mℓ
- レモン・ジュース ―― 15mℓ
- 塩 ―― 適量

シェーカーに塩以外の材料と氷を入れてシェークし、エッジをソルト・スノー・スタイルにしたカクテル・グラスに注ぎ入れる。

元祖・マティーニにそっくりな焼酎ベース・カクテル

酎ティーニ

Chu-tini

24.1度 ｜ 中辛口 ｜ ステア ｜ 食前 ｜ カクテル・グラス

サケティーニと並ぶ“和風マティーニ”の酎ティーニは、マティーニのドライ・ジンの代わりにクセの少ない焼酎（ホワイト・リカー）を使い、材料の味を生かしながら飲みやすく仕上げてある。

Recipe

- 焼酎（ホワイト・リカー） ―― 50mℓ
- ドライ・ベルモット ―― 10mℓ
- オレンジ・ビターズ ―― 1dash
- スタッフド・オリーブ ―― 1個

ミキシング・グラスにオリーブ以外の材料を入れてステア。グラスに注ぎ、カクテル・ピンに刺したオリーブを入れる。

ゴマ焼酎とフルーツの酸味がマッチした“乙女”の味わい

舞・乙女（まいおとめ）

Maiotome

19.5度 ｜ 中口 ｜ シェーク ｜ オール ｜ カクテル・グラス

九州・福岡特産のゴマ焼酎をフルーツの酸味で飲みやすく仕上げた一杯。第13回H.B.A.創作カクテルコンペティションで優勝した倉吉浩二氏（博多ニューオータニ〈当時〉、現・Bar倉吉）の作品。

Recipe

- 紅乙女（ゴマ焼酎） ―― 20mℓ
- クレームド・フランボワーズ ―― 15mℓ
- ホワイト・キュラソー ―― 10mℓ
- グレナデン・シロップ ―― 10mℓ
- レモン・ジュース ―― 5mℓ

シェーカーにすべての材料と氷を入れてシェークし、カクテル・グラスに注ぎ入れる。

一瞬の豪雨のように衝撃的な美味しさが降り注ぐ

村雨(むらさめ)

Murasame

25.4度 | 中口 | ビルド | オール | オールドファッションド・グラス

麦焼酎に、スコッチとハーブの風味豊かなドランブイを加え、レモンの酸味ですっきりと仕上げたカクテル。「村雨」とは、強く降ってすぐにやむ雨のことで、まさに衝撃的な美味しさが口の中に降り注ぐ。

Recipe

麦焼酎――45mℓ
ドランブイ――10mℓ
レモン・ジュース――1tsp.

ロック・アイスを入れたオールドファッションド・グラスにすべての材料(麦焼酎、ドランブイ、レモン・ジュース)を入れて、バー・スプーンで軽くステアする。

"最後のサムライ"というネーミングどおりの清冽《せいれつ》なカクテル

ラスト・サムライ

Last Samurai

18.5度 | 中口 | シェーク | オール | カクテル・グラス

クセの少ない米焼酎と芳醇《ほうじゅん》なチェリー・ブランデーの組み合わせにライムの酸味が加わり、爽《さわ》やかな飲み口に仕上がった一杯。その気品ある赤色の色彩とあいまって、いさぎよいサムライを思わせる。

Recipe

A 米焼酎――30mℓ
A チェリー・ブランデー――15mℓ
A ライム・ジュース――15mℓ
マラスキーノ・チェリー――1個
ライム・ピール――1個

材料Aと氷をシェーク、グラスに注ぎ、カクテル・ピンに刺したチェリーを沈め、ライム・ピールを絞る。

cocktail column

アメリカのエリートに日本酒ブーム？

アメリカのエリートたちの間では、日本食や日本酒がちょっとしたブームになっているらしい……ということが、ハリウッド映画などからうかがえる。例えば映画『クローバーフィールド』では、若きエリートたちがパーティーで日本酒を飲むシーンが出てくる。また、企業の内部告発を描いた『インサイダー』では、ラッセル・クロウがアル・パチーノに日本料理店で酒を注ぐシーンが出てくる。ラッセル・クロウは日本語で「お姉さん、お銚子1本！」などと慣れた感じで注文するが、これらのシーンを見ると、日本料理や日本酒でのもてなしが、エリートの間では「通《つう》」なことと考えられているようだ。

Non Alcohol
Cocktails
{ノン・アルコール}

アルコールを使わない飲料は、ソフト・ドリンクや清涼飲料水とも呼ばれる。
その中には果実飲料や嗜好飲料、乳性飲料、炭酸飲料などがあり、これらを
組み合わせることで、お酒の苦手な人でもカクテル気分を楽しむことができる。

味わい豊かなノン・アルコールのファジー・ネーブル

アンファジー・ネーブル
Unfuzzy Navel

甘口　ビルド　オール　タンブラー

ノン・アルコールだがファジー・ネーブル（189ページ参照）のピーチ・リキュールの代わりにピーチ・ネクターを使い、グレナデン・シロップを加えることで深い味わいを実現。

Recipe

ピーチ・ネクター	90㎖
オレンジ・ジュース	90㎖
グレナデン・シロップ	10㎖
スライス・オレンジ	1個
マラスキーノ・チェリー	1個

氷を入れたグラスにシロップまでの材料を注いで軽くステア、カクテル・ピンに刺したオレンジとチェリーを飾る。

ピーチの甘さに烏龍茶の渋みが効いた大人のノン・アルコール

サンセット・ピーチ

Sunset Peach

甘口 / ビルド / オール / コリンズ・グラス

見た目は美しい夕焼け空のようだが、"サンセット・ビーチ"ではなく"ピーチ"という名前がポイントで、ピーチ・ネクターのフルーティーな甘みに烏龍茶の渋みが効いた、大人のノン・アルコール。

Recipe

ピーチ・ネクター ―― 45mℓ
烏龍茶 ―― 45mℓ
グレナデン・シロップ ―― 1tsp.

氷を入れたコリンズ・グラスにピーチ・ネクターと烏龍茶を注ぎ入れて軽くステアし、グレナデン・シロップを静かに沈める。

濃厚な甘みを炭酸で爽《さわ》やかに仕上げた夏向けドリンク

シャーリー・テンプル

Shirley Temple

中甘口 / ビルド / オール / シャンパン・グラス(ソーサー)

濃厚な甘みのグレナデン・シロップにジンジャー・エールを加え、たっぷりのクラッシュド・アイスに注いだ夏向けのドリンク。名子役として活躍し、後に大使となったシャーリー・テンプルに捧げた一杯。

Recipe

グレナデン・シロップ ―― 10mℓ
ジンジャー・エール ―― 適量

シャンパン・グラスにグレナデン・シロップとクラッシュド・アイスを入れ、さらに冷やしたジンジャー・エールで満たして、ストローを添える。タンブラーを使用し、ロング・ドリンクに仕上げる場合もある。

お酒の苦手な人もカクテル気分を楽しめる一杯

シンデレラ

Cinderella

中口 / シェーク / オール / シャンパン・グラス(ソーサー)

オレンジ・ジュース、レモン・ジュース、パイナップル・ジュースの3種類のフルーツ・ジュースをシェークした、甘酸っぱくてジューシーなドリンク。お酒の苦手な人も、カクテル気分で楽しめる。

Recipe

オレンジ・ジュース ―― 30mℓ
レモン・ジュース ―― 30mℓ
パイナップル・ジュース ―― 30mℓ

シェーカーにすべての材料(オレンジ・ジュース、レモン・ジュース、パイナップル・ジュース)と氷を入れてシェーク、ソーサー型のシャンパン・グラスに注ぎ入れる。

彩りも味わいも爽《さわ》やか、春の若芽のようなドリンク

スプリング・ブロッサム

Spring Blossom

甘口　ビルド　オール　コリンズ・グラス

淡いグリーンの色合いが、まさに春の花々の若芽を思わせる一杯。青リンゴ・シロップの爽やかな甘みとライム・ジュースのフレッシュな酸味がみごとにマッチして、ソーダの喉《のど》ごしも心地よい。

Recipe

青リンゴ・シロップ	30mℓ
ライム・ジュース	15mℓ
メロン・シロップ	1tsp.
ソーダ	適量

氷を入れたコリンズ・グラスに青リンゴ・シロップ、ライム・ジュース、メロン・シロップを注ぎ、ソーダで満たして軽くステアする。

真夏の太陽を浴びた柑橘類の甘酸っぱさが美味しい一杯

フロリダ

Florida

中甘口　シェーク　オール　カクテル・グラス

フロリダ名産のオレンジをふんだんに使い、レモン・ジュースで酸味を増した甘酸っぱいカクテル。ビターズが少量入るが、ノン・アルコールとしてアメリカの禁酒法時代に流行したカクテルだという。

Recipe

アンゴスチュラ・ビターズ	1dash
オレンジ・ジュース	50mℓ
レモン・ジュース	10mℓ

シェーカーにすべての材料と氷を入れてシェーク、カクテル・グラスに注ぎ入れる。ジュース類は冷やしておくのがポイント。

2つの"ベリー"の組み合わせが、甘酸っぱい美味しさを演出

ベリー2

Berry2

中甘口　ビルド　オール　コリンズ・グラス

名前のとおり、イチゴ（ストロベリー）とクランベリーというダブル・ベリーの組み合わせが甘酸っぱい美味しさを演出。そこにライムの酸味が加わって、爽《さわ》やかな味わいに仕上がった一杯。

Recipe

イチゴ	2個
スライス・ライム	1枚
クランベリー・ドリンク	45mℓ
ミント・リーフ	適量

グラスにイチゴとライムを入れてペストルで潰《つぶ》し、クラッシュド・アイスとクランベリー・ドリンクを入れてステア。ミントを飾りストローを添える。

幅広い世代に人気があるノン・アルコール・カクテル

ミルク・セーキ

Milk Shake

甘口 / シェーク / 食後 / ゴブレット

栄養価が高くて飲みやすいことから、幅広い世代に人気がある。カクテル名の「セーキ」は、シェークがなまったものといわれる。牛乳を温めて作られるものはホット・ミルクセーキと呼ばれる。

Recipe

牛乳 —— 90mℓ
卵 —— 1個分
シュガー・シロップ —— 10mℓ

シェーカーにすべての材料（牛乳、卵、シュガー・シロップ）と氷を入れて十分にシェークし、これをゴブレットに注ぎ入れる。

ロマンチックなネーミングの甘酸っぱいカクテル

ラバーズ・ドリーム

Lover's Dream

中口 / シェーク / オール / タンブラー

"恋人たちの夢"というロマンチックなネーミングのカクテルは、その名のとおり、甘酸っぱく滑《なめ》らかな口当たり。別名「グラスゴー・フリップ」とも呼ばれ、アルコールを入れたホット・ドリンクもある。

Recipe

A ┌ レモン・ジュース —— 20mℓ
A │ シュガー・シロップ —— 10mℓ
A └ 卵 —— 1個分
ジンジャー・エール —— 適量
スライス・レモン —— 1枚
マラスキーノ・チェリー —— 1個

材料Aを十分シェークしグラスに注ぎ、ジンジャー・エールで満たしてカクテル・ピンに刺した果実類を飾る。

世界中で愛飲されているノン・アルコールの定番！

レモネード

Lemonade

中甘口 / ビルド / オール / タンブラー

レモンのきりりと冷えた美味しさが世界中で愛されているノン・アルコール・カクテル。その処方は地域によって異なり、また、同様の処方でオレンジ・エードやライム・エードも作られる。

Recipe

レモン・ジュース —— 40mℓ
シュガー・シロップ —— 15mℓ
水 —— 適量
スライス・レモン —— 1枚
マラスキーノ・チェリー —— 1個

グラスにレモン・ジュースとシロップ、氷を入れて、冷やした水を満たしステア。レモンとチェリーを飾る。

カクテル用語集 *cocktail glossary*

あ

アイス・クラッシャー

クラッシュド・アイスを作るための氷粉砕機。手動のものと電動のものがある。

アイス・トング

氷を挟む道具。氷をグラスに入れるときなどに使う。挟みやすいように、先がギザギザになっている。

アイス・ピック

氷を砕くために使う錐《きり》のこと。先の部分が1本のもの、二股、三股のものなどがある。

アイス・ペール

割った氷を入れておく容器。溶けた氷の水分を切るための中敷きが付いているものが便利。

アイリッシュ・ウイスキー

アイルランドで造られるウイスキー。大麦麦芽、ライ麦、小麦などを使い、3回蒸留して造られる。ピート(泥炭《でいたん》)で燻蒸《くんじょう》しないライトな味わいが特徴。

アフター・ディナー・カクテル

→食後酒

アプリコット・ブランデー

アンズの果肉をスピリッツに浸漬《しんせき》し、スパイスなどを加えたリキュールのこと。ほんのり甘酸っぱい。

アペリティフ

→食前酒

アメリカン・ウイスキー

アメリカで造られるウイスキー。トウモロコシを使った華やかな香りのバーボン・ウイスキーが代表的。ライ麦を使ったライ・ウイスキーなどもある。

アルマニャック

フランス南西部アルマニャック地方で造られるブランデー。男性的で骨太な味わいが特徴。

ウイスキー

大麦、小麦、トウモロコシなどを原料として糖化、発酵、蒸留し、さらに樽の中で熟成させた蒸留酒。

ウオッカ

主に穀物を原料として、活性炭で濾過《ろか》して不純物を取り除いた蒸留酒。クセがなく、まろやかな味わい。

オー・ド・ヴィー

フランス語で、果実で造った蒸留酒の総称。

オープナー

ビールや炭酸飲料などの王冠を抜くときに使う栓抜きのこと。

オール・デイ・カクテル

TPOによるカクテルの分類のひとつ。食前・食後などに関係なく、いつ飲んでもかまわないカクテル。

オリーブ

グラスに沈めたり、カクテル・ピンに刺して飾ったりして使う。青い実を塩漬けにしたグリーン・オリーブ、種を抜いて赤ピーマンなどを詰めたスタッフド・オリーブ、熟した黒い実を漬けたブラック・オリーブなどが使い分けられる。

オンス(oz)

液量・容量を表す単位。アメリカとイギリスではその値が異なるが、日本では慣習的に1オンス(oz)は30mℓに換算されることが多い。

か

カクテル・ピン

カクテルのデコレーションで使うピン。オリーブやマラスキーノ・チェリー、レモンなどを刺して飾る。

カナディアン・ウイスキー

カナダで造られるウイスキー。トウモロコシ、ライ麦、大麦麦芽の原酒をブレンドしたライトな味わい。

カルバドス

フランス・ノルマンディー地方で生産される、リンゴを使ったアップル・ブランデー。

キューブド・アイス
3cmくらいの立方体の氷。市販の製氷皿で作られるものとほぼ同じ大きさ。

キュラソー
オレンジの果皮などで香味付けしたリキュール。無色透明なホワイト・キュラソーのほか、ブルー、レッド、グリーンなど着色したものや、製法が異なるオレンジ・キュラソーなどがある。

glass（グラス）
カクテル作りの分量に使われる単位。1/3glassなど分数で表示される。その分量はグラスにより異なるが、カクテル・グラスの場合は1glass＝約60 mℓ。

クラックド・アイス
直径3～4cmに割った氷で、シェークやステアなどの際に使われる。角がないように割ると溶けにくい。

クラッシュド・アイス
クラックド・アイスやキューブド・アイスを小さな粒状に砕いた氷。アイス・クラッシャーで作る。

グラッパ
ワイン用のブドウの搾りカスから造られる、イタリアのカス取りブランデー。

グレナデン・シロップ
ザクロの果汁に砂糖を加えて煮詰めたシロップ。

クローブ
丁子《ちょうじ》の花のつぼみを乾燥させたもの。低い温度では香りが出ないので、ホット・カクテルに使われる。

コーディアル・ライム・ジュース
加糖したタイプのライム・ジュース。カクテルの副材料としてよく使用される。

コニャック
世界で最も有名なブランデーの産地、フランス西南部、コニャック地方で造られるブランデー。香り高く奥深い味わいが特徴。

混成酒
醸造酒や蒸留酒をベースに、香料、色素、糖分などを加えた酒。リキュール、ベルモット、梅酒など。

さ

シェーカー
シェークの技法に使う道具。トップ、ストレーナー、ボディの3つで構成されている。材料を混ぜ合わせ、冷やし、口当たりをまろやかにする効果がある。

シェーク
材料と氷を入れたシェーカーを振って、材料を混ぜ合わせるカクテル作りの技法。

シェリー
スペイン・アンダルシア地方で生産されるフォーティファイド・ワイン。白ワインにブランデーを加え熟成させる。独特の香りと風味をもつ。

ジュニパー・ベリー
杜松《ねず》の実のことで、乾燥させて香辛料として使う。ジンの香り付けに使われる

醸造《じょうぞう》酒
果実、米、麦などの原料を発酵させただけで造った酒類。ワイン、ビール、日本酒など。

蒸留酒
醸造酒を蒸留してアルコール度数を高めた酒類。ウイスキー、ブランデー、ジン、焼酎など。

ショート・ドリンク
冷やした材料をカクテル・グラスに注いで、冷たいうちに短時間で飲むカクテルのこと。

食後酒
食後にデザート感覚で楽しむ酒。英語ではアフター・ディナー・カクテル、フランス語ではディジェスティフという。

食前酒
食事前の食欲増進のために飲む酒。フランス語ではアペリティフという。アペリティフとは、もともとは食欲をそそるという意味。

ジン
大麦、ライ麦やトウモロコシなどの穀物を原料とした蒸留酒に、ジュニパー・ベリーや香草などで風味付けした辛口の酒。無色透明で爽《さわ》やかな風味が特徴。

シングル
ウイスキーなどをロックで飲むときに表す単位。1シングル＝30mℓ。1オンスも同量。

スクイーザー
オレンジ、レモン、グレープフルーツなどの果汁を搾るための道具。

スコッチ・ウイスキー
イギリス北部スコットランド地方で生産されるウイスキー。ピート（泥炭《でいたん》）のスモーキーな香味が特徴。多彩な個性をもつ銘柄がそろう。

ステア
ミキシング・グラスに材料と氷を入れ、バー・スプーンで混ぜるカクテル作りの技法。「ステアする」などと単に撹拌《かくはん》する、混ぜるという意味で使われる場合もある。

スティル・ワイン
無発泡性の一般的なワインのこと。スティルとは「静かな」という意味。

ストレーナー
ミキシング・グラスの縁にはめて、液体を注ぐ際に中の氷や不純物が入るのを抑えるための道具。また、シェーカーにはあらかじめストレーナーが付いている。

スノー・スタイル
グラスの縁をレモンまたはライムで湿らせ、塩や砂糖を付けたデコレーションのスタイル。

スパークリング・ワイン
発泡性ワインのこと。発酵で発生する炭酸ガスを瓶内に封じ込める方法などで造られる。

スピリッツ
醸造酒を蒸留しアルコール度数を高めた蒸留酒のこと。ウイスキー、ブランデー、ジン、焼酎など。

ソフト・ドリンク
アルコールを含まない飲料のこと。

た

dash（ダッシュ）
カクテル作りの分量に使われる単位。ビターズ・ボトルを一振りしたときの量。1dash＝約1mℓ。

ダブル
ウイスキーなどをロックで飲むときに表す単位。シングル（30mℓ）の倍の60mℓ。

チェイサー
アルコール度数の高い酒を飲む際に添えられるドリンクのこと。ミネラル・ウォーターの場合が多い。アルコールの刺激を和らげる役目がある。

tsp.（ティー・スプーン）
カクテル作りの分量に使われる単位。バー・スプーンのスプーン部分1杯の分量。1tsp＝約5mℓ。

ディジェスティフ
→食後酒

テキーラ
竜舌蘭《りゅぜつらん》の一種、アガベ・テキラーナ・ウェベル・アスールの茎を原料としたメキシコ産の蒸留酒。

トニック・ウォーター
ソーダにレモンやライムなどの果皮のエキスと糖分を配合した少し苦みのある炭酸水。

drop（ドロップ）
カクテル作りの分量に使われる単位。ビターズ・ボトルを逆さにしたときに、自然に落ちる1滴の分量。1drop＝約1/5mℓ。

は

バー・スプーン
材料を混ぜるときに使う、柄の部分がらせん状になった長いスプーン。両端はスプーンとフォークになっていて、1tsp.はこのスプーンの1杯分を指す。

バー・ブレンダー
ブレンドの技法で使われる道具。ミキサーとも呼ばれる。

バーボン・ウイスキー
アメリカのケンタッキー州で生産されるウイスキー。トウモロコシを51％以上使用し、内側を焦がした樽《たる》で熟成する。赤褐色の色合いと力強い樽由来の香りが特徴。

パール・オニオン
オリーブと同じくらいの小粒のタマネギ。ギブソンなど、主に辛口のカクテルの飾りとして使われる。

ピール
レモン、オレンジなど、柑橘類の皮の小片。皮のオイル分をカクテルに振りかけて風味を引き締める。

ビターズ・ボトル
ビターズ（薬草を原料とした苦味のあるリキュール類）を入れるための専用容器。一振りしたときの分量が1dash、ボトルを逆さにして自然に落ちる1滴の分量が1drop。

ビルド
グラスに直接材料と氷を入れて、バー・スプーンで軽く混ぜて仕上げるカクテル作りの技法。

フォーティファイド・ワイン
醸造過程でアルコール度数や糖度を高めたワイン。シェリー酒、マルサラ酒、ポート・ワイン、マディラ酒など。

ブランデー
フルーツを原料とした蒸留酒。原料はブドウが一番多いが、サクランボやリンゴなど多種類ある。

プルーフ
アルコール濃度を表す単位。アメリカ式とイギリス式がある。アメリカ式は、日本で使われるアルコール度数（%、度）の2倍、イギリス式では1.75倍。

フレーバード・ワイン
スティル・ワインに薬草や香草、果実、甘味などを加えて風味付けしたワイン。

ブレンド
バー・ブレンダー（ミキサー）で材料とクラッシュド・アイスを攪拌《かくはん》するカクテル作りの技法。フローズン・タイプやフレッシュ・フルーツを使ったカクテル作りに用いられる。

フロート
2種類の比重の異なる液体を混ざらないように注ぎ重ねること。フロートは「浮かべる」という意味。

ブロック・オブ・アイス
約1kgの氷の塊のこと。

ペストル
グラスやシェーカーの中でミントの葉やフルーツを潰《つぶ》す際に使う棒状の道具。

ペティナイフ
フルーツや野菜を切るときに使う小ぶりのナイフ。

ポート・ワイン
ワインの発酵途中にブランデーを加えて造られるポルトガル産のフォーティファイド・ワイン。独特の甘みとコクが特徴。

ま

マラスキーノ・チェリー
種を抜いたチェリーを砂糖漬けにして着色したもの。通常は赤色のレッド・チェリーを指し、緑色のものはミント・チェリーと呼ばれる。主に甘口のカクテルの飾りに使われる。

ミキシング・グラス
ステアの技法の際に使われる、大型のグラス。

ミント・チェリー
→マラスキーノ・チェリー

メジャー・カップ
酒やジュースなどの材料の分量を量る金属製のカップ。30mℓと45mℓの組み合わせが一般的。

ら

ラム
サトウキビの搾り汁を煮詰め、砂糖を結晶させた後の糖蜜を原料にした蒸留酒。甘みをもった男性的な味わいが特徴。

ランプ・オブ・アイス
ブロック・オブ・アイスを握り拳《こぶし》くらいの大きさに割ったもの。

リキュール
蒸留酒にフルーツ、薬草、香草、花などのフレーバーを加え、甘味や着色を添加した混成酒。

ロング・ドリンク
タンブラーやコリンズ・グラスなどの大きめのグラスで作られ、時間をかけて楽しむカクテルのこと。

わ

ワイン
ブドウの果実を発酵させて造られる醸造酒。

カクテルレシピ早見表 *cocktail recipes*

ベース	カクテル名	技法	グラス	ベースの酒	ベース以外の酒
ジン	アースクエーク	シェーク	カクテル・グラス	ドライ・ジン 20	ウイスキー 20／ペルノ 20
	アイデアル	シェーク	カクテル・グラス	ドライ・ジン 20	ドライ・ベルモット 20 マラスキーノ 1tsp.
	青い珊瑚礁	シェーク	カクテル・グラス	ドライ・ジン 40	グリーン・ミント・リキュール 20
	アペタイザー	シェーク	カクテル・グラス	ドライ・ジン 25	デュボネ 20
	アラウンド・ザ・ワールド	シェーク	カクテル・グラス	ドライ・ジン 40	グリーン・ミント・リキュール 10
	アラスカ	ステア	カクテル・グラス	ドライ・ジン 45	シャルトリューズ（イエロー）15
	アレキサンダーズ・シスター	シェーク	カクテル・グラス	ドライ・ジン 20	グリーン・ミント・リキュール 20
	エンジェル・フェイス	シェーク	カクテル・グラス	ドライ・ジン 30	カルバドス 15 アプリコット・ブランデー 15
	オペラ・マティーニ	シェーク	カクテル・グラス	ドライ・ジン 30	デュボネ 20／マラスキーノ 10
	オレンジ・フィズ	シェーク	タンブラー	ドライ・ジン 45	
	オレンジ・ブロッサム	シェーク	カクテル・グラス	ドライ・ジン 40	
	カジノ	シェーク	カクテル・グラス	ドライ・ジン 45	マラスキーノ 1tsp.
	カフェ・ド・パリ	シェーク	カクテル・グラス	ドライ・ジン 45	アニゼット 1tsp.
	カンパリ・カクテル	ステア	カクテル・グラス	ドライ・ジン 30	カンパリ 30
	キウイ・マティーニ	シェーク	カクテル・グラス	タンカレー・ジン 50	
	キッス・イン・ザ・ダーク	ステア	カクテル・グラス	ドライ・ジン 20	ドライ・ベルモット 20 チェリー・ブランデー 20
	ギブソン	ステア	カクテル・グラス	ドライ・ジン 50	ドライ・ベルモット 10
	ギムレット	シェーク	カクテル・グラス	ドライ・ジン 45	
	クラシック・ドライ・マティーニ	ステア	カクテル・グラス	ドライ・ジン 45	ドライ・ベルモット 15 オレンジ・ビターズ 1dash
	クラリッジ	シェーク	カクテル・グラス	ドライ・ジン 20	ドライ・ベルモット 20 ホワイト・キュラソー 10 アプリコット・ブランデー 10
	グリーン・アラスカ	ステア	カクテル・グラス	ドライ・ジン 45	シャルトリューズ（グリーン）15
	クローバー・クラブ	シェーク	カクテル・グラス	ドライ・ジン 45	
	グロリアス・マティーニ （栄光のマティーニ）	シェーク	カクテル・グラス	タンカレー・ジン 40	グラン・マルニエ 5 ガリアーノ 1tsp.
	ゴードン	ステア	カクテル・グラス	ドライ・ジン 50	アモンティリャード 10
	コスモポリタン・マティーニ	シェーク	カクテル・グラス	ドライ・ジン 20	グラン・マルニエ 10
	ザザ	ステア	カクテル・グラス	ドライ・ジン 45	デュボネ 15 オレンジ・ビターズ 1dash
	ジェイ・エフ・ケー	ステア	カクテル・グラス	タンカレー・ジン 40	グラン・マルニエ 10 ドライ・シェリー 10 オレンジ・ビターズ 2dash
	ジン・アンド・イット	ビルド	カクテル・グラス	ドライ・ジン 30	スイート・ベルモット 30
	ジン・アンド・ビターズ	ビルド	オールドファッションド・グラス	ドライ・ジン 60	アンゴスチュラ・ビターズ 1dash
	シンガポール・スリング	シェーク	コリンズ・グラス	ドライ・ジン 45	チェリー・ブランデー 15
	ジン・デイジー	シェーク	ゴブレット	ドライ・ジン 45	
	ジン・トニック	ビルド	タンブラー	ドライ・ジン 45	
	ジン・バック	ビルド	タンブラー	ドライ・ジン 45	
	ジン・フィズ	シェーク	タンブラー	ドライ・ジン 45	
	ジン・リッキー	ビルド	タンブラー	ドライ・ジン 45	
	スモーキー・マティーニ	ステア	カクテル・グラス	ドライ・ジン 45	スコッチ・ウイスキー 15
	セブンス・ヘブン	シェーク	カクテル・グラス	ドライ・ジン 50	マラスキーノ 10

※表内の材料で単位の付いていない数字の単位は、すべてmℓ。

副材料（割材）			副材料（香り付け・デコレーション）	アルコール度数	テイスト	P.
ジュース類	シロップ類	炭酸飲料・その他				
				42.3	辛	82
グレープフルーツ・ジュース 20				21.8	中	83
			マラスキーノ・チェリー 1個 レモン 適量	38.3	中甘	83
オレンジ・ジュース 15				24.5	中	83
パイナップル・ジュース 10			ミント・チェリー 1個	34.8	中甘	84
				45.3	中辛	84
		生クリーム 20		22.7	甘	84
				39.5	中	85
			レモン・ピール 1個	32.4	中	85
オレンジ・ジュース 30 レモン・ジュース 15	シュガー・シロップ 10	ソーダ 適量	スライス・オレンジ 適量	15.7	中	85
オレンジ・ジュース 20				31.3	中	86
レモン・ジュース 1tsp. オレンジ・ジュース 1tsp.				37.3	中辛	86
		生クリーム 1tsp.／卵白 1個分		24.6	中	86
				36	中	87
	シュガー・シロップ 1tsp.	キウイフルーツ 1/2個	キウイフルーツ(飾り用) 1/8個 レモン・ピール(飾り用) 1個	22.5	中甘	87
				29.7	中	87
			パール・オニオン 1個 レモン・ピール 適量	42.2	辛	88
ライム・ジュース 15	シュガー・シロップ 1tsp.			32.5	辛	58・88
				39.8	辛	88
				32.3	中	89
				49	辛	89
レモン・ジュース 15	グレナデン・シロップ 15	卵白 1個分		19.1	甘	89
レモン・ジュース 5	モナン・ローズ・シロップ 5		ブラウンシュガー、ホワイトシュガー 各少々	38.4	中辛	90
			パール・オニオン 1個	31.6	辛	90
クランベリー・ドリンク 20 ライム・ジュース 10				22.3	中	90
				39	中	91
			スタッフド・オリーブ 1個 オレンジ・ピール 1個	39.4	辛	91
				31	中辛	91
				46.9	辛	92
レモン・ジュース 20	シュガー・シロップ 10	ソーダ 適量	マラスキーノ・チェリー 1個 スライス・レモン 1枚	15	中辛	92
レモン・ジュース 20	グレナデン・シロップ 10		スライス・レモン 1枚 ミント・リーフ 適量	28.2	中	92
		トニック・ウォーター 適量	カット・ライム 1/6個分	15.7	中辛	54・93
コーディアル・ライム・ジュース 5		ジンジャー・エール 適量 カット・ライム 1/6個分		15.7	中	93
レモン・ジュース 20	シュガー・シロップ 10	ソーダ 適量	スライス・レモン 1枚 マラスキーノ・チェリー 1個	15.7	中辛	54・93
		ソーダ 適量／カット・ライム 1/2個		15.7	辛	55・94
				45.3	辛	94
グレープフルーツ・ジュース 1tsp.			ミント・チェリー 1個	39.8	中	94

ベース	カクテル名	技法	グラス	ベースの酒	ベース以外の酒
ジン	ダーティー・マティーニ	シェーク	カクテル・グラス	ドライ・ジン 60	
	タンゴ	シェーク	カクテル・グラス	ドライ・ジン 25	スイート・ベルモット 10 ドライ・ベルモット 10 オレンジ・キュラソー 5
	テキサス・フィズ	シェーク	タンブラー	ドライ・ジン 45	
	デザート・ヒーラー	ビルド	タンブラー	ドライ・ジン 30	チェリー・ブランデー 15
	デュークス・マティーニ	ビルド	カクテル・グラス	タンカレー・ジン 30	ドライ・ベルモット 1dash
	トッティー	ビルド	オールドファッションド・グラス	ドライ・ジン 20	アマーロ 20 ドライ・ベルモット 20
	トム・コリンズ	ビルド	コリンズ・グラス	オールド・トム・ジン 45	
	ネグローニ	ビルド	オールドファッションド・グラス	ドライ・ジン 20	カンパリ 20 スイート・ベルモット 20
	ノックアウト	シェーク	カクテル・グラス	ドライ・ジン 30	ドライ・ベルモット 20 ペルノ 10 ホワイト・ミント・リキュール 1tsp.
	バーテンダー	ステア	カクテル・グラス	ドライ・ジン 20	ドライ・ベルモット 20 デュボネ 20 グラン・マルニエ 1dash
	パラダイス	シェーク	カクテル・グラス	ドライ・ジン 30	アプリコット・ブランデー 15
	ハワイアン	シェーク	カクテル・グラス	ドライ・ジン 40	オレンジ・キュラソー 1tsp.
	ビューティ・スポット	シェーク	カクテル・グラス	タンカレー・ジン 30	ドライ・ベルモット 15 スイート・ベルモット 15
	ピンク・ジン	ビルド	カクテル・グラス	ドライ・ジン 60	アンゴスチュラ・ビターズ 2～3dash
	ピンク・レディ	シェーク	カクテル・グラス	ドライ・ジン 40	
	フォールン・エンジェル	シェーク	カクテル・グラス	ドライ・ジン 50	ホワイト・ミント・リキュール 2dash アンゴスチュラ・ビターズ 1dash
	プリンセス・メアリー	シェーク	カクテル・グラス	ドライ・ジン 20	クレーム・ド・カカオ 20
	ブルー・ムーン	シェーク	カクテル・グラス	ドライ・ジン 30	パルフェ・タムール 15
	フレンチ75	シェーク	シャンパン・グラス(フルート)	ドライ・ジン 45	シャンパン 適量
	ブロンクス	シェーク	カクテル・グラス	ドライ・ジン 30	ドライ・ベルモット 10 スイート・ベルモット 10
	ホノルル	シェーク	カクテル・グラス	ドライ・ジン 50	アンゴスチュラ・ビターズ 1dash
	ホワイト・レディ	シェーク	カクテル・グラス	ドライ・ジン 30	ホワイト・キュラソー 15
	ホワイト・ローズ	シェーク	カクテル・グラス	ドライ・ジン 40	マラスキーノ 15
	ボンド・マティーニ	シェーク	カクテル・グラス	ゴードン・ジン 90	ウオッカ 30 リレ・ブラン 10
	マティーニ	ステア	カクテル・グラス	ドライ・ジン 50	ドライ・ベルモット 10
	ミリオン・ダラー	シェーク	シャンパン・グラス(ソーサー)	ドライ・ジン 45	スイート・ベルモット 15
ウオッカ	アクア	シェーク	シャンパン・グラス（フルート）	ウオッカ 30	グリーン・ミント・リキュール 20
	アルカディア	シェーク	カクテル・グラス	フィンランディア・ウオッカ 20	コーヒー・リキュール 10 メロン・リキュール 10
	アンジェロ	シェーク	ゴブレット	ウオッカ 30	サザン・カンフォート 10 ガリアーノ 1tsp.
	イエロー・フェロー	シェーク	カクテル・グラス	ウオッカ 20	ホワイト・キュラソー 10
	ウオッカ・アップル・ジュース	ビルド	コリンズ・グラス	ウオッカ 45	
	ウオッカ・ギブソン	ステア	カクテル・グラス	ウオッカ 50	ドライ・ベルモット 10
	ウオッカ・マティーニ	ステア	カクテル・グラス	ウオッカ 50	ドライ・ベルモット 10
	ウオッカ・リッキー	ビルド	タンブラー	ウオッカ 45	
	オールド・イングランド	ステア	カクテル・グラス	ウオッカ 30	ドライ・シェリー 30
	神風	シェーク	オールドファッションド・グラス	ウオッカ 20	ホワイト・キュラソー 20
	カリビアン・クルーズ	シェーク	カクテル・グラス	ウオッカ 20	ココナッツ・リキュール 10 グリーン・バナナ・リキュール 10
	キス・オブ・ファイヤー	シェーク	カクテル・グラス	ウオッカ 20	スロー・ジン 20 ドライ・ベルモット 20
	グリーン・シー	ステア	カクテル・グラス	ウオッカ 30	ドライ・ベルモット 15 グリーン・ミント・リキュール 15

副材料(割材)			副材料(香り付け・デコレーション)	アルコール度数	テイスト	P.
ジュース類	シロップ類	炭酸飲料・その他				
オリーブ浸漬ジュース 1tsp.			スタッフド・オリーブ 2個	43.3	辛	95
オレンジ・ジュース 10				28.4	中	95
オレンジ・ジュース 20	シュガー・シロップ 10	ソーダ 適量	スライス・オレンジ 1/2枚 マラスキーノ・チェリー 1個	15.7	中	95
オレンジ・ジュース 30		ジンジャー・エール 適量		13.1	甘	96
			レモン・ピール 1個 カシューナッツ 適量 スタッフド・オリーブ 適量	46.4	辛	96
			オレンジ・ピール 1個	32.3	中辛	96
レモン・ジュース 20	シュガー・シロップ 10	ソーダ 適量	スライス・レモン 1枚 マラスキーノ・チェリー 1個	10.9	中	97
			オレンジ・ピール 1枚	29	中	97
				35.2	辛	97
				26.8	中	98
オレンジ・ジュース 15			マラスキーノ・チェリー 1個	29.5	中甘	98
オレンジ・ジュース 20				32	中	98
オレンジ・ジュース 1tsp.	グレナデン・シロップ 1/2tsp.			28.4	中	99
				46.9	辛	99
レモン・ジュース 10	グレナデン・シロップ 10	卵白 1/2個分		24.1	中甘	99
レモン・ジュース 10				38.8	辛	100
		生クリーム 20		23.7	甘	100
レモン・ジュース 15			レモン・ピール 1個	29.5	中	100
レモン・ジュース 20	シュガー・シロップ 1tsp.			19	中辛	101
オレンジ・ジュース 10				29	中	101
オレンジ・ジュース 1dash パイナップル・ジュース 1dash レモン・ジュース 1dash	シュガー・シロップ 1dash			43.5	辛	101
レモン・ジュース 15				33.5	中辛	102
オレンジ・ジュース 1tsp. レモン・ジュース 1tsp.		卵白 1/2個分		27	中	102
			レモン・ピール 適量	43.3	辛	102
			スタッフド・オリーブ 1個	42.2	辛	58・103
パイナップル・ジュース 15	グレナデン・シロップ 1tsp.	卵白 1個分	カット・パイナップル 1枚	20.2	中甘	103
ライム・ジュース 10		トニック・ウォーター 適量		8.9	中	104
		生クリーム 20 卵黄 1個分	チョコレート(削ったもの) 適量 ミント・リーフ 適量	15.4	甘	105
オレンジ・ジュース 20 パイナップル・ジュース 20			スライス・オレンジ 1枚	19.1	中甘	105
パイナップル・ジュース 30				20	中甘	105
アップル・ジュース 適量				13.3	中甘	106
			パール・オニオン 1個	36.3	辛	106
			スタッフド・オリーブ 1個	36.3	辛	106
		ソーダ 適量 カット・ライム 1/2個		13.3	辛	107
				27.5	辛	107
ライム・ジュース 20				26.7	中辛	107
パイナップル・ジュース 20			マラスキーノ・チェリー 1個	19.7	甘	108
レモン・ジュース 1tsp			砂糖 適量	25.8	中辛	108
				29.8	中辛	108

ベース	カクテル名	技法	グラス	ベースの酒	ベース以外の酒
ウオッカ	グリーン・スパイダー	シェーク	カクテル・グラス	ウオッカ 45	グリーン・ミント・リキュール 15
	ゴーリキー・パーク	ブレンド	シャンパン・グラス(ソーサー)	ウオッカ 45	
	コザック	シェーク	カクテル・グラス	ウオッカ 30	ブランデー 20
	コスモポリタン	シェーク	カクテル・グラス	ウオッカ 30	ホワイト・キュラソー 10
	ゴッドマザー	ビルド	オールドファッションド・グラス	ウオッカ 40	アマレット 20
	サザン・バンガー	ビルド	タンブラー	ウオッカ 30	サザン・カンフォート 15
	シー・ブリーズ	シェーク	コリンズ・グラス	ウオッカ 30	
	ジプシー	シェーク	カクテル・グラス	ウオッカ 45	ベネディクティン・DOM 15 アンゴスチュラ・ビターズ 1dash
	シルバー・ウィング	ステア	カクテル・グラス	ウオッカ 30	ホワイト・キュラソー 15 ドライ・ベルモット 15
	スクリュードライバー	ビルド	タンブラー	ウオッカ 45	
	スレッジ・ハンマー	シェーク	カクテル・グラス	ウオッカ 45	
	セックス・オン・ザ・ビーチ	シェーク	コリンズ・グラス	ウオッカ 15	ミドリ 20 クレーム・ド・フランボワーズ 10
	ソルティ・ドッグ	ビルド	コリンズ・グラス	ウオッカ 45	
	ソルト・リック	ビルド	コリンズ・グラス	ウオッカ 30	
	タワリッシ	シェーク	カクテル・グラス	ウオッカ 30	キュンメル 15
	チチ	シェーク	ゴブレット	ウオッカ 30	
	ツアリーヌ	シェーク	カクテル・グラス	ウオッカ 30	ドライ・ベルモット 15 アプリコット・ブランデー 15 アンゴスチュラ・ビターズ 1dash
	バーバラ	シェーク	カクテル・グラス	ウオッカ 30	クレーム・ド・カカオ 15
	パープル・パッション	ビルド	コリンズ・グラス	ウオッカ 40	
	ハーベイ・ウォールバンガー	ビルド	コリンズ・グラス	ウオッカ 45	ガリアーノ 2tsp.
	パナシェ	シェーク	カクテル・グラス	ウオッカ 30	ドライ・ベルモット 20 チェリー・ブランデー 10
	バラライカ	シェーク	カクテル・グラス	ウオッカ 30	ホワイト・キュラソー 15
	ブラック・ルシアン	ビルド	オールドファッションド・グラス	ウオッカ 40	コーヒー・リキュール 20
	ブラッディー・シーザー	ビルド	コリンズ・グラス	ウオッカ 45	
	ブラッディー・メアリー	ビルド	コリンズ・グラス	ウオッカ 45	
	フラミンゴ・レディ	シェーク	サワー・グラス	ウオッカ 20	ピーチ・リキュール 20
	ブルー・マンデー	シェーク	カクテル・グラス	ウオッカ 45	ホワイト・キュラソー 15 ブルー・キュラソー 1tsp.
	ブルー・ラグーン	シェーク	ゴブレット	ウオッカ 30	ブルー・キュラソー 20
	ブル・ショット	シェーク	オールドファッションド・グラス	ウオッカ 30	
	ブルドッグ	ビルド	コリンズ・グラス	ウオッカ 45	
	ベイ・ブリーズ	ビルド	コリンズ・グラス	ウオッカ 40	
	ボルガ	シェーク	カクテル・グラス	ウオッカ 20	チェリー・リキュール 20 ドライ・ベルモット 10
	ボルガ・ボートマン	シェーク	カクテル・グラス	ウオッカ 20	チェリー・ブランデー 20
	ポロネーズ	シェーク	カクテル・グラス	ウオッカ 40	チェリー・ブランデー 20
	ホワイト・スパイダー	シェーク	カクテル・グラス	ウオッカ 40	ホワイト・ミント・リキュール 20
	ホワイト・ルシアン	ビルド	オールドファッションド・グラス	ウオッカ 40	コーヒー・リキュール 20
	マドラス	ビルド	コリンズ・グラス	ウオッカ 40	
	マリリン・モンロー	ステア	カクテル・グラス	ウオッカ 45	カンパリ 10 スイート・ベルモット 5
	ミッドナイト・サン	シェーク	コリンズ・グラス	フィンランディア・ウオッカ 40	ミドリ 30
	モスコー・ミュール	ビルド	タンブラー	ウオッカ 45	

副材料(割材)						
ジュース類	シロップ類	炭酸飲料・その他	副材料(香り付け・デコレーション)	アルコール度数	テイスト	P.
				35.3	中甘	109
	グレナデン・シロップ 2tsp.	イチゴ 1個	イチゴ(飾り用) 1個	25.7	中甘	109
ライム・ジュース 10	シュガー・シロップ 1tsp.			30.8	中辛	109
ライム・ジュース 10 クランベリー・ドリンク 10				26.7	中	110
				36	甘	110
オレンジ・ジュース 適量				11.2	甘	110
クランベリー・ドリンク 45 グレープフルーツ・ジュース 45				10	中	111
				40.1	中辛	111
				34.5	中辛	111
オレンジ・ジュース 適量			スライス・オレンジ 1/2枚	13.3	中	112
ライム・ジュース 15	シュガー・シロップ 1tsp.			27.7	辛	112
パイナップル・ジュース 80				9.4	甘	112
グレープフルーツ・ジュース 適量			塩 適量	10.9	中	55・113
グレープフルーツ・ジュース 45		トニック・ウォーター 45	塩 適量	10	中	113
ライム・ジュース 15				28	中辛	113
パイナップル・ジュース 80		ココナッツ・ミルク 45	カット・パイナップル 1枚 スライス・オレンジ 数枚 マラスキーノ・チェリー 1個 ランの花 1個	7.7	甘	114
				30.7	中辛	114
		生クリーム 15		26	甘	114
グレープ・ジュース 60 グレープフルーツ・ジュース 60				10	中甘	115
オレンジ・ジュース 適量				13.5	甘	115
			マラスキーノ・チェリー 1個	30	中甘	115
レモン・ジュース 15				30	中辛	58・116
				33.3	中甘	116
クラマト・ジュース 適量			カット・レモン 1個 スティック・セロリ 1本	10.9	中	116
トマト・ジュース 適量			カット・レモン 1個 スティック・セロリ 1本	10.9	中	55・117
パイナップル・ジュース 20 レモン・ジュース 10	グレナデン・シロップ 1tsp.		砂糖 適量	16	中甘	117
				38.8	中辛	117
レモン・ジュース 20			スライス・オレンジ 1/2枚 スライス・レモン 1枚 マラスキーノ・チェリー 1個	24	中	118
		ビーフ・ブイヨン(コンソメ・スープでも可) 60		13.3	中	118
グレープフルーツ・ジュース 適量				10.9	中	118
パイナップル・ジュース 60 クランベリー・ドリンク 60				10	中甘	119
オレンジ・ジュース 10			レモン・ピール 1個	24.3	中甘	119
オレンジ・ジュース 20				21.3	中甘	119
レモン・ジュース 1tsp.	シュガー・シロップ 1tsp.			29.7	中甘	120
				34.7	中甘	120
		生クリーム 適量		25	甘	120
オレンジ・ジュース 60 クランベリー・ドリンク 60				10	中甘	121
				35.4	中	121
オレンジ・ジュース 20 レモン・ジュース 10	グレナデン・シロップ 1tsp.	ソーダ 適量	スライス・レモン 1枚 マラスキーノ・チェリー 1個	13.3	中甘	121
コーディアル・ライム・ジュース 1tsp.		ジンジャー・エール 適量 カット・ライム 1/4個分	スティック・キュウリ 1本	10.9	中	55・122

ベース	カクテル名	技法	グラス	ベースの酒	ベース以外の酒
ウオッカ	雪国	シェーク	カクテル・グラス	ウオッカ 30	ホワイト・キュラソー 15
	ルシアン	シェーク	カクテル・グラス	ウオッカ 20	ドライ・ジン 20 クレーム・ド・カカオ 20
	ロードランナー	シェーク	カクテル・グラス	ウオッカ 30	アマレット 15
	ロベルタ	シェーク	カクテル・グラス	ウオッカ 20	ドライ・ベルモット 20 チェリー・リキュール 20 カンパリ 1tsp. バナナ・リキュール 1tsp.
ラム	アカプルコ	シェーク	カクテル・グラス	ホワイト・ラム 40	ホワイト・キュラソー 5
	アロハ	シェーク	カクテル・グラス	ホワイト・ラム 45	ホワイト・キュラソー 15 アンゴスチュラ・ビターズ 1dash
	エックス・ワイ・ジィ	シェーク	カクテル・グラス	ホワイト・ラム 30	ホワイト・キュラソー 15
	エッグノッグ	シェーク	タンブラー	ラム 30	ブランデー 15
	エル・プレジデンテ(Ⅱ)	ステア	カクテル・グラス	ホワイト・ラム 30	ドライ・ベルモット 15 オレンジ・キュラソー 15
	キューバ・リバー	ビルド	タンブラー	ホワイト・ラム 45	
	クォーター・デッキ	ステア	カクテル・グラス	ホワイト・ラム 40	ドライ・シェリー 20
	グリーン・アイズ	ブレンド	ゴブレット	ゴールド・ラム 30	メロン・リキュール 25
	コロンブス	シェーク	カクテル・グラス	ゴールド・ラム 30	アプリコット・ブランデー 15
	サンチャゴ	シェーク	カクテル・グラス	ホワイト・ラム 50	
	ジャック・ター	シェーク	オールドファッションド・グラス	151プルーフ・ラム 30	サザン・カンフォート 25
	シャンハイ	シェーク	カクテル・グラス	ダーク・ラム 30	アニゼット 10
	スカイ・ダイビング	シェーク	カクテル・グラス	ホワイト・ラム 30	ブルー・キュラソー 20
	スコーピオン	シェーク	ゴブレット	ホワイト・ラム 40	ブランデー 20
	ソノラ	シェーク	カクテル・グラス	ホワイト・ラム 30	アップル・ブランデー 30 アプリコット・ブランデー 2dash
	ダイキリ	シェーク	カクテル・グラス	ホワイト・ラム 45	
	トム・アンド・ジェリー	ビルド	タンブラー	ホワイト・ラム 30	ブランデー 15
	ネバダ	シェーク	カクテル・グラス	ホワイト・ラム 40	アンゴスチュラ・ビターズ 1dash
	バカディアーノ	シェーク	カクテル・グラス	バカルディ・ラム・ホワイト 40	ガリアーノ 1tsp.
	バカルディ・カクテル	シェーク	カクテル・グラス	バカルディ・ラム・ホワイト 45	
	ハバナ・ビーチ	シェーク	カクテル・グラス	ホワイト・ラム 30	
	ビーズ・キッス	シェーク	カクテル・グラス	ホワイト・ラム 40	
	ピニャ・カラーダ	シェーク	ゴブレット	ホワイト・ラム 30	
	プラチナ・ブロンド	シェーク	カクテル・グラス	ホワイト・ラム 20	ホワイト・キュラソー 20
	ブラック・デビル	ステア	カクテル・グラス	ホワイト・ラム 40	ドライ・ベルモット 20
	プランターズ・カクテル	シェーク	カクテル・グラス	ホワイト・ラム 30	
	ブルー・ハワイ	シェーク	ゴブレット	ホワイト・ラム 30	ブルー・キュラソー 15
	フローズン・ダイキリ	ブレンド	シャンパン・グラス(ソーサー)	ホワイト・ラム 45	
	ポーラー・ショート・カット	ステア	カクテル・グラス	ゴールド・ラム 15	ホワイト・キュラソー 15 チェリー・ブランデー 15 ドライ・ベルモット 15
	ボストン・クーラー	シェーク	タンブラー	ホワイト・ラム 45	
	マイアミ	シェーク	カクテル・グラス	ホワイト・ラム 40	ホワイト・キュラソー 20
	マイタイ	ビルド	マイタイ・グラス	ホワイト・ラム 30	ゴールド・ラム 30 ジャマイカ・ダーク・ラム 15
	ミリオネーア	シェーク	カクテル・グラス	ホワイト・ラム 15	スロー・ジン 15 アプリコット・ブランデー 15
	メアリー・ピックフォード	シェーク	カクテル・グラス	ホワイト・ラム 30	マラスキーノ 1dash
	モヒート	ビルド	コリンズ・グラス	ホワイト・ラム 45	

副材料（割材）			副材料（香り付け・デコレーション）	アルコール度数	テイスト	P.
ジュース類	シロップ類	炭酸飲料・その他				
コーディアル・ライム・ジュース 15		砂糖 適量	ミント・チェリー 1個	30	中辛	122
				37	中辛	122
		ココナッツ・ミルク 15	ナツメグ・パウダー 適量	27	甘	123
			オレンジ・ピール 適量	27	中甘	123
レモン・ジュース 15	シュガー・シロップ 1tsp.			27.7	中辛	124
			レモン・ピール 適量	40.1	中辛	125
レモン・ジュース 15				30	中辛	125
	シュガー・シロップ 15	卵 1個分／牛乳 90	ナツメグ 適量	8.6	中	125
	グレナデン・シロップ 1dash			33.9	中辛	126
		コーラ 適量 ライム1/2個		13.3	中	56・126
ライム・ジュース 1tsp.				29.2	辛	126
パイナップル・ジュース 45 ライム・ジュース 15		ココナッツ・ミルク 15	スライス・ライム 1枚	13.1	甘	127
レモン・ジュース 15				26	中	127
ライム・ジュース 5	グレナデン・シロップ 5			33.3	辛	127
コーディアル・ライム・ジュース 25			カット・ライム 1個	34.9	中	128
レモン・ジュース 20	グレナデン・シロップ 1/2tsp.			23.2	中	128
コーディアル・ライム・ジュース 10				28	中辛	128
オレンジ・ジュース 20 レモン・ジュース 15 ライム・ジュース 10			スライス・レモン 1枚 スライス・ライム 1枚 マラスキーノ・チェリー 1個	22.9	中甘	129
レモン・ジュース 1dash				38.9	中辛	129
ライム・ジュース（またはレモン・ジュース）15	シュガー・シロップ 1tsp.			27.7	中辛	58・129
	シュガー・シロップ 10	卵 1個分／熱湯 適量	ナツメグ 適量	7.5	中	130
ライム・ジュース 10 グレープフルーツ・ジュース 10	シュガー・シロップ 1tsp.			24.9	中辛	130
レモン・ジュース 10	グレナデン・シロップ 10		マラスキーノ・チェリー 1個	27.9	中	130
ライム・ジュース（またはレモン・ジュース）15	グレナデン・シロップ 1tsp.			27.7	中	131
パイナップル・ジュース 30	シュガー・シロップ 1tsp.			18.5	中	131
		蜂蜜 10／生クリーム 10		26.7	甘	131
パイナップル・ジュース 80		ココナッツ・ミルク 30	カット・パイナップル 1個 スライス・オレンジ 数枚 マラスキーノ・チェリー 1個 ランの花 1個	8.6	甘	132
		生クリーム 20		26.7	甘	132
			ブラック・オリーブ 1個	32.7	辛	132
オレンジ・ジュース 20 レモン・ジュース 10				20	中	133
パイナップル・ジュース 30 レモン・ジュース 15			カット・パイナップル 1個 マラスキーノ・チェリー 1個 ランの花 1個	17.3	甘	133
ライム・ジュース 15	シュガー・シロップ 10			25.7	中	133
				30.5	中	134
レモン・ジュース 20	シュガー・シロップ 10	ジンジャー・エール 適量		13.3	中	134
レモン・ジュース 1tsp.				36.9	中	134
パイナップル・ジュース 45 オレンジ・ジュース 30	グレナデン・シロップ 15		マラスキーノ・チェリー 1個 カット・パイナップル 1個 スライス・オレンジ 1枚 ランの花 1個	18.2	中甘	135
ライム・ジュース 15	グレナデン・シロップ 1dash			22.1	中甘	135
パイナップル・ジュース 30	グレナデン・シロップ 1tsp.			18.5	中甘	135
	シュガー・シロップ 10	ソーダ 少量／ライム 1/2個分 ミント・リーフ 10～15枚		22.5	中	56・136

ベース	カクテル名	技法	グラス	ベースの酒	ベース以外の酒
ラム	ラスト・キッス	シェーク	カクテル・グラス	ホワイト・ラム 45	ブランデー 10
	ラム・コリンズ	ビルド	コリンズ・グラス	ホワイト・ラム 45	
	リトル・デビル	シェーク	カクテル・グラス	ホワイト・ラム 30	ドライ・ジン 30
	リトル・プリンセス	ステア	カクテル・グラス	ホワイト・ラム 30	スイート・ベルモット 30
テキーラ	アイス・ブレーカー	シェーク	タンブラー	テキーラ 40	ホワイト・キュラソー 20
	アカプルコ	シェーク	ゴブレット	テキーラ 30	ホワイト・ラム 15
	アンバサダー	ビルド	タンブラー	テキーラ 45	
	エバ・グリーン	シェーク	ゴブレット	テキーラ 30	グリーン・ミント・リキュール 15 ガリアーノ 10
	エル・ディアブロ	ビルド	タンブラー	テキーラ 30	クレーム・ド・カシス 15
	グラン・マルニエ・マルガリータ	シェーク	カクテル・グラス	テキーラ 30	グラン・マルニエ 15
	コンチータ	シェーク	カクテル・グラス	テキーラ 30	
	シクラメン	シェーク	カクテル・グラス	テキーラ 30	ホワイト・キュラソー 10
	スロー・テキーラ	シェーク	オールドファッションド・グラス	テキーラ 30	スロー・ジン 15
	ソルティ・ブル	ビルド	コリンズ・グラス	テキーラ 45	
	チャロ・ネロ	ビルド	コリンズ・グラス	テキーラ 45	
	T.T.T.	ビルド	タンブラー	テキーラ 30	トリプル・セック 15
	テキーラ・サンセット	ブレンド	オールドファッションド・グラス	テキーラ 30	
	テキーラ・サンライズ	ビルド	ゴブレット	テキーラ 45	
	テキーラ・マンハッタン	ステア	カクテル・グラス	テキーラ 45	スイート・ベルモット 15 アンゴスチュラ・ビターズ 1dash
	ピカドール	ステア	カクテル・グラス	テキーラ 30	コーヒー・リキュール 30
	ブルー・マルガリータ	シェーク	カクテル・グラス	テキーラ 30	ブルー・キュラソー 15
	フローズン・マルガリータ	ブレンド	シャンパン・グラス(ソーサー)	テキーラ 45	ホワイト・キュラソー 20
	ブロードウェイ・サースト	シェーク	カクテル・グラス	テキーラ 30	
	ヘルメス	シェーク	カクテル・グラス	テキーラ 30	プラム・リキュール(ミラベル) 20 アニゼット 1tsp.
	マタドール	シェーク	オールドファッションド・グラス	テキーラ 30	
	マルガリータ	シェーク	カクテル・グラス	テキーラ 30	ホワイト・キュラソー 15
	マルガリータ・コスモ	シェーク	カクテル・グラス	テキーラ 20	グラン・マルニエ 10
	メキシカン	シェーク	カクテル・グラス	テキーラ 40	
	モッキンバード	シェーク	カクテル・グラス	テキーラ 30	グリーン・ミント・リキュール 15
	ライジング・サン	シェーク	カクテル・グラス	テキーラ 30	シャルトリューズ(イエロー) 20 スロー・ジン 1tsp.
	ラ・ルメール	シェーク	カクテル・グラス	テキーラ 25	レモン・リキュール 15 パッションフルーツ・リキュール 10 バイオレット・リキュール 10
ウイスキー	アイリッシュ・コーヒー	ビルド	アイリッシュ・コーヒー・グラス	アイリッシュ・ウイスキー 30	
	アイリッシュ・ローズ	シェーク	カクテル・グラス	アイリッシュ・ウイスキー 45	
	アップ・トゥ・デイト	ステア	カクテル・グラス	ライ・ウイスキー 25	ドライ・ベルモット 25 グラン・マルニエ 10 アンゴスチュラ・ビターズ 1dash
	アフィニティー	ステア	カクテル・グラス	ウイスキー 30	ドライ・ベルモット 15 スイート・ベルモット 15 アンゴスチュラ・ビターズ 2dash
	インペリアル・フィズ	シェーク	タンブラー	スコッチ・ウイスキー 30	ラム 10
	ウイスキー・サワー	シェーク	サワー・グラス	ウイスキー 45	
	ウイスキー・ソーダ(ハイボール)	ビルド	タンブラー	ウイスキー 30～45	
	ウイスキー・フロート	ビルド	タンブラー	ウイスキー 30～45	
	ウイスキー・ミスト	ビルド	オールドファッションド・グラス	ウイスキー 60	

副材料（割材）						
ジュース類	シロップ類	炭酸飲料・その他	副材料（香り付け・デコレーション）	アルコール度数	テイスト	P.
レモン・ジュース 5				36.7	中辛	136
レモン・ジュース 20	シュガー・シロップ 10	ソーダ 適量	スライス・レモン 1枚 マラスキーノ・チェリー 1個	13.3	中辛	136
				43.5	辛	137
				27.5	中	137
グレープフルーツ・ジュース 40	グレナデン・シロップ 2tsp.			21.8	中甘	138
パイナップル・ジュース 15 グレープフルーツ・ジュース 30		ココナッツ・ミルク 30	カット・パイナップル 1個 マラスキーノ・チェリー 1個	15	中	139
オレンジ・ジュース 適量	シュガー・シロップ 1tsp.		スライス・オレンジ 1/2枚 マラスキーノ・チェリー 1個	13.3	中	139
パイナップル・ジュース 90			カット・パイナップル 1個 ミント・リーフ 適量 マラスキーノ・チェリー 1個 ミント・チェリー 1個	13.4	中	139
		ジンジャー・エール 適量	カット・ライム 1個	11.1	中甘	140
レモン・ジュース 15			塩 適量	30	中	140
グレープフルーツ・ジュース 20 レモン・ジュース 10				20	中	140
オレンジ・ジュース 10 レモン・ジュース 10	グレナデン・シロップ 1tsp.		レモン・ピール 1個	24.6	中甘	141
レモン・ジュース 15			スティック・キュウリ 1本	26.5	中	141
グレープフルーツ・ジュース 適量			塩 適量	10.9	中	141
レモン・ジュース 1tsp.		コーラ 適量		10.9	中	142
		トニック・ウォーター 適量	カット・ライム 1個	13.3	中	142
レモン・ジュース 30	グレナデン・シロップ 1tsp.		スライス・レモン 1枚	18.5	中	142
オレンジ・ジュース 90	グレナデン・シロップ 2tsp.		スライス・オレンジ 1/2枚 マラスキーノ・チェリー 1個	13.3	中甘	143
			マラスキーノ・チェリー 1個	33.9	中辛	143
			レモン・ピール 1個	30	中甘	143
レモン・ジュース 15			塩 適量	26	中	144
レモン・ジュース 15			塩 適量	32.5	中	144
オレンジ・ジュース 20 レモン・ジュース 10	シュガー・シロップ 1tsp.			18.5	中	144
ライム・ジュース 10				25.5	中	145
パイナップル・ジュース 45 ライム・ジュース 15				13.3	中甘	145
レモン・ジュース 15			塩 適量	30	中辛	59・145
クランベリー・ドリンク 20 ライム・ジュース 10			塩 適量	20	中甘	146
パイナップル・ジュース 20	グレナデン・シロップ 1dash			26.2	中甘	146
ライム・ジュース 15				25.3	中	146
コーディアル・ライム・ジュース 10			塩 適量 マラスキーノ・チェリー 1個	32.8	中	147
			スタッフド・オリーブ 1個 ブラック・オリーブ 1個	31.3	中甘	147
		角砂糖 1個 ホットコーヒー 適量 ホイップ・クリーム 適量		5	中甘	56・148
レモン・ジュース 15	グレナデン・シロップ 1tsp.			27.7	中	149
			レモン・ピール 1個	31	中	149
			レモン・ピール 1個	28.8	中	149
レモン・ジュース 15	シュガー・シロップ 10	ソーダ 適量	スライス・レモン 1枚 マラスキーノ・チェリー 1個	11.9	中	150
レモン・ジュース 20	シュガー・シロップ 10		スライス・レモン 1枚 マラスキーノ・チェリー 1個	24	中辛	150
		ソーダ 適量		13.3	辛	150
		ミネラル・ウォーター 適量		13.3	辛	151
			レモン・ピール 1個	40	辛	151

ベース	カクテル名	技法	グラス	ベースの酒	ベース以外の酒
ウイスキー	ウィスパー	シェーク	カクテル・グラス	スコッチ・ウイスキー 20	ドライ・ベルモット 20 スイート・ベルモット 20
	オールド・パル	ステア	カクテル・グラス	ウイスキー 20	ドライ・ベルモット 20 カンパリ 20
	オールド・ファッションド	ビルド	オールドファッションド・グラス	バーボン・ウイスキー 45	アンゴスチュラ・ビターズ 1dash
	オリエンタル	シェーク	カクテル・グラス	ウイスキー 30	スイート・ベルモット 10 ホワイト・キュラソー 10
	カリフォルニア・レモネード	シェーク	コリンズ・グラス	ウイスキー 45	
	グラン・パパ	ビルド	オールドファッションド・グラス	アイリッシュ・ウイスキー 40	アイリッシュ・ミスト 20
	クロンダイク・クーラー	シェーク	コリンズ・グラス	ウイスキー 45	
	ケーブルグラム	シェーク	タンブラー	ウイスキー 45	
	ケンタッキー	シェーク	カクテル・グラス	バーボン・ウイスキー 40	
	ゴッドファーザー	ビルド	オールドファッションド・グラス	ウイスキー 45	アマレット 15
	ジョン・コリンズ	ビルド	コリンズ・グラス	カナディアン・ウイスキー 45	
	スコッチ・キルト	ステア	カクテル・グラス	スコッチ・ウイスキー 40	ドランブイ 20 オレンジ・ビターズ 2dash
	セント・アンドリュース	シェーク	カクテル・グラス	スコッチ・ウイスキー 20	ドランブイ 20
	チア・ガール	シェーク	カクテル・グラス	バーボン・ウイスキー 30	シャルトリューズ(イエロー) 10
	チャーチル	シェーク	カクテル・グラス	スコッチ・ウイスキー 30	スイート・ベルモット 10 ホワイト・キュラソー 10
	ドライ・マンハッタン	ステア	カクテル・グラス	ウイスキー 50	ドライ・ベルモット 10 アンゴスチュラ・ビターズ 1dash
	ニューヨーク	シェーク	カクテル・グラス	ライ・ウイスキー (またはバーボン・ウイスキー) 45	
	ハイ・ハット	シェーク	カクテル・グラス	バーボン・ウイスキー 35	チェリー・ブランデー 10
	ハイランド・クーラー	シェーク	コリンズ・グラス	スコッチ・ウイスキー 40	
	ハリケーン	シェーク	カクテル・グラス	ウイスキー 15	ドライ・ジン 15 ホワイト・ミント・リキュール 15
	ハンター	ステア	カクテル・グラス	ウイスキー 40	チェリー・ブランデー 20
	ブラッド・アンド・サンド	シェーク	カクテル・グラス	ウイスキー 15	スイート・ベルモット 15 チェリー・ブランデー 15
	ブルックリン	ステア	カクテル・グラス	ウイスキー 45	ドライ・ベルモット 15 マラスキーノ 1dash アメール・ピコン 1dash
	ベネディクト	ビルド	オールドファッションド・グラス	スコッチ・ウイスキー 30	ベネディクティン 30
	ホール・イン・ワン	シェーク	カクテル・グラス	ウイスキー 40	ドライ・ベルモット 20
	ホット・ウイスキー・トゥディ	ビルド	ホット・グラス	ウイスキー 45	
	ボビー・バーンズ	ステア	カクテル・グラス	スコッチ・ウイスキー 45	スイート・ベルモット 15 ベネディクティン 1tsp.
	マイアミ・ビーチ	シェーク	カクテル・グラス	ウイスキー 35	ドライ・ベルモット 10
	マミー・テーラー	ビルド	コリンズ・グラス	スコッチ・ウイスキー 45	
	マンハッタン	ステア	カクテル・グラス	バーボン・ウイスキー(またはカナディアン・ウイスキー) 40	スイート・ベルモット 20 アンゴスチュラ・ビターズ 1dash
	ミスティー・ネイル	ビルド	オールドファッションド・グラス	アイリッシュ・ウイスキー 45	アイリッシュ・ミスト 15
	ミント・ジュレップ	ビルド	コリンズ・グラス	バーボン・ウイスキー 60	
	モーニング・グローリー・フィズ	シェーク	タンブラー	スコッチ・ウイスキー 45	ペルノ 2dash
	ラスティ・ネイル	ビルド	オールドファッションド・グラス	スコッチ・ウイスキー 40	ドランブイ 20
	ロブ・ロイ	ステア	カクテル・グラス	スコッチ・ウイスキー 45	スイート・ベルモット 15 アンゴスチュラ・ビターズ 1dash
	ワード・エイト	シェーク	カクテル・グラス	バーボン・ウイスキー 30	
ブランデー	アップル・ジャック	シェーク	カクテル・グラス	アップル・ブランデー 40	
	アメリカン・ビューティー	シェーク	カクテル・グラス	ブランデー 15	ドライ・ベルモット 10 ホワイト・ミント・リキュール 3drop ポート・ワイン 15
	アレキサンダー	シェーク	カクテル・グラス	ブランデー(コニャック) 30	クレーム・ド・カカオ 15
	イースト・インディア	シェーク	カクテル・グラス	ブランデー 45	オレンジ・キュラソー 2tsp. アンゴスチュラ・ビターズ 1dash

副材料(割材)			副材料(香り付け・デコレーション)	アルコール度数	テイスト	P.
ジュース類	シロップ類	炭酸飲料・その他				
				24.3	中	151
				27.7	中	152
		角砂糖 1個／ソーダ 少量	スライス・オレンジ 1枚 マラスキーノ・チェリー 1個 スライス・レモン 1枚	31.3	中辛	56・152
ライム・ジュース 10			マラスキーノ・チェリー 1個	29.2	中甘	152
レモン・ジュース 20 ライム・ジュース 10	グレナデン・シロップ 1tsp. シュガー・シロップ 10	ソーダ 適量	スライス・レモン 1枚	10.9	中	153
			オレンジ・ピール 1個	38.3	甘	153
オレンジ・ジュース 15	シュガー・シロップ 1tsp.	ジンジャー・エール 適量	スパイラル・オレンジ・ピール 1個	22	中	153
レモン・ジュース 15	シュガー・シロップ 1tsp.	ジンジャー・エール 適量		13.3	中	154
パイナップル・ジュース 20				26.7	中	154
				37	中甘	154
レモン・ジュース 20	シュガー・シロップ 10	ソーダ 適量	スライス・レモン 1枚 マラスキーノ・チェリー 1個	10.9	中辛	155
				40	中甘	155
オレンジ・ジュース 20				26.7	中甘	155
レモン・ジュース 10	グレナデン・シロップ 1tsp.	卵白 1/2個分	マラスキーノ・チェリー 1個	21.9	中	156
レモン・ジュース 10				29.2	中	156
			スタッフド・オリーブ 1個	36.5	辛	156
ライム・ジュース 15	グレナデン・シロップ 1/2tsp.		オレンジ・ピール 1個	28.8	中	157
レモン・ジュース 15				27.3	中	157
レモン・ジュース 15	シュガー・シロップ 10	ジンジャー・エール 適量		9.7	中	157
レモン・ジュース 15				27.8	辛	158
				34.7	中甘	158
オレンジ・ジュース 15				19.8	中甘	158
				34.1	辛	159
		ジンジャー・エール 適量		32	中甘	159
レモン・ジュース 2dash オレンジ・ジュース 1dash				31.1	中辛	159
		熱湯 適量／角砂糖 1個	スライス・レモン 1枚 クローブ(丁字) 2～3粒	7.5	中	160
			レモン・ピール 1個	34.2	中辛	160
グレープフルーツ・ジュース 15				26.3	中	160
ライム・ジュース 15		ジンジャー・エール 適量		10.9	中	161
			マラスキーノ・チェリー 1個	31.9	中辛	59・161
				38.8	中甘	161
	シュガー・シロップ 1tsp.	ソーダ 少量 ミント・リーフ 適量	ミント・リーフ(飾り用) 適量	29.3	中辛	162
レモン・ジュース 15		卵白 1個分／ソーダ 適量		13.9	中	162
				40	甘	162
			マラスキーノ・チェリー 1個	33.9	中辛	163
オレンジ・ジュース 15 レモン・ジュース 15	グレナデン・シロップ 1tsp.			18.5	中甘	163
レモン・ジュース 10	グレナデン・シロップ 10			26.7	中甘	164
オレンジ・ジュース 10	グレナデン・シロップ 10			18.1	中甘	165
		生クリーム 15	ナツメグ 適量	26	甘	59・165
パイナップル・ジュース 2tsp.				34	中辛	165

ベース	カクテル名	技法	グラス	ベースの酒	ベース以外の酒
ブランデー	ウィリー・スミス	シェーク	カクテル・グラス	ブランデー 40	マラスキーノ 20
	オリンピック	シェーク	カクテル・グラス	ブランデー 20	オレンジ・キュラソー 20
	カルバドス・カクテル	シェーク	カクテル・グラス	カルバドス 20	ホワイト・キュラソー 20
	キッス・フロム・ヘブン	ステア	カクテル・グラス	ブランデー 20	ドランブイ 20 ドライ・ベルモット 20
	キャロル	ステア	カクテル・グラス	ブランデー 40	スイート・ベルモット 20
	クイーン・エリザベス	ステア	カクテル・グラス	ブランデー(コニャック) 30	スイート・ベルモット 30 オレンジ・キュラソー 1dash
	クラシック	シェーク	カクテル・グラス	ブランデー 30	マラスキーノ 10
	コープス・リバイバー	ステア	カクテル・グラス	ブランデー 40	カルバドス 10 スイート・ベルモット 10
	コールド・デック	ステア	カクテル・グラス	ブランデー 30	ホワイト・ミント・リキュール 15 スイート・ベルモット 15
	サイドカー	シェーク	カクテル・グラス	ブランデー 30	ホワイト・キュラソー 15
	サラトガ	シェーク	カクテル・グラス	ブランデー 40	マラスキーノ 10
	シカゴ	シェーク	シャンパン・グラス(ソーサー)	ブランデー 45	オレンジ・キュラソー 2drop アンゴスチュラ・ビターズ 1dash シャンパン 適量
	ジャック・ローズ	シェーク	カクテル・グラス	カルバドス 30	
	シャンゼリゼ	シェーク	カクテル・グラス	ブランデー(コニャック) 40	シャルトリューズ(イエロー) 10 アンゴスチュラ・ビターズ 1dash
	ズーム・カクテル	シェーク	カクテル・グラス	ブランデー 30	
	スティンガー	シェーク	カクテル・グラス	ブランデー 45	ホワイト・ミント・リキュール 15
	スパイダー・キッス	シェーク	カクテル・グラス	ブランデー(コニャック) 20	コーヒー・リキュール 20
	スリー・ミラーズ	シェーク	カクテル・グラス	ブランデー 40	ホワイト・ラム 20
	ダーティー・マザー	ビルド	オールドファッションド・グラス	ブランデー 40	コーヒー・リキュール 20
	デビル	シェーク	カクテル・グラス	ブランデー 40	グリーン・ミント・リキュール 20
	トランタン	シェーク	カクテル・グラス	ブランデー 20	アマレット 20
	ドリーム	シェーク	カクテル・グラス	ブランデー 45	オレンジ・キュラソー 15 ペルノ 1dash
	ナイト・キャップ	シェーク	カクテル・グラス	ブランデー 20	オレンジ・キュラソー 20 アニゼット 20
	ニコラシカ	ビルド	リキュール・グラス	ブランデー 1glass	
	ハーバード	ステア	カクテル・グラス	ブランデー 30	スイート・ベルモット 30 アンゴスチュラ・ビターズ 2dash
	ハーバード・クーラー	シェーク	コリンズ・グラス	カルバドス 45	
	バナナ・ブリス	ビルド	オールドファッションド・グラス	ブランデー 30	クレーム・ド・バナーヌ 30
	ハネムーン	シェーク	カクテル・グラス	アップル・ブランデー 30	ベネディクティン・DOM 10 オレンジ・キュラソー 5
	ビー・アンド・ビー	ビルド	リキュール・グラス	ブランデー 1/2glass	ベネディクティン・DOM 1/2glass
	ビトウィン・ザ・シーツ	シェーク	カクテル・グラス	ブランデー 20	ホワイト・ラム 20 ホワイト・キュラソー 20
	ブランデー・エッグノッグ	シェーク	タンブラー	ブランデー 30	ホワイト・ラム 15
	ブランデー・クラスタ	シェーク	ワイン・グラス	ブランデー 45	マラスキーノ 10 アンゴスチュラ・ビターズ 1dash
	ブランデー・サワー	シェーク	サワー・グラス	ブランデー 40	
	ブランデー・フィックス	ビルド	オールドファッションド・グラス	ブランデー 30	チェリー・ブランデー 30
	フレンチ・エメラルド	ビルド	コリンズ・グラス	ブランデー(コニャック) 30	ブルー・キュラソー 10
	フレンチ・コネクション	ビルド	オールドファッションド・グラス	ブランデー 40	アマレット 20
	ベネディクティン・カクテル	シェーク	カクテル・グラス	ブランデー 30	ベネディクティン 15
	ホーセズ・ネック	ビルド	タンブラー	ブランデー 45	
	ムーラン・ルージュ	ビルド	コリンズ・グラス	ブランデー 30	シャンパン 適量
	ワン・モア・フォー・ザ・ロード	シェーク	カクテル・グラス	ブランデー 25	コーヒー・リキュール 15
その他	カイピリーニャ	ビルド	オールドファッションド・グラス	ピンガ 45	
リキュール	プース・カフェ	ビルド	プース・カフェ・グラス		グリーン・ミント・リキュール 1/5glass マラスキーノ 1/5glass シャルトリューズ(イエロー) 1/5glass ブランデー 1/5glass

副材料（割材）						
ジュース類	シロップ類	炭酸飲料・その他	副材料（香り付け・デコレーション）	アルコール度数	テイスト	P.
レモン・ジュース 1tsp.				32	中	166
オレンジ・ジュース 20				26.7	中甘	166
オレンジ・ジュース 20				26.7	中甘	166
				32.7	中	167
			パール・オニオン 1個	31.7	中	167
				27.7	中	167
オレンジ・ジュース 10 レモン・ジュース 10			砂糖 適量	24	中	168
			レモン・ピール 1個	35.8	中	168
				29.8	中	168
レモン・ジュース 15				30	中辛	59・169
パイナップル・ジュース 10				30.7	中	169
			砂糖 適量	22.3	中	169
ライム・ジュース 20	グレナデン・シロップ 10			20	中甘	170
レモン・ジュース 10				33.5	中辛	170
		蜂蜜 15／生クリーム 15		20	甘	170
				36	中辛	171
		生クリーム 20		20	甘	171
レモン・ジュース 1dash	グレナデン・シロップ 1tsp.			36.4	中辛	171
				33.3	甘	172
				33.7	中辛	172
		生クリーム 10／卵黄 10	チョコレート・パウダー 適量	22.7	甘	172
				40	中辛	173
		卵黄 1個分		26.9	甘	173
			スライス・レモン 1枚／砂糖 1tsp.	36.9	中	173
	シュガー・シロップ 1dash			27.6	中	174
レモン・ジュース 15	シュガー・シロップ 10	ソーダ 適量		10.9	中	174
				28.5	甘	174
レモン・ジュース 15			マラスキーノ・チェリー 1個	30	中	175
				40	中甘	175
レモン・ジュース 1tsp.				36.9	甘	175
	シュガー・シロップ 15	卵 1個分／牛乳 90	ナツメグ 適量	8.6	甘	176
レモン・ジュース 5			砂糖 適量 スパイラル・レモン・ピール 1個	34.2	中	176
レモン・ジュース 20	シュガー・シロップ 10		スライス・レモン 1枚 マラスキーノ・チェリー 1個	22.9	中	176
レモン・ジュース 20	シュガー・シロップ 10		スライス・レモン 1枚	21.3	中	177
		トニック・ウォーター 適量		8.7	中	177
				36	甘	177
レモン・ジュース 15				30	中	178
		ジンジャー・エール 適量	レモンの皮 1個分	13.3	中	178
パイナップル・ジュース 20			カット・パイナップル 1個 マラスキーノ・チェリー 1個	16.4	中	178
		牛乳 10／卵白 1/2個分		19.1	甘	179
		ライム 1/2個分 パウダー・シュガー 1tsp.		36	中	179
	グレナデン・シロップ 1/5glass			25	甘	180

ベース	カクテル名	技法	グラス	ベースの酒	ベース以外の酒
リキュール	ユニオン・ジャック	ビルド	ポニー・グラス		マラスキーノ 1/3glass シャルトリューズ（イエロー）1/3glass
	アドバンテージ	シェーク	カクテル・グラス	チェリー・ブランデー 20	杏露酒 20
	アフター・ディナー	シェーク	カクテル・グラス	アプリコット・ブランデー 30	オレンジ・キュラソー 25
	アフリカン・クイーン	シェーク	オールドファッションド・グラス	クレーム・ド・バナーヌ 20	ホワイト・キュラソー 20
	アプリコット	シェーク	カクテル・グラス	アプリコット・ブランデー 30	ドライ・ジン 10
	アプリコット・クーラー	シェーク	コリンズ・グラス	アプリコット・ブランデー 30	
	イエロー・パロット	ステア	カクテル・グラス	アプリコット・ブランデー 20	ペルノ 20 シャルトリューズ（イエロー）20
	ウイニング・ラン	シェーク	コリンズ・グラス	ピーチ・リキュール 45	
	キルシュ・カシス	ビルド	タンブラー	キルシュ・リキュール 30	クレーム・ド・カシス 30
	クール・バナナ	シェーク	カクテル・グラス	クレーム・ド・バナーヌ 25	ホワイト・キュラソー 25
	グラン・ブルー	シェーク	カクテル・グラス	マンダリン 20	アナナス 10 ブルー・キュラソー 1tsp.
	グリーン・エモーション	シェーク	シャンパン・グラス（フルート）	キウイ・リキュール 30	ココナッツ・リキュール 20
	ジョージア・コリンズ	ビルド	コリンズ・グラス	サザン・カンフォート 40	
	スウィート・メモリー	シェーク	カクテル・グラス	杏露酒 20	アマレット 10
	スカーレット・オハラ	シェーク	カクテル・グラス	サザン・カンフォート 30	
	ストロベリー・フィールド	シェーク	カクテル・グラス	ストロベリー・リキュール 30	ウオッカ 10 ホワイト・キュラソー 10
	スロー・ジン・カクテル	ステア	カクテル・グラス	スロー・ジン 30	ドライ・ベルモット 15 スイート・ベルモット 15
	スロー・ジン・フィズ	シェーク	タンブラー	スロー・ジン 30	
	チェリー・ブロッサム	シェーク	カクテル・グラス	チェリー・ブランデー 30	ブランデー 30 オレンジ・キュラソー 2dash
	チャーリー・チャップリン	シェーク	オールドファッションド・グラス	アプリコット・ブランデー 20	スロー・ジン 20
	チャイナ・ブルー	シェーク	シャンパン・グラス（フルート）	ディタ 30	ブルー・キュラソー 10
	ディタモーニ	ビルド	コリンズ・グラス	ディタ 30	
	パール・ハーバー	シェーク	カクテル・グラス	メロン・リキュール 30	ウオッカ 15
	バレンシア	シェーク	カクテル・グラス	アプリコット・ブランデー 40	オレンジ・ビターズ 2dash
	ピーチ・ブロッサム	シェーク	カクテル・グラス	ピーチ・リキュール 30	
	ピンポン	シェーク	カクテル・グラス	スロー・ジン 30	パルフェ・タムール 30
	ファジー・ネーブル	ビルド	オールドファッションド・グラス	ピーチ・リキュール 30	
	ブルー・レディ	シェーク	カクテル・グラス	ブルー・キュラソー 30	ドライ・ジン 15
	ブレイン・ヘモレージ	ビルド	シェリー・グラス	ピーチ・リキュール 45	ベイリーズ・オリジナル・アイリッシュ クリーム 15
	プロポーズ	シェーク	カクテル・グラス	パッションフルーツ・リキュール 20	アマレット 15 ライチ・リキュール 5
	ベルベット・ハンマー	シェーク	カクテル・グラス	ホワイト・キュラソー 20	ティア・マリア 20
	モンキー・ミックス	シェーク	オールドファッションド・グラス	クレーム・ド・バナーヌ 15	
	ラ・フェスタ ～祝祭～	シェーク	カクテル・グラス	マンゴスティン・リキュール 20	グラッパ 10 ブルーベリー・リキュール 10
	ルビー・フィズ	シェーク	コリンズ・グラス	スロー・ジン 30	
	レディー・ジョーカー	シェーク	カクテル・グラス	レモン・リキュール 15	グリーン・アップル・リキュール 15
	ロイヤル・カルテット	シェーク	シャンパン・グラス（ソーサー）	ルジェ・クレーム・カルテット 20	クルボアジェ V.S.O.P.ルージュ 10 ランソン・シャンパン・ブラックラベ ル・ブリュット 15
	アメール・ピコン・ハイボール	ビルド	タンブラー	アメール・ピコン 45	
	アメール・モーニ	ビルド	コリンズ・グラス	アメール・ピコン 30	
	アメリカーノ	ビルド	オールドファッションド・グラス	カンパリ 30	スイート・ベルモット 30
	ウイドゥズ・ドリーム	シェーク	シャンパン・グラス（ソーサー）	ベネディクティン 60	

副材料（割材）			副材料（香り付け・デコレーション）	アルコール度数	テイスト	P.
ジュース類	シロップ類	炭酸飲料・その他				
	グレナデン・シロップ 1/3glass			21.3	甘	181
グレープフルーツ・ジュース 20				12.7	中甘	181
ライム・ジュース 5				28.7	中甘	181
オレンジ・ジュース 20			カット・オレンジ 1個	19	甘	182
レモン・ジュース 10 オレンジ・ジュース 10				19.8	中甘	182
レモン・ジュース 15	グレナデン・シロップ 10	ソーダ 適量	スライス・レモン 1枚 スライス・オレンジ 1/2枚 マラスキーノ・チェリー 1個	4.4	中甘	182
				34.7	中甘	183
グレープフルーツ・ジュース 30 レモン・ジュース 15	グレナデン・シロップ 1tsp.		ミント・リーフ 適量	9.5	甘	183
		ソーダ 適量		13.3	中甘	183
		生クリーム 15／卵白 2tsp.	マラスキーノ・チェリー 1個	19	甘	184
パイナップル・ジュース 30				11.5	中甘	184
コーディアル・ライム・ジュース 20	バニラ・シロップ 1tsp.	生クリーム 20		9	甘	184
レモン・ジュース 20		7up 適量	スライス・レモン 1枚 スライス・オレンジ 1/2枚 マラスキーノ・チェリー 1個	5.1	中甘	185
グレープフルーツ・ジュース 30				9.3	中甘	185
クランベリー・ドリンク 20 レモン・ジュース 10				10.5	中甘	185
レモン・ジュース 10				22.3	中甘	186
			レモン・ピール 1個	21.3	中甘	186
レモン・ジュース 15	シュガー・シロップ 1tsp.	ソーダ 適量	スライス・レモン 1枚 マラスキーノ・チェリー 1個	5.8	中	186
レモン・ジュース 2dash	グレナデン・シロップ 2dash		マラスキーノ・チェリー 1個	30.3	中	187
レモン・ジュース 20				16.7	中甘	187
グレープフルーツ・ジュース 45				11.3	甘	187
グレープフルーツ・ジュース 30		トニック・ウォーター 適量		4.4	中甘	188
パイナップル・ジュース 15				20	中甘	188
オレンジ・ジュース 20				15.5	中甘	188
オレンジ・ジュース 30 レモン・ジュース 1tsp.	グレナデン・シロップ 1tsp.			8.6	中甘	189
レモン・ジュース 1tsp.				23.1	甘	189
オレンジ・ジュース 適量			スライス・オレンジ 1/2枚 マラスキーノ・チェリー 1個	5	甘	189
レモン・ジュース 15		卵白 1個分		14.8	中	190
	グレナデン・シロップ 1tsp.			17.8	甘	190
パイナップル・ジュース 20	グレナデン・シロップ 1tsp.		レモン・ピール 1個 ベルローズ 1個 マラスキーノ・チェリー 1個	13.2	中甘	190
		生クリーム 20		22.2	甘	191
オレンジ・ジュース 15		トニック・ウォーター 適量	スライス・オレンジ 1枚	2.1	中甘	191
グレープフルーツ・ジュース 20	グレナデン・シロップ 1tsp.		レインボー・シュガー 適量 スパイラル・ライム・ピール 1個 スパイラル・レモン・ピール 1個 マラスキーノ・チェリー 1個	16.3	中甘	191
レモン・ジュース 15	シュガー・シロップ 15	卵白 1/2個分 ソーダ 適量	スライス・レモン 1枚 マラスキーノ・チェリー 1個	4.7	甘	192
グレープフルーツ・ジュース 30				11.8	中甘	192
レモン・ジュース 1tsp.			マラスキーノ・チェリー 1個 カット・パイナップル 1個 ミント・リーフ 2枚	18.2	中甘	192
	グレナデン・シロップ 3dash	ソーダ 適量	レモン・ピール 1個	6	中	193
グレープフルーツ・ジュース 30		トニック・ウォーター 適量		3.3	中	193
		ソーダ 適量	レモン・ピール 1個	15	中	193
		卵 1個分／生クリーム 適量		17.1	中甘	194

ベース	カクテル名	技法	グラス	ベースの酒	ベース以外の酒
リキュール	カンパリ・オレンジ	ビルド	タンブラー	カンパリ 45	
	カンパリ・ソーダ	ビルド	タンブラー	カンパリ 45	
	キス・ミー・クイック	シェーク	タンブラー	ペルノ 60	オレンジ・キュラソー 3dash アンゴスチュラ・ビターズ 2dash
	グラスホッパー	シェーク	カクテル・グラス	グリーン・ミント・リキュール 20	クレーム・ド・カカオ(ホワイト) 20
	グラッド・アイ	シェーク	カクテル・グラス	ペルノ 40	グリーン・ミント・リキュール 20
	ゴールデン・キャデラック	シェーク	カクテル・グラス	ガリアーノ 20	クレーム・ド・カカオ(ホワイト) 20
	ゴールデン・スリッパー	シェーク	カクテル・グラス	シャルトリューズ(イエロー)30	アプリコット・ブランデー 30
	ゴールデン・ドリーム	シェーク	カクテル・グラス	ガリアーノ 15	ホワイト・キュラソー 15
	スーズ・トニック	ビルド	タンブラー	スーズ 45	
	スプモーニ	ビルド	タンブラー	カンパリ 30	
	パスティス・ウォーター	ビルド	タンブラー	リカール 30	
	ピコン&グレナデン	ビルド	タンブラー	アメール・ピコン 45	
	プリメーラ	シェーク	ワイン・グラス	カンパリ 20	スパークリング・ワイン 適量
	ミント・フラッペ	ビルド	シャンパン・グラス(ソーサー)	グリーン・ミント・リキュール 30	
	アモーレ ～愛しい人～	シェーク	カクテル・グラス	アマレット 15	カンパリ 15 ／サンブーカ 10
	ヴェルジーネ	シェーク	カクテル・グラス	アマレット 30	カシス・リキュール 15 ／ブランデー 15 オレンジ・ビターズ 2dash
	エンジェル・ウィング	ビルド	リキュール・グラス	クレーム・ド・カカオ 30	プルネル・ブランデー 30
	エンジェル・キッス	ビルド	リキュール・グラス	クレーム・ド・カカオ 3/4glass	
	カカオ・フィズ	シェーク	タンブラー	カカオ・リキュール 45	
	カルーア・ミルク	ビルド	オールドファッションド・グラス	カルーア・コーヒー・リキュール 45	
	キング・アルフォンソ	ビルド	シェリー・グラス	クレーム・ド・カカオ 45	
	クラッシュ・コーヒー	ビルド	ゴブレット	フランジェリコ 15	ジャマイカ・ラム 10 コーヒー・リキュール 10
	クランベリー・クーラー	ビルド	コリンズ・グラス	アマレット 45	
	ピンキー・スクァーレル	シェーク	カクテル・グラス	ノチェロ 30	ホワイト・ミント・リキュール 5
	フィフス・アヴェニュー	ビルド	ポニー・グラス	クレーム・ド・カカオ 1/3glass	アプリコット・ブランデー 1/3glass
	ボッチ・ボール	ビルド	コリンズ・グラス	アマレット 30	
	ホット・イタリアン	ビルド	ホット・グラス	アマレット 40	
	ホワイト・サテン	シェーク	カクテル・グラス	コーヒー・リキュール 20	ガリアーノ 20
	マザーズ・ラブ	ビルド	ホット・グラス	フランジェリコ 50	ブランデー 10
	ル・ロワイヤル	シェーク	カクテル・グラス	チョコレート・リキュール 25	クレーム・ド・バナナ 15 ホワイト・キュラソー 5
	イースター・エッグ	ビルド	オールドファッションド・グラス	モーツァルト・チョコレートクリーム・リキュール 30	アドヴォカート 30
	イノセント・ラブ	シェーク	カクテル・グラス	ミルク・リキュール 20	ホワイト・ラム 20 ピーチ・リキュール 20 レモン・リキュール 1tsp.
	スノー・ボール	ビルド	タンブラー	アドヴォカート 30	
	チャーリーズ・キッス	ブレンド	シャンパン・グラス(ソーサー)	クリーム・リキュール 30	ブランデー 10 アプリコット・ブランデー 10 スロー・ジン 10
	ドルチェ・アンド・バナーナ	ブレンド	シャンパン・グラス(ソーサー)	クリーム・リキュール (ビスコタ) 30	ココナッツ・リキュール 15 ホワイト・カカオ・リキュール 15
	パパゲーナ	シェーク	カクテル・グラス	モーツァルト・チョコレートクリーム・リキュール 30	ブランデー 15
	ビー 52	ブレンド	シャンパン・グラス(ソーサー)	ベイリーズ・オリジナル・アイリッシュ・クリーム 20	コーヒー・リキュール 20 グラン・マルニエ 20
	ペシェグルト	ブレンド	シャンパン・グラス(ソーサー)	ヨーグルト・リキュール 30	ピーチ・リキュール 30
	マザーズ・タッチ	ビルド	ホット・グラス	ストロベリー・クリーム・リキュール 30	クレーム・ド・カカオ 20 クレーム・ド・カフェ 10
	マミー	シェーク	カクテル・グラス	ベイリーズ・オリジナル・アイリッシュ・クリーム 20	シナモン・リキュール 20 カカオ・リキュール 10
ワイン	アディントン	ビルド	オールドファッションド・グラス	ドライ・ベルモット 30	スイート・ベルモット 30
	アドニス	ステア	カクテル・グラス	ドライ・シェリー 40	スイート・ベルモット 20 オレンジ・ビターズ 1dash

副材料(割材)			副材料(香り付け・デコレーション)	アルコール度数	テイスト	P.
ジュース類	シロップ類	炭酸飲料・その他				
オレンジ・ジュース 適量			スライス・オレンジ 1/2枚	8.3	中	194
		ソーダ 適量	スライス・オレンジ 1/2枚 (またはオレンジ・ピール1個)	8.3	中	57・194
		ソーダ 適量		19.3	中	195
		生クリーム 20		15	甘	195
				33.7	中甘	195
		生クリーム 20		22.1	甘	196
		卵黄 1個分		24.6	甘	196
オレンジ・ジュース 15		生クリーム 15		20.6	甘	196
		トニック・ウォーター 適量		5	中	197
グレープフルーツ・ジュース 45		トニック・ウォーター 適量		5.6	中	197
		ミネラル・ウォーター 適量		10	中	197
	グレナデン・シロップ 10	ソーダ 適量	レモン・ピール 1個	6	中甘	198
オレンジ・ジュース 30	グレナデン・シロップ 10			9.6	中甘	198
			ミント・リーフ 適量	21	甘	198
オレンジ・ジュース 20			ベルローズ 1個	20.3	中甘	199
				29.4	甘	199
		生クリーム 適量		16.7	中甘	199
		生クリーム 1/4glass	マラスキーノ・チェリー 1個	18	甘	200
レモン・ジュース 20	シュガー・シロップ 10	ソーダ 適量	スライス・レモン 1枚 マラスキーノ・チェリー 1個	8	中甘	200
		牛乳 適量		12	甘	57・200
		生クリーム 15		18	甘	201
		牛乳 適量	コーヒー豆 少量	10	甘	201
クランベリー・ドリンク 90 オレンジ・ジュース 30				7.6	甘	201
	グレナデン・シロップ 5	生クリーム 20	ナッツ(砕いたもの) 適量	14	甘	202
		生クリーム 1/3glass		16	甘	202
オレンジ・ジュース 30		ソーダ 適量		6.2	中甘	202
オレンジ・ジュース 160			シナモン・スティック 1本	5.6	甘	203
		生クリーム 20		20.8	甘	203
	キャラメル・シロップ 20	ホット・ミルク 適量	ココア・パウダー 適量	5.3	甘	203
		生クリーム 15		14.7	甘	204
				17	甘	204
			ベルローズ 1個	26.2	甘	204
		7up 適量		3.8	甘	205
			ベルローズ 1個	23.5	甘	205
		バナナ 1/3本	カット・バナナ(飾り用) 1個	11.6	甘	205
		生クリーム 15		18.5	甘	206
		バニラアイス 1ディッシャー		11.8	甘	206
グレープフルーツ・ジュース 15	グレナデン・シロップ 1tsp.	牛乳 15	桃(スライス) 適量 ミント・リーフ 適量	11.4	甘	206
		お湯 適量/生クリーム 適量	チョコレート(砕いたもの) 適量 ビスケット(砕いたもの) 適量	8.8	甘	207
		生クリーム 10	チョコレート(みじん切り)少量	17.7	甘	207
		ソーダ 15	オレンジ・ピール 1個	13.2	中	208
				15.4	中	209

ベース	カクテル名	技法	グラス	ベースの酒	ベース以外の酒
ワイン	アメリカン・レモネード	ビルド	タンブラー	赤ワイン 30	
	カーディナル	ビルド	ワイン・グラス	赤ワイン 120	カシス・リキュール 30
	キール	ビルド	ワイン・グラス	白ワイン 120	クレーム・ド・カシス 10
	キール・ロワイヤル	ビルド	シャンパン・グラス（フルート）	シャンパン 120	クレーム・ド・カシス 10
	シャンパン・カクテル	ビルド	シャンパン・グラス（ソーサー）	シャンパン 適量	アンゴスチュラ・ビターズ 1dash
	スプリッツァー	ビルド	コリンズ・グラス	辛口白ワイン 60	
	セレブレーション	シェーク	カクテル・グラス	シャンパン 30	クレーム・ド・フランボワーズ 20 コニャック 10
	バンブー	ステア	カクテル・グラス	ドライ・シェリー 40	ドライ・ベルモット 20 オレンジ・ビターズ 1dash
	ベリーニ	ビルド	シャンパン・グラス（フルート）	スパークリング・ワイン 2/3glass	
	ベルモット・アンド・カシス	ビルド	タンブラー	ドライ・ベルモット 45	クレーム・ド・カシス 30
	ミモザ	ビルド	シャンパン・グラス（フルート）	シャンパン 1/2glass	
	ローズ	ステア	カクテル・グラス	ドライ・ベルモット 40	キルシュヴァッサー 20
	ワイン・クーラー	ビルド	コリンズ・グラス	赤ワイン 45	ホワイト・キュラソー 1tsp.
ビール	カンパリ・ビア	ビルド	ピルスナー・グラス	ビール 適量	カンパリ 30
	シャンディー・ガフ	ビルド	ピルスナー・グラス	ビール 1/2glass	
	ドッグズ・ノーズ	ビルド	ピルスナー・グラス	ビール 適量	ドライ・ジン 45
	ビア・スプリッツァー	ビルド	ワイン・グラス	ビール 1/2glass	白ワイン 1/2glass
	ビアモーニ	ビルド	ピルスナー・グラス	ビール 適量	カンパリ 30
	ブラック・ベルベット	ビルド	シャンパン・グラス（フルート）	スタウト・ビール 1/2glass	シャンパン 1/2glass
	ランチ・ボックス	ビルド	ピルスナー・グラス	ビール 適量	アマレット 20
	レッド・アイ	ビルド	ピルスナー・グラス	ビール 1/2glass	
	レッド・バード	ビルド	タンブラー	ビール 適量	ウオッカ 45
日本酒	サケティーニ	ステア	カクテル・グラス	日本酒 50	ドライ・ベルモット 10
	サムライ	シェーク	カクテル・グラス	日本酒 45	
	サムライ・ロック	ビルド	オールドファッションド・グラス	日本酒 45	
	撫子（なでしこ）	シェーク	カクテル・グラス	日本酒 40	
焼酎	薩摩小町	シェーク	カクテル・グラス	芋焼酎 30	ホワイト・キュラソー 15
	酎ティーニ	ステア	カクテル・グラス	焼酎（ホワイト・リカー） 50	ドライ・ベルモット 10 オレンジ・ビターズ 1dash
	舞・乙女（まいおとめ）	シェーク	カクテル・グラス	紅乙女（ゴマ焼酎） 20	クレーム・ド・フランボワーズ 15 ホワイト・キュラソー 10
	村雨（むらさめ）	ビルド	オールドファッションド・グラス	麦焼酎 45	ドランブイ 10
	ラスト・サムライ	シェーク	カクテル・グラス	米焼酎 30	チェリー・ブランデー 15
ノン・アルコール	アンファジー・ネーブル	ビルド	タンブラー		
	サンセット・ピーチ	ビルド	コリンズ・グラス		
	シャーリー・テンプル	ビルド	シャンパン・グラス（ソーサー）		
	シンデレラ	シェーク	シャンパン・グラス（ソーサー）		
	スプリング・ブロッサム	ビルド	コリンズ・グラス		
	フロリダ	シェーク	カクテル・グラス		アンゴスチュラ・ビターズ 1dash
	ベリー 2	ビルド	コリンズ・グラス		
	ミルク・セーキ	シェーク	ゴブレット		
	ラバーズ・ドリーム	シェーク	タンブラー		
	レモネード	ビルド	タンブラー		

副材料（割材）			副材料（香り付け・デコレーション）	アルコール度数	テイスト	P.
ジュース類	シロップ類	炭酸飲料・その他				
レモン・ジュース 40	シュガー・シロップ 15	ミネラル・ウォーター 適量		2.9	中	209
				14.4	中甘	209
				12.6	中	210
				12.6	中	210
		角砂糖 1個	スパイラル・レモン・ピール 1個	12	中	210
		ソーダ 適量	スライス・ライム 1枚	4.4	中辛	211
コーディアル・ライム・ジュース 1tsp.				17.2	中	211
				16.4	中辛	211
ピーチ・ネクター 1/3glass	グレナデン・シロップ 1dash			7.9	中甘	57・212
		ソーダ 適量		10.4	中	212
オレンジ・ジュース 1/2glass				6	中	57・212
	グレナデン・シロップ 1dash			26.6	中	213
レモン・ジュース 15	シュガー・シロップ 10	ソーダ 適量	スライス・レモン 1枚 スライス・オレンジ 1/2枚 マラスキーノ・チェリー 1個	10.5	中	213
				7.3	中	214
		ジンジャー・エール 1/2glass		2.5	中	57・215
				12.2	中辛	215
				8.5	中辛	215
グレープフルーツ・ジュース 30				7.3	中甘	216
				8.5	中	216
オレンジ・ジュース 30				6.2	中甘	216
トマト・ジュース 1/2glass				2.5	中	57・217
トマト・ジュース 60				9.8	中	217
			パール・オニオン 1個 レモン・ピール 1個	16.3	中	218
ライム・ジュース 15 レモン・ジュース 1tsp.				11.1	中	219
			カット・ライム 1個	16	中辛	219
レモン・ジュース 3tsp.	グレナデン・シロップ 2tsp. シュガー・シロップ 1tsp.	卵白 1/3個分		7.8	中	219
レモン・ジュース 15			塩 適量	22.5	中	220
			スタッフド・オリーブ 1個	24.1	中辛	220
レモン・ジュース 5	グレナデン・シロップ 10			19.5	中	220
レモン・ジュース 1tsp.				25.4	中	221
ライム・ジュース 15			マラスキーノ・チェリー 1個 ライム・ピール 1個	18.5	中	221
ピーチ・ネクター 90 オレンジ・ジュース 90	グレナデン・シロップ 10		スライス・オレンジ 1個 マラスキーノ・チェリー 1個	—	甘	222
ピーチ・ネクター 45	グレナデン・シロップ 1tsp.	烏龍茶 45		—	甘	223
	グレナデン・シロップ 10	ジンジャー・エール 適量		—	中甘	223
オレンジ・ジュース 30 レモン・ジュース 30 パイナップル・ジュース 30				—	中	223
ライム・ジュース 15	青リンゴ・シロップ 30 メロン・シロップ 1tsp.	ソーダ 適量		—	甘	224
オレンジ・ジュース 50 レモン・ジュース 10				—	中甘	224
クランベリー・ドリンク 45		イチゴ 2個 スライス・ライム 1枚	ミント・リーフ 適量	—	中甘	224
	シュガー・シロップ 10	牛乳 90 ／卵 1個分		—	甘	225
レモン・ジュース 20	シュガー・シロップ 10	卵 1個分 ジンジャー・エール 適量	スライス・レモン 1枚 マラスキーノ・チェリー 1個	—	中	225
レモン・ジュース 40	シュガー・シロップ 15	水 適量	スライス・レモン 1枚 マラスキーノ・チェリー 1個	—	中甘	225

50音順カクテルインデックス

cocktail index

インデックスの見方　カクテル名……ベース名・紹介ページ

	カクテル名	ベース	P.
ア	アースクエーク	●ジン	82
	アイス・ブレーカー	●テキーラ	138
	アイデアル	●ジン	83
	アイリッシュ・コーヒー	●ウイスキー	56・148
	アイリッシュ・ローズ	●ウイスキー	149
	青い珊瑚礁	●ジン	83
	アカプルコ	●ラム	124
	アカプルコ	●テキーラ	139
	アクア	●ウオッカ	104
	アップ・トゥ・デイト	●ウイスキー	149
	アップル・ジャック	●ブランデー	164
	アディントン	●ワイン	208
	アドニス	●ワイン	209
	アドバンテージ	●リキュール	181
	アフィニティー	●ウイスキー	149
	アフター・ディナー	●リキュール	181
	アフリカン・クイーン	●リキュール	182
	アプリコット	●リキュール	182
	アプリコット・クーラー	●リキュール	182
	アペタイザー	●ジン	83
	アメール・ピコン・ハイボール	●リキュール	193
	アメール・モーニ	●リキュール	193
	アメリカーノ	●リキュール	193
	アメリカン・ビューティー	●ブランデー	165
	アメリカン・レモネード	●ワイン	209
	アモーレ ～愛しい人～	●リキュール	199
	アラウンド・ザ・ワールド	●ジン	84
	アラスカ	●ジン	84
	アルカディア	●ウオッカ	105
	アレキサンダー	●ブランデー	59・165
	アレキサンダーズ・シスター	●ジン	84
	アロハ	●ラム	125
	アンジェロ	●ウオッカ	105
	アンバサダー	●テキーラ	139
	アンファジー・ネーブル	●ノン・アルコール	222
	イースター・エッグ	●リキュール	204
	イースト・インディア	●ブランデー	165
	イエロー・パロット	●リキュール	183
	イエロー・フェロー	●ウオッカ	105
	イノセント・ラブ	●リキュール	204
	インペリアル・フィズ	●ウイスキー	150
	ウイスキー・サワー	●ウイスキー	150
	ウイスキー・ソーダ (ハイボール)	●ウイスキー	150
	ウイスキー・フロート	●ウイスキー	151
	ウイスキー・ミスト	●ウイスキー	151
	ウィスパー	●ウイスキー	151
	ウイドゥズ・ドリーム	●リキュール	194

	カクテル名	ベース	P.
	ウイニング・ラン	●リキュール	183
	ウィリー・スミス	●ブランデー	166
	ヴェルジーネ	●リキュール	199
	ウオッカ・アップル・ジュース	●ウオッカ	106
	ウオッカ・ギブソン	●ウオッカ	106
	ウオッカ・マティーニ	●ウオッカ	106
	ウオッカ・リッキー	●ウオッカ	107
	エックス・ワイ・ジィ	●ラム	125
	エッグノッグ	●ラム	125
	エバ・グリーン	●テキーラ	139
	エル・ディアブロ	●テキーラ	140
	エル・プレジデンテ(Ⅱ)	●ラム	126
	エンジェル・ウィング	●リキュール	199
	エンジェル・キッス	●リキュール	200
	エンジェル・フェイス	●ジン	85
	オールド・イングランド	●ウオッカ	107
	オールド・パル	●ウイスキー	152
	オールド・ファッションド	●ウイスキー	56・152
	オペラ・マティーニ	●ジン	85
	オリエンタル	●ウイスキー	152
	オリンピック	●ブランデー	166
	オレンジ・フィズ	●ジン	85
	オレンジ・ブロッサム	●ジン	86
カ	カーディナル	●ワイン	209
	カイピリーニャ	●ピンガ	179
	カカオ・フィズ	●リキュール	200
	カジノ	●ジン	86
	カフェ・ド・パリ	●ジン	86
	神風	●ウオッカ	107
	カリビアン・クルーズ	●ウオッカ	108
	カリフォルニア・レモネード	●ウイスキー	153
	カルーア・ミルク	●リキュール	57・200
	カルバドス・カクテル	●ブランデー	166
	カンパリ・オレンジ	●リキュール	194
	カンパリ・カクテル	●ジン	87
	カンパリ・ソーダ	●リキュール	57・194
	カンパリ・ビア	●ビール	214
	キール	●ワイン	210
	キール・ロワイヤル	●ワイン	210
	キウイ・マティーニ	●ジン	87
	キス・オブ・ファイヤー	●ウオッカ	108
	キス・ミー・クイック	●リキュール	195
	キッス・イン・ザ・ダーク	●ジン	87
	キッス・フロム・ヘブン	●ブランデー	167
	ギブソン	●ジン	88
	ギムレット	●ジン	58・88
	キャロル	●ブランデー	167
	キューバ・リバー	●ラム	56・126

カクテル名	ベース	P.
キルシュ・カシス	●リキュール	183
キング・アルフォンソ	●リキュール	201
クイーン・エリザベス	●ブランデー	167
クール・バナナ	●リキュール	184
クォーター・デッキ	●ラム	126
クラシック	●ブランデー	168
クラシック・ドライ・マティーニ	●ジン	88
グラスホッパー	●リキュール	195
クラッシュ・コーヒー	●リキュール	201
グラッド・アイ	●リキュール	195
クラリッジ	●ジン	89
グラン・パパ	●ウイスキー	153
グラン・ブルー	●リキュール	184
グラン・マルニエ・マルガリータ	●テキーラ	140
クランベリー・クーラー	●リキュール	201
グリーン・アイズ	●ラム	127
グリーン・アラスカ	●ジン	89
グリーン・エモーション	●リキュール	184
グリーン・シー	●ウオッカ	108
グリーン・スパイダー	●ウオッカ	109
クローバー・クラブ	●ジン	89
グロリアス・マティーニ（栄光のマティーニ）	●ジン	90
クロンダイク・クーラー	●ウイスキー	153
ケーブルグラム	●ウイスキー	154
ケンタッキー	●ウイスキー	154
ゴードン	●ジン	90
コープス・リバイバー	●ブランデー	168
ゴーリキー・パーク	●ウオッカ	109
ゴールデン・キャデラック	●リキュール	196
ゴールデン・スリッパー	●リキュール	196
ゴールデン・ドリーム	●リキュール	196
コールド・デック	●ブランデー	168
コザック	●ウオッカ	109
コスモポリタン	●ウオッカ	110
コスモポリタン・マティーニ	●ジン	90
ゴッドファーザー	●ウイスキー	154
ゴッドマザー	●ウオッカ	110
コロンブス	●ラム	127
コンチータ	●テキーラ	140
サ		
サイドカー	●ブランデー	59・169
サケティーニ	●日本酒	218
ザザ	●ジン	91
サザン・バンガー	●ウオッカ	110
薩摩小町	●焼酎	220
サムライ	●日本酒	219
サムライ・ロック	●日本酒	219
サラトガ	●ブランデー	169
サンセット・ピーチ	●ノン・アルコール	223
サンチャゴ	●ラム	127

カクテル名	ベース	P.
シー・ブリーズ	●ウオッカ	111
ジェイ・エフ・ケー	●ジン	91
シカゴ	●ブランデー	169
シクラメン	●テキーラ	141
ジプシー	●ウオッカ	111
シャーリー・テンプル	●ノン・アルコール	223
ジャック・ター	●ラム	128
ジャック・ローズ	●ブランデー	170
シャンゼリゼ	●ブランデー	170
シャンディー・ガフ	●ビール	57・215
シャンハイ	●ラム	128
シャンパン・カクテル	●ワイン	210
ジョージア・コリンズ	●リキュール	185
ジョン・コリンズ	●ウイスキー	155
シルバー・ウィング	●ウオッカ	111
ジン・アンド・イット	●ジン	91
ジン・アンド・ビターズ	●ジン	92
シンガポール・スリング	●ジン	92
ジン・デイジー	●ジン	92
シンデレラ	●ノン・アルコール	223
ジン・トニック	●ジン	54・93
ジン・バック	●ジン	93
ジン・フィズ	●ジン	54・93
ジン・リッキー	●ジン	55・94
スウィート・メモリー	●リキュール	185
スーズ・トニック	●リキュール	197
ズーム・カクテル	●ブランデー	170
スカーレット・オハラ	●リキュール	185
スカイ・ダイビング	●ラム	128
スクリュードライバー	●ウオッカ	112
スコーピオン	●ラム	129
スコッチ・キルト	●ウイスキー	155
スティンガー	●ブランデー	171
ストロベリー・フィールド	●リキュール	186
スノー・ボール	●リキュール	205
スパイダー・キッス	●ブランデー	171
スプモーニ	●リキュール	197
スプリッツァー	●ワイン	211
スプリング・ブロッサム	●ノン・アルコール	224
スモーキー・マティーニ	●ジン	94
スリー・ミラーズ	●ブランデー	171
スレッジ・ハンマー	●ウオッカ	112
スロー・ジン・カクテル	●リキュール	186
スロー・ジン・フィズ	●リキュール	186
スロー・テキーラ	●テキーラ	141
セックス・オン・ザ・ビーチ	●ウオッカ	112
セブンス・ヘブン	●ジン	94
セレブレーション	●ワイン	211
セント・アンドリュース	●ウイスキー	155
ソノラ	●ラム	129
ソルティ・ドッグ	●ウオッカ	55・113
ソルティ・ブル	●テキーラ	141

	カクテル名	ベース	P.
	ソルト・リック	●ウオッカ	113
タ	ダーティー・マザー	●ブランデー	172
	ダーティー・マティーニ	●ジン	95
	ダイキリ	●ラム	58・129
	タワリッシ	●ウオッカ	113
	タンゴ	●ジン	95
	チア・ガール	●ウイスキー	156
	チェリー・ブロッサム	●リキュール	187
	チチ	●ウオッカ	114
	チャーチル	●ウイスキー	156
	チャーリーズ・キッス	●リキュール	205
	チャーリー・チャップリン	●リキュール	187
	チャイナ・ブルー	●リキュール	187
	チャロ・ネロ	●テキーラ	142
	酎ティーニ	●焼酎	220
	ツアリーヌ	●ウオッカ	114
	T.T.T.	●テキーラ	142
	ディタモーニ	●リキュール	188
	テキーラ・サンセット	●テキーラ	142
	テキーラ・サンライズ	●テキーラ	143
	テキーラ・マンハッタン	●テキーラ	143
	テキサス・フィズ	●ジン	95
	デザート・ヒーラー	●ジン	96
	デビル	●ブランデー	172
	デュークス・マティーニ	●ジン	96
	ドッグズ・ノーズ	●ビール	215
	トッティー	●ジン	96
	トム・アンド・ジェリー	●ラム	130
	トム・コリンズ	●ジン	97
	ドライ・マンハッタン	●ウイスキー	156
	トランタン	●ブランデー	172
	ドリーム	●ブランデー	173
	ドルチェ・アンド・バナーナ	●リキュール	205
ナ	ナイト・キャップ	●ブランデー	173
	撫子（なでしこ）	●日本酒	219
	ニコラシカ	●ブランデー	173
	ニューヨーク	●ウイスキー	157
	ネグローニ	●ジン	97
	ネバダ	●ラム	130
	ノックアウト	●ジン	97
ハ	バーテンダー	●ジン	98
	ハーバード	●ブランデー	174
	ハーバード・クーラー	●ブランデー	174
	バーバラ	●ウオッカ	114
	パープル・パッション	●ウオッカ	115
	ハーベイ・ウォールバンガー	●ウオッカ	115
	パール・ハーバー	●リキュール	188
	ハイ・ハット	●ウイスキー	157
	ハイランド・クーラー	●ウイスキー	157
	バカディアーノ	●ラム	130
	バカルディ・カクテル	●ラム	131
	パスティス・ウォーター	●リキュール	197

カクテル名	ベース	P.
パナシェ	●ウオッカ	115
バナナ・ブリス	●ブランデー	174
ハネムーン	●ブランデー	175
パパゲーナ	●リキュール	206
ハバナ・ビーチ	●ラム	131
パラダイス	●ジン	98
バラライカ	●ウオッカ	58・116
ハリケーン	●ウイスキー	158
バレンシア	●リキュール	188
ハワイアン	●ジン	98
ハンター	●ウイスキー	158
バンブー	●ワイン	211
ビア・スプリッツァー	●ビール	215
ビアモーニ	●ビール	216
ビー・アンド・ビー	●ブランデー	175
ビー 52	●リキュール	206
ビーズ・キッス	●ラム	131
ピーチ・ブロッサム	●リキュール	189
ピカドール	●テキーラ	143
ピコン&グレナデン	●リキュール	198
ビトウィン・ザ・シーツ	●ブランデー	175
ピニャ・カラーダ	●ラム	132
ビューティ・スポット	●ジン	99
ピンキー・スクァーレル	●リキュール	202
ピンク・ジン	●ジン	99
ピンク・レディ	●ジン	99
ピンポン	●リキュール	189
ファジー・ネーブル	●リキュール	189
フィフス・アヴェニュー	●リキュール	202
プース・カフェ	●リキュール	180
フォールン・エンジェル	●ジン	100
プラチナ・ブロンド	●ラム	132
ブラック・デビル	●ラム	132
ブラック・ベルベット	●ビール	216
ブラック・ルシアン	●ウオッカ	116
ブラッディー・シーザー	●ウオッカ	116
ブラッディー・メアリー	●ウオッカ	55・117
ブラッド・アンド・サンド	●ウイスキー	158
フラミンゴ・レディ	●ウオッカ	117
プランターズ・カクテル	●ラム	133
ブランデー・エッグノッグ	●ブランデー	176
ブランデー・クラスタ	●ブランデー	176
ブランデー・サワー	●ブランデー	176
ブランデー・フィックス	●ブランデー	177
プリメーラ	●リキュール	198
プリンセス・メアリー	●ジン	100
ブルー・ハワイ	●ラム	133
ブルー・マルガリータ	●テキーラ	144
ブルー・マンデー	●ウオッカ	117
ブルー・ムーン	●ジン	100
ブルー・ラグーン	●ウオッカ	118
ブルー・レディ	●リキュール	190

カクテル名	ベース	P.
ブル・ショット	●ウオッカ	118
ブルックリン	●ウイスキー	159
ブルドッグ	●ウオッカ	118
ブレイン・ヘモレージ	●リキュール	190
フレンチ・エメラルド	●ブランデー	177
フレンチ・コネクション	●ブランデー	177
フレンチ75	●ジン	101
フローズン・ダイキリ	●ラム	133
フローズン・マルガリータ	●テキーラ	144
ブロードウェイ・サースト	●テキーラ	144
プロポーズ	●リキュール	190
フロリダ	●ノン・アルコール	224
ブロンクス	●ジン	101
ベイ・ブリーズ	●ウオッカ	119
ペシェグルト	●リキュール	206
ベネディクティン・カクテル	●ブランデー	178
ベネディクト	●ウイスキー	159
ベリー 2	●ノン・アルコール	224
ベリーニ	●ワイン	57·212
ベルベット・ハンマー	●リキュール	191
ヘルメス	●テキーラ	145
ベルモット・アンド・カシス	●ワイン	212
ホーセズ・ネック	●ブランデー	178
ポーラー・ショート・カット	●ラム	134
ホール・イン・ワン	●ウイスキー	159
ボストン・クーラー	●ラム	134
ボッチ・ボール	●リキュール	202
ホット・イタリアン	●リキュール	203
ホット・ウイスキー・トゥディ	●ウイスキー	160
ホノルル	●ジン	101
ボビー・バーンズ	●ウイスキー	160
ボルガ	●ウオッカ	119
ボルガ・ボートマン	●ウオッカ	119
ポロネーズ	●ウオッカ	120
ホワイト・サテン	●リキュール	203
ホワイト・スパイダー	●ウオッカ	120
ホワイト・ルシアン	●ウオッカ	120
ホワイト・レディ	●ジン	102
ホワイト・ローズ	●ジン	102
ボンド・マティーニ	●ジン	102
マ		
マイアミ	●ラム	134
マイアミ・ビーチ	●ウイスキー	160
舞・乙女(まいおとめ)	●焼酎	220
マイタイ	●ラム	135
マザーズ・タッチ	●リキュール	207
マザーズ・ラブ	●リキュール	203
マタドール	●テキーラ	145
マティーニ	●ジン	58·103
マドラス	●ウオッカ	121
マミー	●リキュール	207
マミー・テーラー	●ウイスキー	161
マリリン・モンロー	●ウオッカ	121

カクテル名	ベース	P.
マルガリータ	●テキーラ	59·145
マルガリータ・コスモ	●テキーラ	146
マンハッタン	●ウイスキー	59·161
ミスティー・ネイル	●ウイスキー	161
ミッドナイト・サン	●ウオッカ	121
ミモザ	●ワイン	57·212
ミリオネーア	●ラム	135
ミリオン・ダラー	●ジン	103
ミルク・セーキ	●ノン・アルコール	225
ミント・ジュレップ	●ウイスキー	162
ミント・フラッペ	●リキュール	198
ムーラン・ルージュ	●ブランデー	178
村雨(むらさめ)	●焼酎	221
メアリー・ピックフォード	●ラム	135
メキシカン	●テキーラ	146
モーニング・グローリー・フィズ	●ウイスキー	162
モスコー・ミュール	●ウオッカ	55·122
モッキンバード	●テキーラ	146
モヒート	●ラム	56·136
モンキー・ミックス	●リキュール	191
ヤ		
雪国	●ウオッカ	122
ユニオン・ジャック	●リキュール	181
ラ		
ライジング・サン	●テキーラ	147
ラスティ・ネイル	●ウイスキー	162
ラスト・キッス	●ラム	136
ラスト・サムライ	●焼酎	221
ラバーズ・ドリーム	●ノン・アルコール	225
ラ・フェスタ ～祝祭～	●リキュール	191
ラム・コリンズ	●ラム	136
ラ・ルメール	●テキーラ	147
ランチ・ボックス	●ビール	216
リトル・デビル	●ラム	137
リトル・プリンセス	●ラム	137
ルシアン	●ウオッカ	122
ルビー・フィズ	●リキュール	192
ル・ロワイヤル	●リキュール	204
レッド・アイ	●ビール	57·217
レッド・バード	●ビール	217
レディー・ジョーカー	●リキュール	192
レモネード	●ノン・アルコール	225
ロイヤル・カルテット	●リキュール	192
ローズ	●ワイン	213
ロードランナー	●ウオッカ	123
ロブ・ロイ	●ウイスキー	163
ロベルタ	●ウオッカ	123
ワ		
ワード・エイト	●ウイスキー	163
ワイン・クーラー	●ワイン	213
ワン・モア・フォー・ザ・ロード	●ブランデー	179

京王プラザホテル　問い合わせ先　☎03-3344-0111（代）

45階

AURORA

スカイラウンジ<オーロラ>

地上160mから都心の絶景を見渡せるスカイラウンジ。スタイリッシュな空間で、カクテルのほか、アフタヌーンティーなども楽しめる。

営業時間

【ランチタイム】土・日曜、祝日12:00 ～ 14:00（ラストオーダー 13:30）　【ティータイム】14:00 ～ 17:00
【バータイム】17:00 ～ 23:30（ラストオーダー 23:00）

2階

BRILLANT

メインバー〈ブリアン〉

格調ある佇まいのホテルのメインバー。くつろぎの空間が広がる正統派のバーで、多彩にそろうカクテルや世界の銘酒が味わえる。

営業時間

17:00 ～翌2:00（ラストオーダー翌1:30）
日曜、祝日は17:00 ～ 24:00（ラストオーダー 23:30）

3階

COCKTAIL & TEA LOUNGE

〈カクテル&ティーラウンジ〉

開放的な雰囲気の中、オリジナル・カクテルなどのアルコールや厳選されたコーヒー、紅茶が楽しめるバー&ティーラウンジ。

営業時間

11:00 ～ 23:00（ラストオーダー 22:30）
日曜、祝日は11:00 ～ 20:00（ラストオーダー 19:30）

協力販売元・メーカー問合せ先一覧

アサヒビール(株)	☎ 0120-011-121
MHD モエ ヘネシー ディアジオ(株)	☎ 03-5217-9777
キリンビール(株)	☎ 0120-111-560
月桂冠(株)	☎ 075-623-2040
国分(株)	☎ 03-3276-4125
サッポロビール(株)	☎ 0120-207-800
サントリーホールディングス(株)	☎ 0120-139-310
(株)ジャパンインポートシステム	☎ 03-3541-5469
大榮産業(株)	☎ 03-3768-1266
宝酒造(株)	☎ 075-241-5111
ドーバー洋酒貿易(株)	☎ 03-3469-2111
西酒造(株)	☎ 099-296-4627
ニッカウヰスキー(株)	☎ 0120-019-993
日本酒類販売(株)	☎ 0120-866-023
日本リカー(株)	☎ 03-3453-2208
(有)フードライナー	☎ 078-858-2043
(株)紅乙女酒造	☎ 0943-72-3939
ペルノ・リカール・ジャパン(株)	☎ 03-5802-2670
(株)マークス	☎ 06-6653-3194
宮坂醸造(株)	☎ 0266-52-6161
(株)明治屋	☎ 03-3271-1136
メルシャン(株)	☎ 03-3231-3961
(株)ユニオンフード	☎ 03-3669-3876
ユニオンリカーズ(株)	☎ 03-5510-2684
リードオフジャパン(株)	☎ 03-5464-8170
レミー コアントロー ジャパン(株)	☎ 03-6459-0690

参考文献

いちばんおいしいカクテルの公式　渡邉一也監修　(日本文芸社)

うまいカクテルの方程式　渡邉一也監修　(日東書院)

HBA オフィシャル バーテンダーズ ブック　社団法人日本ホテルバーメンズ協会　(ごま書房新社)

『HBA カクテルアドバイザー』資格認定教本　社団法人日本ホテルバーメンズ協会　(ごま書房)

NBA 新オフィシャル・カクテルブック　社団法人日本バーテンダー協会　(柴田書店)

世界の名酒事典 2012 年版　(講談社)

カクテル＆スピリッツの教科書　橋口孝司著　(新星出版社)

カクテル完全ガイド　(池田書店)

カクテル 1000 ＆マティーニ 100　渡辺一也監修　(ナツメ社)

カクテル大事典 800　(成美堂出版)

カクテル手帳　上田和男監修　(東京書籍)

カクテル・パーフェクトブック　桑名伸佐監修　(日本文芸社)

新バーテンダーズマニュアル　福西英三監修　花崎一夫・山﨑正信・江澤智美共著　(柴田書店)

知識ゼロからのカクテル＆バー入門　弘兼憲史著　(幻冬舎)

バーテンダー　パーフェクトガイド　渡邉一也監修　(ナツメ社)

リキュール＆カクテル大事典　渡辺一也監修　(ナツメ社)

リキュールブック　福西英三著　(柴田書店)

監修者

H.B.A. 一般社団法人日本ホテルバーメンズ協会 名誉顧問

渡邉一也（わたなべ・かずや）

京王プラザホテル料飲部長を務める。1986年、日本ホテルバーメンズ協会主催カクテルコンペティションにおいて「セレブレーション」で優勝。2005年、東京都優秀技能者（東京マイスター）知事賞受賞。2006年にH.B.A.社団法人日本ホテルバーメンズ協会会長に就任。2011年には現代の名工受章、2012年、シャンパーニュ騎士団に叙任。同年11月にバーテンダーとしては初めて、平成24年秋の黄綬褒章を受章。2014年にH.B.A.一般社団法人日本ホテルバーメンズ協会名誉顧問に就任。長年にわたりバーテンダーとしてカクテルを通じた、飲酒文化の発展に努めている。

カクテル創作・撮影協力……「京王プラザホテル」スタッフ
　高野勝矢、佐藤和良、大堀聖直、大塚慎一郎、中根庸介
H.B.A.一般社団法人日本ホテルバーメンズ協会
　庄司浩、今泉康治

編集協力……谷岡幸恵、新藤史絵、小此木裕子（アーク・コミュニケーションズ）、高水茂

装幀・本文デザイン……加藤賢策、植木駿、一ノ瀬雄太（東京ピストル）

撮影……清水亮一、渡邊裕未（アーク・フォトワークス）

イラスト……大橋慶子

校正……槍楯社

編集担当……田丸智子（ナツメ出版企画）

カクテル完全《かんぜん》バイブル

2012年10月4日　初版発行
2019年 2月20日　第23刷発行

監修者　渡邉一也《わたなべかずや》
発行者　田村正隆

発行所　株式会社ナツメ社
東京都千代田区神田神保町 1-52　ナツメ社ビル 1F（〒101-0051）
電話　03（3291）1257（代表）　FAX　03（3291）5761
振替　00130-1-58661

制　作　ナツメ出版企画株式会社
東京都千代田区神田神保町 1-52　ナツメ社ビル 3F（〒101-0051）
電話　03（3295）3921（代表）

印刷所　図書印刷株式会社

ISBN978-4-8163-5311-6　Printed in Japan